第十三卷

新國學

四川大學中國俗文化研究所《新國學》編輯委員會

周裕鍇◎主編

四川大學出版社

責任編輯:歐風偃
責任校對:黃蘊婷
封面設計:嚴春艷
責任印製:王　煒

圖書在版編目(CIP)數據

新國學. 第十三卷 / 周裕鍇主編. 一成都：四川
大學出版社，2016.5
　ISBN 978－7－5614－9508－7

　Ⅰ.①新…　Ⅱ.①周…　Ⅲ.①社會科學－中國－叢刊
Ⅳ.①C55

中國版本圖書館 CIP 數據核字（2016）第 104263 號

書名　　新國學(第十三卷)
　　　　Xin Guoxue (Di-shisan Juan)

主　　編　周裕鍇
出　　版　四川大學出版社
地　　址　成都市一環路南一段 24 號 (610065)
發　　行　四川大學出版社
書　　號　ISBN 978－7－5614－9508－7
印　　刷　郫縣犀浦印刷廠
成品尺寸　165 mm×240 mm
印　　張　13.75
字　　數　236 千字
版　　次　2016 年 6 月第 1 版
印　　次　2016 年 6 月第 1 次印刷
定　　價　42.00 圓

◆讀者郵購本書,請與本社發行科聯繫。
　電話:(028)85408408/(028)85401670/
　(028)85408023　郵政編碼:610065
◆本社圖書如有印裝質量問題,請
　寄回出版社調換。
◆網址:http://www.scupress.net

目　録

CONTENTS

論韓愈、蘇軾的"以食爲戲"

趙蕊蕊

大阪大學大學院文學研究科

摘 要:"以文爲戲"是韓愈詩文創作的特色之一。考察韓愈作品,發現其戲筆在飲食詩中亦有滲透,初步形成"以食爲戲"的特徵,且此創作傾向對宋代的詩文創作影響頗深。宋詩中的"以食爲戲"以蘇軾詩最爲典型。蘇軾對韓愈之"戲"極爲贊賞,他在標榜、接受韓愈的基礎上,以游戲自在的創作精神豐富了"戲"的内涵,彰顯了宋詩"戲謔"的特質,拓展了"以文爲戲"的創作空間。

關鍵詞:韓愈;蘇軾;以文爲戲;以食爲戲;以食戲窮

唐宋是中國古代社會的繁盛期,隨着商品經濟的發展、水陸交通的發達以及各地貿易的互通往來,飲食種類與烹飪技術得以長足發展。此時期游宦知識分子逐漸增多,文人的空間位移及創作的社會背景也在不斷變化,南食給士人帶來新鮮的味覺刺激,他們對飲食的關注大大加强,飲食類題材的詩歌數量也遠超前代。學術界對唐宋時期的飲食書寫已有不少探討①,

---

① 如興膳宏《中國詩人與飲食生活》,載中山時子、石毛直道編《食與文學》,東京:飲食交流株式会社,1992年,第43~46頁;莫礪鋒《飲食題材的詩意提升:從陶淵明到蘇軾》,《文學遺産》2010年第2期,第4~15頁;陳素貞《北宋文人的飲食書寫——以詩歌爲例的考察》,臺北:大安出版社,2007年;日本學者丸山茂《唐代文化與詩人之心——以白樂天爲中心》,東京:汲古書院,2010年,第199~217頁;張蜀慧《北宋飲食書寫中的南方經驗》,《淡江中文學報》第14期,2006年6月;曹逸梅《南北嗜好知誰賢:中唐至宋代詩歌中的南食書寫與士人心態研究》,《中國宋代文學學會第九屆年會暨宋代文學國際學術研討會論文集·詩學卷》,2015年,第28~40頁。

但對“以食爲戲”的現象仍關注不够。本文則以韓愈、蘇軾爲中心，分析他們“以食爲戲”的表現及意義。

一、引言

韓愈“以文爲戲”多被時人非難①，批評之語主要是針對他的《毛穎傳》《送窮文》《鰐魚文》等篇章所發。韓愈的游戲之筆在散文、詩歌創作上均有體現，胡仔《苕溪漁隱叢話》後集引《韓子年譜》“公與諸子嘲戲，見於詩者多矣”②。川合康三氏《游戲的文學——以韓愈的“戲”爲中心》認爲韓愈的“以文爲戲”不是指特定的文類、具體的作品，而是批評韓愈筆下文學表現上的有意出格③。這一觀點極爲中肯。

韓愈主張維護儒家道統，其異於正統文學之“戲”在北宋前期仍有微詞。王安石《和董伯懿咏裴晋公平淮西將佐題名》：“退之道此尤俊偉，當鏤玉板東燔柴。欲編詩書播後嗣，筆墨雖巧終類俳。”④ 他對韓愈所秉承的儒家之“道”極爲贊許，或許因爲政治地位的原因，他本人雖有“戲作”“戲贈”之作，但對“戲”“俳”的態度并非贊賞。在蘇軾之前，歐陽修曾正面評價韓孟之“戲”。其《歸田録》卷二云：

> 聖俞自天聖中與余爲詩友，余嘗贈以《蟠桃詩》，有“韓、孟”之戲，故至此梅贈余云：“猶喜共量天下士，亦勝東野亦勝韓。”……余六人者，歡然相得，群居終日，長篇險韻，衆制交作，筆吏疲於寫録，僮史奔走往來。間以滑稽嘲謔，形於風刺，更相酬酢，往往烘堂絶倒，自謂一時盛事，前此未之有也。⑤

① 唐代裴度曾於《寄李翱書》（董誥等編《全唐文》卷五三八，影印本，臺南：經緯書局，1965年，第11册，第6926頁）非難韓愈“以文爲戲”；張籍《上韓昌黎第二書》（《全唐文》卷六八四，第8882頁）也抨擊韓愈的“駁雜無實之説”；《舊唐書》（劉昫《舊唐書》卷一六〇，北京：中華書局，1975年，第4204頁）中亦評其“恃才肆意”又爲《毛穎傳》，譏戲不近人情”。
② 胡仔《苕溪漁隱叢話》後集卷十，北京：人民文學出版社，1981年，第72頁。
③ 川合康三《游戲的文學——以韓愈的“戲”爲中心》，蔣寅譯，《河南教育學院學報（哲學社會科學版）》2004年第3期，第36～43頁。
④ 王安石著，李壁注，高克勤點校《王荆文公詩箋注》卷九，上海：上海古籍出版社，2010年，第224頁。
⑤ 歐陽修《歸田録》卷二，北京：中華書局，1981年，第32頁。

肯定詼諧嘲謔的美學意義及詩學價值。其《讀蟠桃詩寄子美》中的"韓孟於文詞，兩雄力相當。篇章綴談笑，雷電擊幽荒"，一本另有"偶以怪自戲，作詩驚有唐"① 兩句，皆明確表達了對韓孟之戲的贊賞。《六一詩話》中也稱贊韓愈詩"其資談笑，助諧謔，敘人情，狀物態，一寓於詩，而曲盡其妙"②。這種與正統文學存有悖異的創作風格得以肯定，與宋王朝爲文人士大夫提供的自由寬鬆的政治環境有很大關係。《宋史》及《事實類苑》及大量詩文書簡、筆記詩話中有頗多以飲食來諧謔他人或文學作品的記載。宋代從朝廷到山野，從貴族到平民，戲謔之風隨處可見。

蘇軾對韓愈的"游戲"尤爲贊賞，其詩中有"退之仙人也，游戲於斯文。談笑出偉奇，鼓舞南海神"③ 句，稱韓愈爲"仙人"，并贊賞他的卓越不凡，以及能"游"於文字、文學的創作精神。關於歐陽修、蘇軾等人逐漸接受韓愈"以文爲戲"的話題，學者已有相關論述④。事實上，他們在飲食書寫上也效仿此法。考諸文獻，發現韓愈、蘇軾常以戲筆書寫飲食，這種創作方法可稱爲"以食爲戲"⑤。本文即以此爲考察對象，深入探討此創作傾向的演繹歷程及在唐宋詩學史上的意義。

二、韓愈的"以食爲戲"及在宋代的影響

宋代散文的"以食爲戲"受韓愈《毛穎傳》爲物立傳的影響。宋人將傳記範圍由文房雅具擴展到日常飲食。《蘇軾文集》中的《江瑤柱傳》介紹江瑤柱的祖先、外貌性情、名字來源等，作者將其描述成一名美士，在末尾還效法史傳筆法以"太史公曰""贊曰"的方式評價其一生。這種滑

---

① 歐陽修著，洪本健校箋《歐陽修詩文集校箋》卷二，上海：上海古籍出版社，2009年，第59頁。

② 歐陽修《六一詩話》，北京：人民文學出版社，1962年，第16頁。

③ 蘇軾《頃年楊康功使高麗還，奏乞立海神廟于板橋。僕嫌其地湫隘，移書使遷之文登，因古廟而新之，楊竟不從。不知定國何從見此書，作詩稱道不已。僕不復記其云何也，次韻答之》，載馮應榴輯注《蘇軾詩集合注》卷三六，上海：上海古籍出版社，2001年，第4冊，第1833~1835頁。下引蘇軾詩歌皆從此書，簡稱《合注》。

④ 周裕鍇《文字禪與宋代詩學》，北京：高等教育出版社，1998年，第148~167頁。

⑤ 本文主要考察詩歌內容方面的戲筆，對於詩歌形式上的游戲文字，或類似《石鼎聯句》那樣的創新求奇之作，不在考察範圍之內。其中"食"包含飲食及飲食之事。部分詩歌是由飲食引發人生感慨之作。

稽筆法在《黃甘陸吉傳》（黃柑）、《葉嘉傳》（茶葉）、《温陶君傳》（饅頭）等作品中亦有所見①。儘管這幾篇傳記尚未認定是蘇軾所作，但由於蘇軾善寫飲食，且有極高的文學聲望，時人在創作時難免要假托其名。秦觀《清和先生傳》（酒）、曹勳《荔子傳》（荔枝）等亦是假傳類作品。劉成國認爲宋代俳諧文出現了與以往不同的樣態，即社會批判鋒芒有所減弱，文字游戲的味道更加強化，呈現了日益雅化的傾向②。上述的飲食之傳亦能佐證此點。那麽，詩歌中的飲食書寫情況如何？

飲食類題材在唐代備受關注，詩歌創作大致有以下幾種傾向。王維、孟浩然的飲食書寫帶有士大夫的田園雅趣，李白善於描繪盛宴上的珍饈佳肴，杜甫多借飲食描寫社會貧富差距，白居易常通過飲食吟咏日常生活等。韓愈"以文爲戲"對其飲食書寫亦有影響，初步形成了"以食爲戲"的特徵，且對宋代的詩文創作影響頗深。

韓愈的飲食書寫雖不多見，但不乏戲謔、新穎。他善於從日常生活中發現創作題材，《贈劉師服》中的"羡君齒牙牢且潔，大肉硬餅如刀截。我今呀豁落者多，所存十餘皆兀臲。匙抄爛飯穩送之，合口軟嚼如牛呞"③，以劉師服"牙牢""刀截"來對比，叙述他落齒之後吃東西的樣態，幽默戲謔更爲明顯。詩歌末尾"巨緡東釣儻可期，與子共飽鯨魚膾"二句，引《莊子》中任公子釣魚之典④，表達希望能與劉師服共赴東海釣巨魚，吃鯨魚膾的想法。這些惹人發笑的語言，在宋詩中更爲常見。蘇軾《復次放魚韻答趙承議陳教授》中的"嘗讥韓子隘且陋，一飽鯨魚何足膾"⑤，嘲笑韓愈的局促，認爲食鯨魚無需細切，可以用更加豪放的方式飽餐。劉克莊《齒落》中的"嚼比牛飼衰畢現，豁如狗竇醜難遮"⑥，寫

---

① 孔凡禮點校《蘇軾文集》卷一三，北京：中華書局，1986 年，第 2 册，第 425～433 頁。蘇軾文集中的這幾篇傳記，葉夢得《避暑録話》、洪邁《容齋隨筆》認爲皆是僞托蘇軾之作，陳善《捫虱新話》認爲《葉嘉傳》是陳元規所作。《蘇軾全集校注》的著者也認爲作者尚有爭議。

② 劉成國《宋代俳諧文研究》，《文學遺産》2009 年第 5 期，第 34～43 頁。

③ 韓愈著，錢仲聯集釋《韓昌黎詩繫年集釋》卷八，上海：上海古籍出版社，1994 年，第 843 頁。

④ 《莊子·外物》載："任公子爲大鉤巨緇，五十犗以爲餌，蹲乎會稽，投竿東海，旦旦而釣，期年不得魚。已而大魚食之，牽巨鉤㳠没而下，鶩揚而奮鬐，白波若山，海水震蕩，聲侔鬼神，憚赫千里。"（王先謙《莊子集解》卷七，北京：中華書局，1987 年，第 238 頁）

⑤ 《合注》卷三四，第 4 册，第 1694 頁。

⑥ 傅璇琮、倪其心等主編《全宋詩》卷三〇五五，北京：北京大學出版社，1991 年，第 58 册，第 36450 頁。

牙齒脱落後吃東西時的衰態、醜態。陸游《初歸雜咏七首》其二中的"齒豁頭童儘耐嘲，即今爛飯用匙抄"①，意謂齒脱髮秃後遭人嘲笑，吃飯時也只能用湯匙抄送。這些令人捧腹的詩句在用語、內容方面均受韓愈詩歌的影響。

中唐以後，南食書寫逐漸增多。元和十四年（819）韓愈被貶潮州，其《初南食貽元十八協律》中的"我來禦魑魅，自宜味南烹。調以鹹與酸，芼以椒與橙。腥臊始發越，咀吞面汗騂"②，描寫的就是他初食南食的情形。鱟、蒲魚、馬甲柱等南食讓他倍感驚異，由"調鹹酸""芼椒橙"等語可知，他在努力適應當地的飲食習慣。貶謫之地的飲食習慣與中原差異極大，同年之作《答柳柳州食蝦蟇》云：

> 蝦蟇雖水居，水特變形貌。强號爲蛙蛤，於實無所校。雖然兩股長，其奈脊皺皰。跳躑雖云高，意不離澤淖。鳴聲相呼和，無理袛取鬧。周公所不堪，灑灰垂典教。我棄愁海濱，恒願眠不覺。巨堪朋類多，沸耳作驚爆。端能敗笙磬，仍工亂學校。雖蒙句踐禮，竟不聞報效。大戰元鼎年，孰强孰敗橈。居然當鼎味，豈不辱釣罩。余初不下喉，近亦能稍稍。常懼染蠻夷，失平生好樂。而君復何爲，甘食比豢豹。獵較務同俗，全身斯爲孝。哀哉思慮深，未見許回棹。③

詩歌開頭描寫蝦蟇的特異形貌，批判蝦蟇毫無理由地鳴叫吵鬧。"我棄愁海濱"句，陳述他被棄"遠惡之濱""蠻夷之地"的愁苦。清代方世舉注"敗笙磬""亂學校"二語，謂一爲亂樂音，一爲敗書聲，可以看出韓愈在竭力維護、宣揚儒家道統。韓愈初食蝦蟇時難以忍受，甚至害怕染上蠻夷飲食之習，這也反映出他對蠻夷文化懷有警惕戒備之心。結尾處的"哀哉思慮深"，是在哀嘆柳宗元未能全身而回，同時也是在感慨他被貶不遇的處境。另外，柳宗元《放鷓鴣詞》云："齊王不忍觳觫牛，簡子亦放邯鄲鳩。二子得意猶念此，况我萬里爲孤囚。"④ 此詩作於柳宗元被貶永州（今湖南零陵）之後，這幾句寫他不忍心食鷓鴣之事，引《孟子·梁惠王

---

① 錢仲聯校注《劍南詩稿校注》，上海：上海古籍出版社，1985年，第3164頁。
② 《韓昌黎詩繫年集釋》卷一一，第1133頁。
③ 《韓昌黎詩繫年集釋》卷十一，第1138頁。
④ 柳宗元撰，尹占華、韓文奇校注《柳宗元集校注》卷四三，北京：中華書局，2013年，第3070頁。

上》"齊王不忍殺觳觫之牛"之典來戲謔，結尾的"破籠展翅當遠去，同類相呼莫相顧"，表達他渴望衝破牢籠，展翅高飛的願望。由上述詩例可知，韓愈、柳宗元在描述南食及異域習俗時常以戲謔的口吻傳達被貶的鬱屈、恐懼及無奈，這些可看作他們"不得其平則鳴"（《送孟東野序》）①的表現。

承襲韓愈，北宋有諸多描寫初食南食的詩歌。如王禹偁《橄欖》，梅堯臣《范饒州坐中客語食河豚魚》，歐陽修《初食車螯》《初食雞頭有感》等。他們在書寫時多效仿韓愈"以食爲戲"，如梅堯臣"忿腹若封豕，怒目猶吳蛙"，意謂河豚大腹如同一頭大豬，瞪著雙眼又好像吳地的青蛙。在飲食書寫及戲謔之外，他們還屢屢談及韓柳初食南食之事，如梅堯臣的"子厚居柳州，而甘食蝦蟇。二物雖可憎，性命無舛差"②，王十朋的"退之憚食蛇，得得釋籠罩。子厚放鷓鴣，仁心亦稍稍。胡爲於此蟲，未盡忘嗜樂"③等。與韓柳不同的是他們開始普遍接受南食，并享受南食帶來的新奇與樂趣。這類詩作既影射了宋代文人的人生觀，又承載了他們仕宦沉浮的複雜心理。

南食書寫在宋代更爲普遍，曹逸梅《南北嗜好知誰賢：中唐至宋代詩歌中的南食書寫與士人心態研究》認爲宋人的飲食書寫反映了南方士人身份與地域認同、政治隱喻及審美趣味等，尤其是以江南與嶺南地區爲中心的作品，最能反映宋代士人的心態及思想④。

下一章節，筆者主要以蘇軾貶謫期間的飲食書寫爲研究對象，重點探討他在標舉、承傳韓愈戲筆的基礎上如何創新求變，以及蘇詩中"以食爲戲"所蘊含的深意。

三、"以食爲戲"——蘇軾飲食書寫的意義升華

蘇軾既是美食家又是善戲謔的能手，他的"以食爲戲"尤爲引人注

---

① 屈守元、常思春主編《韓愈全集校注》，成都：四川大學出版社，1996年，第1464頁。
② 梅堯臣《范饒州坐中客語食河豚魚》，載朱東潤編年校注《梅堯臣集編年校注》卷八，上海：上海古籍出版社，1980年，第117頁。
③ 王十朋《王十朋全集》卷一〇，上海：上海古籍出版社，2012年，第140頁。
④ 見最初注釋。

目。他與韓愈的仕途經歷類似，都曾多次被貶南方，且兩人在散文創作上也是一脈相承的。不僅如此，蘇軾在飲食書寫上也吸收了韓愈"以文爲戲"的精髓，深化了"以食爲戲"的内涵。

如上一章節所述，宋人爲飲食立傳可以説是繼承了韓愈的"以文爲戲"。將飲食比擬爲人的寫法在蘇詩中亦爲常見，且達到了陌生化、諧謔化的效果。如元祐五年（1090）作于杭州的《次韵曹輔寄壑源試焙新茶》："要知冰雪心腸好，不是膏油首面新。戲作小詩君一笑，從來佳茗似佳人。"① 蘇軾把鮮嫩清新的茶比作容貌艷麗的佳人。又紹聖二年（1095）惠州之作《章質夫送酒六壺，書至而酒不達，戲作小詩問之》云："豈意青州六從事，化爲烏有一先生。"② 《世説新語》稱好酒爲"青州從事"③，司馬相如《子虛賦》的烏有先生是假托不存在的人物，此詩主要戲謔章楶（字質夫）送蘇軾的好酒化爲泡影。兩詩均言"戲作"，以示其戲謔的創作態度。

上述韓愈《贈劉師服》詩描寫飲食之事的戲謔在蘇詩中亦有表現。如治平元年（1064）所作《渼陂魚》："攜來雖遠鱐尚動，烹不待熟指先染。坐客相看爲解顔，香粳飽送如填塹。"④ 意謂渼陂魚被捕捉送來後，甚至等不及烹好就欲伸指品嘗。元豐二年（1079）所作《次韻關令送魚》的"舉網驚呼得巨魚，饞涎不易忍流酥"⑤，寫捕得大魚後驚喜萬分，還未烹煮就先流出口水的"饞態"。

最值得注目的是蘇軾貶謫期間的飲食書寫。

首先看被貶黃州時的情況。元豐二年十二月，蘇軾因烏臺詩案被貶爲黃州團練副使。翌年（1080）二月，他在《初到黃州》中云：

自笑平生爲口忙，老來事業轉荒唐。長江繞郭知魚美，好竹連山覺笋香。逐客不妨員外置，詩人例作水曹郎。只慚無補絲毫事，尚費

---

① 《合注》卷三二，第 4 册，第 1611～1612 頁。
② 《合注》卷三九，第 5 册，第 2043 頁。
③ 劉義慶《世説新語・術解》："桓公有主簿善别酒，有酒輒令先嘗。好者謂'青州從事'，惡者謂'平原督郵'。青州有齊郡，平原有鬲縣。'從事'言到臍，'督郵'言在鬲上住。"（余嘉錫《世説新語箋疏》，上海：上海古籍出版社，1993 年，第 707 頁）
④ 《合注》卷五，第 1 册，第 201 頁。
⑤ 《合注》卷一八，第 2 册，第 918 頁。

官家壓酒囊。①

詩歌開頭的"爲口忙"，除謀生糊口之意外，也在暗示因言論獲罪被貶黃州之事。"自笑""荒唐"是蘇軾對過去仕途生活的自嘲與否定。身處政治低谷的蘇軾初到黃州，看到長江繞郭就聯想到"魚美"，看到漫山竹子就想到"笋香"。"員外置"是定員以外增置之意，梁何遜及唐代張籍均曾爲水部郎。這裏的"不妨"與"例作"傳達了他隨緣而適、超然豁達的人生態度。身居閑職，蘇軾自覺對國家政事毫無裨益，對浪費官家俸祿深感愧疚。類似的自嘲在作於元豐五年（1082）的《又一首答二猶子與王郎見和》中亦有體現：

> 脯青苔，炙青蒲，爛蒸鵝鴨乃瓠壺，煮豆作乳脂爲酥。高燒油燭斟蜜酒，貧家百物初何有。古來百巧出窮人，搜羅假合亂天真。詩書與我爲麴糵，醞釀老夫成搢紳。質非文是終難久，脱冠還作扶犂叟。②

此詩開頭主要寫貧苦人家因無美饌佳肴，就搜羅諸物以假亂真：以苔爲脯，以瓠盧爲鵝鴨，以豆爲乳，以脂爲酥等。緊接着由食物引至自身，將所讀詩書喻爲"麴糵"，陳述其"搢紳"地位是由詩書醞釀而成，"扶犂叟"才是他的真實身份。蘇軾借食物的"以假亂真"來戲謔他"質非文是"的搢紳身份，自嘲他華而不實的社會地位，可以説在戲笑背後是更爲深沉的悲哀。在謫居黃州期間，他還親自釀製味甘的蜜酒，《蜜酒歌》用通俗語言描寫釀酒過程，之後引出黃州貶謫時期的貧窮狀況。"先生年來窮到骨，問人乞米何曾得。世間萬事真悠悠，蜜蜂大勝監河侯"③，借《莊子·外物》莊周向監河侯貸粟的典故，説明蜜蜂勤勞釀蜜遠勝監河侯的空頭承諾。

蘇軾在黃州時期的詩歌創作較以前更爲成熟，他常常引俗語入詩，爲詩歌注入新鮮活潑的氣息。如《劉監倉家煎米粉作餅子，余云"爲甚酥"。潘邠老家造遂巡酒，余飲之，云："莫作醋，錯著水來否。"後數日，携家

---

① 《合注》卷二〇，第 3 冊，第 994 頁。
② 《合注》卷二一，第 3 冊，第 1086 頁。
③ 《合注》卷二一，第 3 冊，第 1085 頁。

飲郊外，因作小詩戲劉公求之》："已傾潘子錯著水，更覓君家爲甚酥。"①
蘇軾以令人發笑的食物名來調侃友人，引俗語入詩，不僅體現了蘇軾的幽
默性格，也彰顯了他"以俗爲雅"的創作傾向。《岐亭五首》其四言："何
從得此酒，冷面妒君赤。"② 意謂他人喝酒臉紅，蘇軾因無錢買酒只能
"冷面"（臉色淡而不紅）相妒。蘇軾還以通俗、戲謔之語寫食饌的製作、
食用過程，如《豬肉頌》云："净洗鐺，少著水，柴頭罨煙焰不起，待他
自熟莫催他，火候足時他自美。黃州好豬肉，價賤如泥土。貴者不肯喫，
貧者不解煮。早晨起來打兩椀，飽得自家君莫管。"③ 因黃州人不懂烹調
豬肉的方法，所以豬肉價賤如土。生活貧困的蘇軾自創慢火爛煮之法，將
豬肉做成美味佳肴。《元修菜》同樣也是以戲謔筆法描寫品嘗食物的滿足
與愉悦。可見蘇軾在貶謫期間也能隨處自娛，發現生活樂趣，對詩歌語言
的駕馭也是隨心所欲。

再看貶謫惠州的情況。

元祐八年（1093），蘇軾被貶惠州（今廣東惠州）任惠州寧遠軍節度
副使。除評價韓愈"游戲於斯文"外，在惠州所作的《答參寥子二十一
首》其十八云"然此回示詩，超然真游戲三昧也"④，認爲"超然"才是
游戲的真諦，并以此誇贊道潛之詩。元祐元年（1086），他在任翰林學士
時所作的《題文與可墨竹》中也説"斯人定何人，游戲得自在"⑤，贊賞
文與可胸有成竹地游戲于創作。蘇軾的"游戲"可以説是文學、藝術創作
上的超然、自在精神。此時期的"以食爲戲"是否也滲透了此創作精
神呢？

飲食逐漸成爲蘇軾排解苦悶的一種情感寄托。紹聖二年（1095）之作
《二月十九日，攜白酒、鱸魚過詹使君，食槐葉冷淘》云："醉飽高眠真事
業，此生有味在三餘。"⑥ 槐葉冷淘是中國傳統的以槐葉汁和麵所製凉食。
此詩描寫與友人詹范共享美食之事，最後點明醉酒、飽食、高眠才是人生

① 《合注》卷二二，第 3 册，第 1144 頁。
② 《合注》卷二三，第 3 册，第 1151 頁。施元之注："俗諺有'無錢喫酒，妒人面赤'之語。"
③ 《蘇軾文集》卷二〇，第 2 册，第 597 頁。
④ 《蘇軾文集》卷六一，第 5 册，第 1865 頁。
⑤ 《合注》卷二八，第 3 册，第 1392 頁。
⑥ 《合注》卷三九，第 5 册，第 1990~1991 頁。

真正的事業，可見他并非耽溺於貶謫的痛苦，而是尋找人生樂事，品嘗其中滋味，享受與朋友相聚的閑暇之趣。蘇詩中還有大量南食書寫，最爲典型的就是荔枝。試觀同年之作《四月十一日初食荔支》：

> 先生洗盞酌桂醑，冰盤薦此頳虬珠。似開江鰩斫玉柱，更洗河豚烹腹腴。我生涉世本爲口，一官久已輕蓴鱸。人間何者非夢幻，南來萬里真良圖。①

他用多個比喻來形容這一嶺南物産，陳述初食荔枝的好奇與欣喜，甚至不只一次以"似江瑤柱"②之語來誇贊荔枝味美。南宋袁燮《和李左藏荔支》中的"始知河豚與江柱，詩人取譬聊滑稽"③，所述即是蘇軾以江瑤柱及河豚美味比喻荔枝之事。蘇軾在詩中再次提及"涉世爲口"，與上述的"爲口忙"一樣，以輕鬆的筆調淡化政治不遇的悲哀。此時，蘇軾步入仕途已有三十餘年，思鄉之情已没有當初那麼濃厚，他甚至産生了被貶到與京城相距萬里的嶺南乃是"良圖"的想法。他的這種平和淡然心態在《食荔支二首》中亦有體現："日啖荔支三百顆，不辭長作嶺南人。"④ 與韓愈貶謫時的憤懣不平相異，蘇軾的"以食爲戲"大多反映隨遇而安的樂觀與曠達。

他還在惠州釀製真一酒，并樂在其中。此酒的色味與黄州所釀蜜酒類似，《真一酒》云：

> 撥雪披雲得乳泓，蜜蜂又欲醉先生。稻垂麥仰陰陽足，器潔泉新表裹清。曉日著顔紅有暈，春風入髓散無聲。人間真一東坡老，與作青州從事名。⑤

上述《蜜酒歌》有"君不見南園采花蜂似雨，天教釀酒醉先生"句，故蘇軾在此戲言"蜜蜂又欲醉先生"。"稻垂麥仰"用戲謔語⑥來説明真一酒符合古人造酒之理，且他應會因此贏得一個造酒的美名。蘇軾已經擺脱了世

---

① 《合注》卷三九，第5冊，第2025～2027頁。
② 《蘇軾文集》卷七三，第6冊，第2363頁。
③ 《全宋詩》卷二六四六，第50冊，第31001頁。
④ 《合注》卷四〇，第5冊，第2066頁。
⑤ 《合注》卷三九，第5冊，第1988頁。
⑥ 蘇軾《黍麥説》云："晋醉客云：'麥熟頭昂，黍熟頭低，黍麥皆熟，是以低昂。'此雖戲語，然古人造酒，理蓋如此。"（《蘇軾文集》卷七三，第6冊，第2368頁）

俗功名的羈絆，在製作、品嘗飲食的過程中找尋到愉悦。

最後看儋州之後的情況。

不僅在黄州、惠州，即使是被貶儋州時，蘇軾也常常“以食爲戲”來調解内心苦悶。

在儋州所作《聞子由瘦》云：

> 五日一見花猪肉，十日一遇黄鷄粥。土人頓頓食藷芋，薦以薰鼠
> 燒蝙蝠。舊聞蜜唧嘗嘔吐，稍近蝦蟆緣習俗。十年京國厭肥羜，日日
> 烝花壓紅玉。從來此腹負將軍，今者固宜安脱粟。人言天下無正味，
> 蚯蛆未遽賢麋鹿。海康別駕復何爲，帽寬帶落驚童僕。相看會作兩臞
> 仙，還鄉定可騎黄鵠。①

題下自注言：“儋耳至難得肉食。”詩歌以通俗戲謔語寫肉食難覓及當地人的飲食習慣，“薰鼠”“燒蝙蝠”“蜜唧”“蝦蟆”等南食書寫明顯有模仿韓愈的痕迹。又用“此腹負將軍”來自嘲，其自注云：“大將軍食飽捫腹而嘆曰：‘我不負汝。’左右曰：‘將軍固不負此腹。此腹負將軍，未嘗出少智慮也。’”蘇軾借此事調侃自己想不出治國良策，只能吃粗食。《梁溪漫志》載有侍妾朝雲調侃蘇軾“一肚皮不入時宜”② 之趣事。可以説“不入時宜”與“此腹負將軍”的嘲戲語，都是蘇軾仕途不順的原因。由“固宜安脱粟”可知，他似乎并没有要改變現狀的意思，這可以説是他“固窮”思想的表現之一。

紹聖四年（1097），蘇軾被責授瓊州別駕昌化軍（今海南儋州）安置。此時詩作《過子忽出新意，以山芋作玉糝羹，色香味皆奇絶，天上酥酏則不可知，人間決無此味也》云：

> 香似龍涎仍釅白，味如牛乳更全清。莫將南海金齏膾，輕比東坡
> 玉糝羹。③

分别將山芋羹與龍涎香、牛乳作比，甚至認爲連“金齏玉膾”也比不上。

---

① 《合注》卷四一，第 5 册，第 2123 頁。
② 費袞《梁溪漫志》卷四，上海：上海古籍出版社，1985 年，第 46 頁。
③ 《合注》卷四一，第 5 册，第 2127 頁。查注本移編於卷四一紹聖四年（1097），王文誥注本始編於卷四二元符元年（1098）。

"金虀膾"即鱸魚膾，據唐皮日休的"共君無事堪相賀，又到金虀玉鱠時"① 詩句與《太平廣記》記載，此食饌是"東南佳味"②。蘇軾説"金虀玉膾"不能與他的"玉糝羹"相媲美，實際上是用反語表達他能順應環境變化的安然與自得。可以説，蘇軾之"戲"已經超越他的身世遭遇之悲，達到自在超然的境界。

周裕鍇《宋代詩學通論》在論述宋人的"心理平衡：自持與自適"時，就提出宋詩中的諧趣有化執迷的怨怒爲戲謔的調侃功能③。蘇軾的"以食爲戲"正是通過飲食之事來化解内心的苦悶抑鬱，使自己獲得精神愉悦的。元符三年（1100），作于廉州（今廣西合浦）的《廉州龍眼質味殊絶，可敵荔支》用一系列比喻形容龍眼、荔枝味美，結尾的"蠻荒非汝辱，幸免妃子污"④，言生在蠻荒之地的龍眼荔枝，可以免却"妃子污"⑤。其《荔枝龍眼説》將荔枝比爲"蝤蛑大蟹"，將龍眼比作"彭越石蟹"，結尾的"戲書此紙，爲飲流一笑"⑥，點明其故作戲謔惹人發笑的創作心態。無論是順境還是逆境，蘇軾都對飲食書寫抱有極大興趣，他在捕捉到飲食帶來的欣喜與新奇後，又以安慰或戲謔的方式將其傳遞給他人。

四、餘論："以食戲窮"——蘇軾對"不平則鳴"的超越

由上述詩歌可知，蘇軾的"以食爲戲"多與"貧窮"話題相繫。"戲窮"的話題在蘇軾之前就已存在，如漢代揚雄的寓言賦《逐貧賦》，以"揚子"與"貧"主客對答的形式描述無法擺脱貧困的無可奈何，最後"貧遂不去，與我游兮"。唐代韓愈的《送窮文》講述"主人"（韓愈）想送走身邊跟隨的智窮、學窮、文窮、命窮、交窮五鬼，最終只能將五鬼"延爲上賓"的故事。"逐貧""送窮"而不得，這或許是大多數文人的宿

① 皮日休《新秋即事三首》其一，載彭定求等編《全唐詩》卷六一四，北京：中華書局，1960年，第9冊，第7084頁。
② 宋·李昉《太平廣記》卷二三四引《大業拾遺記》："取香柔花葉，相間細切，和鱠撥令調匀。霜後鱸魚，肉白如雪，不腥。所謂金虀玉鱠，東南之佳味也。"（北京：人民文學出版社，1959年，第1791～1792頁）
③ 周裕鍇《宋代詩學通論》，成都：巴蜀書社，1997年，第66～70頁。
④ 《合注》卷四三，第5冊，第2220～2221頁。
⑤ 趙次公曰："楊貴妃好荔支，歲取于涪州，以致漁陽之難，則於荔支爲污矣。"
⑥ 《蘇軾文集》卷七三，第6冊，第2363～2364頁。

命。這兩篇作品皆是寓莊於諧的妙文，且以戲謔的口吻叙述他們的牢騷與不滿，可視爲文人士大夫“不平則鳴”的表現。

這種“不平”在飲食書寫上亦有呈現。宋代黃徹（1090—1168）《碧溪詩話》言：

> 子建稱：孔北海文章，多雜以嘲戲。子美亦戲效俳諧體，退之亦有《寄詩雜詼俳》，不獨文舉爲然。自東方生而下，禰處士、張長史、顏延年輩，往往多滑稽語。大體材力豪邁有餘，而用之不盡，自然如此。韓詩：“濁醪沸入口，口角如銜箝”，“試將詩義授，如以肉貫弗”，“初食不下喉，近亦能稍稍”，皆謔語也。《坡集》類此不可勝數：……《將之湖州》云：“吳兒膾縷薄欲飛，未去先説饞涎垂。”又：“尋花不論命，愛雪長忍凍。天公非不憐，聽飽即喧闐。”《食笋》云：“紛然生喜怒，似被狙公賣。”《種茶》云：“飢寒未知免，已作太飽計”、“平生五千卷，一字不救飢”、“飢來憑空案，一字不可煮”。皆斡旋其章而弄之。信恢刃有餘，與血指汗顏者異矣。①

這則材料所舉的戲謔之語多與飲食、“貧窮”有關，且點明作滑稽語的原因之一就是“材力豪邁有餘，而用之不盡”。韓愈、蘇軾二人皆是才力卓絕的文學大家，寫詩創作也多用滑稽語。蘇軾的戲作詩有107首，從內容上説主要有文人雅謔、藝術品評及詩體創新、寓含人生感慨三類。② 由《碧溪詩話》及上一章節所引蘇軾的諸多詩句可知，他常以“游戲”的態度來看待詩人之“貧”與“窮”。他的“以食戲窮”體現了怎樣的人生觀，與韓愈有何差異？以下，筆者將深入探討此問題。

由上述韓愈“常懼染蠻夷”“哀哉思慮深”等句可知，他在書寫南食時主要述説貶謫的憂慮與苦楚。同樣是被貶，與韓愈的怯懦自憐不同，蘇軾“以食戲窮”所傳達的心態更爲超然灑脱。且看元豐六年（1083）所作的《食柑》：

> 一雙羅帕未分珍，林下先嘗愧逐臣。露葉霜枝剪寒碧，金盤玉指破芳辛。清泉蔌蔌先流齒，香霧霏霏欲噀人。坐客殷勤爲收子，千奴

---

① 黃徹《碧溪詩話》卷一〇，北京：人民文學出版社，1986年，第168～169頁。
② 黃小珠《蘇軾“戲作詩”研究》，《清華大學學報（哲學社會科學版）》2010年增2期，第74～79頁。

一掬奈吾貧。①

此詩寫蘇軾與賓客食柑橘，之後客人殷勤爲其收集橘籽之事。"千奴一掬"典出《襄陽記》，主要講李衡遣人種柑千樹，保全子孫性命之事②。《侯鯖錄》亦引此事，之後又云："按諺曰：'木奴千，無凶年。'蓋言果實可以市易五穀。"③ 即柑橘可換五穀，保全性命。蘇軾實際是借坐客的殷勤之舉，來自嘲黃州期間的窮困潦倒。"奈吾貧"暗含詩人的無可奈何與深沉的悲哀，蘇軾之"戲"是含淚的微笑，背後是他的勇敢與堅忍，比韓愈的痛苦哀號要更深刻，更具感染力。另外，元豐四年（1081），同樣是在黃州作的《答陳師仲主簿書》言：

> 詩能窮人，所從來尚矣，而於軾特甚。今足下獨不信，建言詩不能窮人，爲之益力。其詩日已工，其窮殆未可量，然亦在所用而已。不龜手之藥，或以封，安知足下不以此達乎？人生若朝露，意所樂則爲之，何暇計議窮達。云能窮人者固繆，云不能窮人者，亦未免有意於畏窮也。江淮間人好食河豚，每與人爭河豚本不殺人，嘗戲之，性命自子有，美則食之，何與我事。今復以此戲足下，想復千里爲我一笑也。④

"意所樂則爲之，何暇計議窮達"，意謂如果内心感到快樂就去做，根本無暇去計較窮達。蘇軾所説的"意所樂"實際是指寫詩創作之事。上述材料還陳述了蘇軾"云能窮人者固繆，云不能窮人者，亦未免有意於畏窮"的觀點。那麼，他對"窮"持怎樣的態度？蘇軾接着以美味而有毒的河豚作喻，將"河豚是否可食"與"詩是否窮人"相聯，認爲此二者完全取決於個人。"何與我事"正是他自在自得人生態度的體現，他人的"固窮"與"畏窮"皆與蘇軾無關。蘇軾只在乎他自己"意所樂"的寫詩活動，至於詩是否能窮人則無暇過問，可見他在創作上追求的也是這種自在自得的精

① 《合注》卷二二，第 3 册，第 1110~1111 頁。

② 《三國志·孫休傳》注引《襄陽記》："（李）衡每欲治家，妻輒不聽，後密遣客十人于武陵龍陽汜洲上作宅，種甘橘千株。臨死敕兒曰：'汝母惡吾治家，故窮如是。然吾州里有千頭木奴，不責汝衣食，歲上一匹絹，亦可足用耳。'"（盧弼《三國志集解》卷四八，北京：中華書局，1982 年影印本，第 929 頁）

③ 趙令時《侯鯖錄》卷一 "東坡論對偶"，北京：中華書局，2002 年，第 38 頁。

④ 《蘇軾文集》卷四九，1428 頁。

神。歐陽修《梅聖俞墓志銘》言："至其窮愁感憤，有所罵譏笑謔，一發
於詩，然用以爲歡，而不怨懟，可謂君子者也。"① 歐陽修評價梅堯臣在
窮愁感憤之時，常在詩中"罵譏笑謔"，并表示對其"用以爲歡，而不怨
懟"的君子之舉表示欣賞。蘇軾的"游戲自得"比梅堯臣的"歡樂""不
怨懟"更爲平和淡然，他們的樂觀心態早已遠超韓愈的憤懣不平與哀傷
自憐。

從人生"窮達觀"的角度講，蘇軾也比韓愈更超脫，更自得。金人王
若虛《臣事實辨》曾言"韓退之不善處窮、哀號之語，見於文字，世多譏
之"，又言"退之不忍須臾之窮"，認爲他"不及歐蘇遠矣"②。蘇軾在詩
中常常表達他"不計窮達"的思想。紹聖四年，蘇軾被責授瓊州別駕昌化
軍安置，去貶所途中在梧州（今廣西梧州）所作的《吾謫海南，子由雷
州，被命即行，了不相知，至梧乃聞尚在藤也，旦夕當追及，作此詩示
之》云："平生學道真實意，豈與窮達俱存亡。"③ 意謂平生學道不因窮達
而改變。他的"窮達觀"深受道家思想影響，儋州時所作《客俎經旬無
肉，又子由勸不讀書，蕭然清坐，乃無一事》亦有表現：

> 病怯腥鹹不買魚，爾來心腹一時虛。使君不復憐烏攫，屬國方將
> 掘鼠餘。老去獨收人所棄，悠哉時到物之初。從今免被孫郎笑，絳帕
> 蒙頭讀道書。④

"烏攫""掘鼠"典出《漢書》，此以與黃霸、蘇武相關典故陳述謫居海南
時的艱難生活⑤。儘管如此，蘇軾仍葆有"游心於物"的心態及傾心於道
的興趣。韓愈常以正統儒家思想的繼承者自居，宣揚道統，而蘇軾將儒釋
道思想融會貫通，表現得比韓愈更曠達灑脫，更超然自得。

蘇軾和陶詩中也有"以食戲窮"之作。如《和陶癸卯歲始春懷古田舍

---

① 《歐陽修詩文集校箋》卷三三，第 881 頁。
② 王若虛《滹南遺老集》卷二九，《四部叢刊正編》縮印本，臺北：商務印書館，1979 年，
第 65 册，第 151 頁。
③ 《合注》卷四一，第 5 册，第 2106 頁。
④ 《合注》卷四一，第 5 册，第 2124 頁。
⑤ 《漢書·黃霸傳》載："民有欲詣府口言事者適見之，霸與語道此。後日吏還謁霸，霸見
迎勞之曰：'甚苦！食于道旁，乃爲烏所盜肉。'"（班固《漢書》卷八九，北京：中華書局，1962
年，第 11 册，第 3630 頁）另，《漢書·蘇武傳》載："武既至海上，廩食不至，掘野鼠去草實而
食之。"（《漢書》卷五四，第 8 册，第 2463 頁）

二首》其二的"菜肥人愈瘦，竈閑井常勤"，描述在昌化軍的貧困狀態：吃蔬食，人也變得消瘦，無飯可煮，只有飲水充飽。儘管如此，蘇軾仍希望"借我三畝地，結茅爲子鄰。鴃舌倘可學，化爲黎母民"①。與韓愈的"常懼染蠻夷"不同，他已經習慣儋州的風土人情，甚至願意融入當地的生活。可以説，蘇軾超然自得的"游戲"是對韓愈"不平則鳴"之説的補充與超越。

作爲秉承傳統儒家思想的士大夫文人，韓愈及蘇軾都數次被貶，有類似的仕途經歷，且在"以文爲詩"甚至是"以文爲戲"的創作方式上也一脉相承。他們喜歡創新求奇、談笑戲謔，但是在書寫飲食、面對困境時却展現了不同的處世態度。韓愈的"戲"多是表達憤世嫉俗的不平，或是藴含憂戚哀憐的人生感慨；而蘇軾的"戲"多是坎坷境遇裏磨練出的安貧樂道、性命自得及不計窮達的樂觀與堅強。在梅堯臣、歐陽修及蘇軾的影響下，宋代出現頗多"以食爲戲"的作品。宋人并没有將戲謔範圍局限在日常食事、仕途窮達上，他們還常以飲食戲謔詩文、書法等，飲食書寫在文學批評上也占有一席之地。總之，宋代的"以食爲戲"體現了宋人創新求變的詩學精神，彰顯了宋詩"戲謔"特質，又拓展了"以文爲戲"的創作空間。

---

① 《合注》卷四二，第 5 册，第 2164～2165 頁。

從宋前史料看《宋高僧傳》中的"實録" 觀念①

李 熙

四川省社會科學院文學研究所

摘 要: 贊寧的"實録"觀深受正統史學影響,也有尊崇儒術的意味,借助《春秋》《論語》《史記》《三國志》等經史總結出僧史編纂原則,反駁了包括劉知幾在内批評者的觀點,並憑借佛教觀念的支撐,爲《宋高僧傳》的材料依據和運用辯護。贊寧還大量采用得自傳聞的小説,這使得其"實録"觀相比於一些强調目見而非傳聞、注重史料考證的"實録"觀較爲弱化,但也可從經史和佛教觀念中找到理據,同時也反映了一時學術風氣。

關鍵詞:《宋高僧傳》;實録;《三國志》;《春秋》;《史通》;小説

實録是中國古代史學精神的重要體現,這一精神也體現在贊寧《宋高僧傳》等佛教史籍中。一般來説,學界對此持肯定態度。但是,這類簡單的肯定往往没能揭示"實録"對於佛教史籍所具有的特殊意義,也没能揭示後者在運用"實録"時的意圖,因此給人的印象是,佛教史籍在"實録"上都具有一樣的特質。筆者這裏試圖將贊寧"繁略有據,名實録也"的觀點放在"實録"觀的發展演變這一視野中來加以考察,注重此説及《宋高僧傳》中相關觀點與其他史家觀點之間的關聯性、區别性,考察其

---

① 本文係 2014 年度國家社會科學基金項目"宋代僧傳文學研究"(14BZW058)階段性成果。

所據材料在知識分類、書目分類中的位置，即將之置於古代知識文化系統中來加以考察，以便更清楚地瞭解贊寧"實録"觀的意圖和特殊意義。

一、宋前"實録"觀念略説

衆所周知，班固《漢書·司馬遷傳贊》引揚雄、劉向之言，稱贊司馬遷"其文直，其事核，不虚美，不隱惡，故謂之實録"。其意在否定虚美、隱惡，肯定《史記》行文叙事實在、直白，不僅是撰史原則，也包含着道德觀。在揚雄、班固那裏，"實録"這一概念還與史官挂鈎，後來常璩譏諷史官"記事無實録之才，虚相褒述"①，表明這一觀念一直存在，以至於成了評判史官的標準。

但從曹植《與楊德祖書》來看，"實録"已不局限於史官所爲，"庶官"亦可"實録"。到晋代，"實録"的涵義、主體和指稱對象包含了更多内容。例如，傅咸《鏡賦》將鏡子比作良史實録，善惡必彰；李充《起居戒》將述德紀功的碑志歸於實録。《春秋》之義"信以傳信，疑以傳疑"，范寧《春秋穀梁傳》注不僅多次引用，而且與"實録"聯繫起來。葛洪《抱朴子内篇·仙藥》引《孝經援神契》"椒薑禦濕，菖蒲益聰，巨勝延年"云云，稱爲之"上聖之至言，方術之實録也"②，首次將"方術"與"實録"概念聯繫起來，認爲方術所言不虚。又如陶潛《五柳先生傳》，時人謂之實録，陶潛不是史官，《五柳先生傳》也不是史傳，可見在時人的理解裏，"實録"不限於某一種文類，像《五柳先生傳》這樣自況的也可叫作"實録"。

到南北朝，值得注意的是裴松之《三國志》注體現的"實録"觀：

將記述者欲以少見奇，非其實録也。③

早在揚雄筆下就有"子長多愛，愛奇也"④ 的評議，但並未就此否定其"實録"。裴松之之後，劉勰《文心雕龍·史傳》評述了司馬遷"實録無隱

① 常璩撰，劉琳校注《華陽國志校注》卷一〇，成都：巴蜀書社，1984年，第802頁。
② 王明《抱朴子内篇校釋》卷一一，北京：中華書局，1986年，第196頁。
③ 陳壽《三國志》卷一《魏書一·武帝紀第一》裴松之注，北京：中華書局，1982年第2版，第20頁。
④ 汪榮寶《法言義疏》十八，北京：中華書局，1987年，第507頁。

之旨" 和 "愛奇反經之尤"①，也未將二者對立起來，可見其 "實録" 觀念並未 "發展" 得更爲嚴格。相形之下，裴松之認爲不合理地追求 "見奇" 並非 "實録"，儘管這裏不是指司馬遷，但顯然對 "實録" 包含着更爲嚴格的標準。

實録不僅是一種史學概念，而且還發展成了一種雜取編年、紀傳之法的 "實録體"。一些學者認爲，十六國時期開始出現實録體，其證據是出現了《敦煌實録》這類書籍；但也有學者主張這不過是郡國之書，乃地方人物志，實録體當起源於蕭梁皇帝實録②。無論如何，這一時期 "實録" 的指稱範圍在繼續擴大，乃至用來指稱某地面積，如陶弘景《真誥》就稱金陵之地方十餘頃方是實録③。此外，蕭子顯《南齊書》卷五〇將詔書稱爲實録，卷五二《卞彬傳》又稱《蚤虱賦序》"其略言皆實録也"④，則實録的指稱對象擴展到更多文類。另一方面，史書也不是自然而然地被稱爲實録。楊衒之《洛陽伽藍記·城東》："自永嘉以來二百餘年，建國稱王者十有六君，皆游其都邑，目見其事。國滅之後，觀其史書，皆非實録，莫不推過於人，引善自向。""（碑文墓志）所謂生爲盜蹠，死爲夷齊，妄言傷正，華辭損實。"⑤ 可見當時史書、碑文墓志未必堪稱實録，而是充斥着相反的東西：假話、華麗之辭。而在魏收《魏書》那裏，儘管存在將史書視爲實録的觀念，但值得重視的還包括卷五九《蕭寶夤傳》記其上表建議將考功曹的記録對共裁量，認爲如此可少存 "實録"。又卷五七《高祐傳》："《尚書》者記言之體，《春秋》者録事之辭。尋覽前志，斯皆言動之實録也。"⑥ 明確指出實録包括言語和行動兩方面。《魏書·崔鴻傳》又載，當時的 "實録" 指的不是單純的記録，而是與考證結果相聯繫，因此具有史料批判的意味："稽以長曆，考諸舊志，删正差謬，定爲實録。"⑦

《漢書·司馬遷傳贊》以來 "實録" 與 "虛辭""虛言" 等之間的對立

---

① 劉勰著，范文瀾注《文心雕龍注》卷四，北京：人民文學出版社，1958 年，第 284 頁。

② 相關爭論參看謝貴安《中國已佚實録研究》，上海：上海古籍出版社，2013 年，第 7~11 頁。

③ 吉川忠夫、麥谷邦夫編，朱越利譯《真誥校注》卷一一，北京：中國社會科學出版社，2006 年，第 348 頁。

④ 蕭子顯《南齊書》卷五二，北京：中華書局，1972 年，第 893 頁。

⑤ 楊勇《洛陽伽藍記校箋》卷二，北京：中華書局，2006 年，第 83 頁。

⑥ 魏收《魏書》卷五七，北京：中華書局，1974 年，第 1260 頁。

⑦ 《魏書》卷六七，第 1504 頁。

到唐代依然存在。這種對立影響到道教學者，比如成玄英解釋《莊子·則陽》說"必謂虛言，請陳實録"① 就是如此。在"新樂府"中，這種對立還加入了對現實的批判，而這種批判又涉及各種文體，比如德政碑。白居易《青石》："不願作官家道傍德政碑，不鐫實録鐫虛辭。"② 將德政碑上鐫刻的文字視作虛辭。白居易《白氏六帖事類集》所載喪葬令中，實録與褒飾亦被對立起來。

唐人也明確提到"實録"言語或行事，褚亮《十八學士贊·文學姚思廉》"紀言實録"，李延壽《北史》卷三一《高祐傳》"言動之實録"，梁蕭《常州刺史獨孤及集後序》"比事爲實録"，權德輿《唐故尚書右僕射贈太子太保姚公集序》"叙事爲實録"，韓愈自稱《元和聖德詩》"指事實録"等都是如此。值得注意的是韓愈《答劉秀才論史書》："愚以爲凡史氏褒貶大法，《春秋》已備之矣。後之作者在據事迹實録，則善惡自見。"③ 其說法與揚雄、劉向、班固等有所不同，主張據事迹實録則不必褒貶而善惡自見。

實録的指稱對象也進一步擴大。李百藥《北齊書》卷二九《李瑾傳》稱盧思道所贈詩被時人稱作"實録"；孫思邈《千金翼方》以經方義、事歸"實録"；李延壽《南史》卷四八《陸慧曉傳》說何點之評論被時人稱作"實録"；魏徵《隋書》卷四二《李德林傳》以紀年（"書元年"）爲"實録"，並與"追書"區分開來；陽伯成《太常燕國公張說謚議》以無虛譽的謚號爲"實録"；駱賓王《對策文》將干寶《搜神記》、劉向《列仙傳》稱作"實録"（而非虛談）；賀知章呼李白爲"謫仙人"是"實録"；權德輿《故尚書工部員外郎贈禮部尚書王公神道碑銘》將某人的評價稱爲"實録"；李肇《東林寺經藏碑銘》稱經過删改的經、律、論、傳、記、文集等號爲"實録"；沈亞之《故銀青光禄大夫檢校户部尚書左金吾大將軍兼御史大夫上柱國河南縣開國公食邑二千户賜紫金魚袋贈太子少保柳公行狀》以所聞所見爲"實録"；白居易《霓裳羽衣歌》甚至有"霓裳實録"的說法；孫樵《與高錫望書》以記前人一時俚言爲實録；至於墓志被視爲

---

① 郭象注，成玄英疏《南華真經注疏》卷八，北京：中華書局，1998 年，第 505 頁。
② 白居易《白居易集》卷四，北京：中華書局，1979 年，第 74 頁。
③ 馬其昶《韓昌黎文集校注·文外集》卷上，上海：上海古籍出版社，1986 年，第 667 頁。

"實録"（如權德輿《唐睦州桐廬縣丞柳君故夫人天水權氏墓志銘》），《世本》《堯典》《舜典》《商書》《夏書》等爲"實録"（陳鴻《大統紀序》）就更不足爲怪。白居易認爲"在寮友間，知聞最熟，故得以實録①，交往熟悉可得以實録。又如嚴挺之《大智禪師碑銘》將根據衆人知見所記内容視爲實録，而認爲其餘傳聞不必記。類似看法也見於李德裕《次柳氏舊聞》，稱"彼皆目睹，非出傳聞，信而有徵，可爲實録"②，將目睹而非傳聞視爲實録的條件。

在唐代，最重視"實録"的要數劉知幾。他認爲："書事記言，出自當時之簡；勒成刪定，歸於後來之筆。然則當時草創者，資乎博聞實録，若董狐、南史是也。"③ 將當時之簡與實録聯繫起來。他主張"善惡必書，斯爲實録"，反對"持彼虚詞，亂茲實録"，顯然重複了班固等人的看法。至於"多爲時諱"的《魏書》、許敬宗所作"曲希時旨，或猥飾私憾"的紀傳，也並不被他視爲實録④。他還嚴格區分了寓言、假説、虚詞與實録：莊子述鮒魚之對，賈生叙鵩鳥之辭，"園史之寓言，騷人之假説"之類，均非實録⑤。劉知幾還提到像郡國之記、譜諜之書、《會稽典録》、《荀氏家傳》等爲修晋、漢史者"徵彼虚譽，定爲實録"，從"苟不别加研覈，何以詳其是非"⑥ 的説法來看，他並不認爲這是正確的做法。另外，他主張史書叙事應"辯而不華，質而不俚，其文直，其事核"，認爲語言上的"雕章縟彩"不能算是實録⑦，則實録不僅與内容的虚假對立，而且與語言上的華麗對立。

"實録"説不僅流行於世俗，而且逐漸進入佛教領域，這是本土觀念影響力的體現，但在此過程中也改變了"實録"的一些用法和指稱對象。比如慧皎《高僧傳》就佛賢擯黜之迹考諸"實録"，該"實録"當爲一部史書；慧遠《觀無量壽經義疏》考察了經中"如是我聞，一時佛在"云云

---

① 白居易《唐故銀青光禄大夫太子少保安定皇甫公墓志銘》，《白居易集》卷七〇，第 1481 頁。

② 李德裕《次柳氏舊聞》，載王仁裕等《開元天寶遺事十種》，上海：上海古籍出版社，1985 年，第 1 頁。

③ 浦起龍《史通通釋》卷一一，上海：上海古籍出版社，2009 年，第 301 頁。

④ 《史通通釋》卷一二，第 321、347 頁。

⑤ 《史通通釋》卷一八，第 487 頁。

⑥ 《史通通釋》卷五，第 108 頁。

⑦ 《史通通釋》卷七，第 191 頁。

的"一時"，認爲"實録"本應説明聽法的具體時間是何年何月，不過爲翻譯省略掉；灌頂《摩訶止觀》卷三將"權實"的"權"解釋爲權謀、暫用還廢，將"實"解釋成實録，乃根本旨歸；湛然《維摩經略疏》卷二認爲直心有五，其中凡夫外道的直心如人"實録"無有欺詐。尤其是道宣，其《四分律删繁補闕行事鈔序》主張爲文可信在於實録；《集古今佛道論衡序》注云"唐龍朔元年于京師西明寺實録"；《集古今佛道論衡》卷丁自稱絶去浮詞，以所聞叙實録；《廣弘明集》卷五《辯惑篇第二》稱莊子記老子事爲實録；《釋迦方志序》反對以傳説虚爲實録：這些都表明實録觀念對他有深刻影響。

佛教文獻中同樣存在着"實録"與虚妄、與浮華之辭之間的對立。如道宣《續高僧傳》卷一三《釋玄續》將虚談與實録相對，《廣弘明集》卷一四《辯惑篇第一》提及虚言與實録之對立；法琳《破邪論》卷下將虚妄與真、實録與僞對舉，《辯正論》卷二將浮華之語與實録相對，《辯正論》卷七將誇談與實録相對；玄奘《進西域記表》將蕪辭與實録相對；彦琮《唐護法沙門法琳別傳》卷中也將虚辭與實録對立起來；尤其是慧立本、釋彦悰箋《大唐大慈恩寺三藏法師傳》卷六將實録與雕華相區別，這種觀念與劉知幾等人没有太大區別。

二、作爲辯護的"實録"觀

如前所論，"實録"這一概念的基本涵義是清楚的，但其主體、指稱對象處在變化中，包括進入佛教領域之後也是如此。北宋之初，身爲佛教徒的贊寧也在其奉詔編纂的《宋高僧傳》中鼓吹"實録"。贊寧致力於將佛教納入宋初的本土文化復興進程中①，鼓吹"實録"也從僧史編纂層面反映出這一傾向。不過，其中也有值得探討的特殊意味。

首先，贊寧數次聲稱自己效法史傳"實録"："或有可觀，實録聊摹于陳壽。"② 如前所論，實録本爲稱贊司馬遷《太史公書》語。陳壽《三國

---

① 參看 Alber Welter（魏雅博），"A Buddhist Response to the Confucian Revival: Tsan-ning and the Debate over Wen in the Early Sung," in Peter N. Gregory and Daniel A. Getz eds., *Buddhism in the Sung*, Honolulu: University of Hawaii Press, 1999, pp. 21–61.

② 贊寧《進高僧傳表》，載《宋高僧傳》卷首，北京：中華書局，1987 年，第 1 頁。

志》也提及劉向、揚雄讚揚司馬遷"實錄",不過並未自稱所撰史書爲實錄。檢視可知,房玄齡《晋書》卷三九《王沈傳》首稱陳壽"實錄",故贊寧此說實受唐代史學影響。第二,《宋高僧傳》卷一八《唐泗州普光王寺僧伽傳》提到"僧伽實錄"。如前所論,"實錄"作爲一種專門的著述體裁始於《敦煌實錄》,但南朝蕭梁時期才出現皇帝實錄,至唐此體裁大興,所謂"僧伽實錄"可能是僧侶效仿實錄體的産物。第三,贊寧在《宋高僧傳》卷一六《唐鐘陵龍興寺清徹傳》中對"實錄"下了一個新的定義:

> 系曰:徹公言行無乃太簡乎? 通曰:繁略有據,名實錄也。昔太史公可弗欲廣三五之世事耶? 蓋唐虞之前,史氏淳略,後世何述焉。今不遂富贍,職由此也。又與弗來赴告不書同也。諸有繁略不均,必祛諸讓焉。①

"繁略有據,名實錄也"的觀點在贊寧之前似乎無人明確道出。贊寧將"有據"與"實錄"相聯繫,爲此他以司馬遷不能廣記三皇五帝之事爲證,顯然也認爲司馬遷撰史爲實錄,只不過這是從"繁略有據"的角度提出來的,爲了替《宋高僧傳》各傳不够富贍、繁略不均辯護。在《宋高僧傳》卷二八《周宋州廣壽院智江傳》"系"中,贊寧又認爲創著述者有四,不僅包括僻見謬解、領悟自乖、好直怪迂,也包括樂繁嫌略,而他又明確反對"好惡隨情,是非任見""不濟用而變革古德義章",認爲"已行前轍不覆,後車胡不謹而循之"②,顯然不是一味好繁,也贊同遵循有用的古德義章和舊規。

　　贊寧的這些說法不是就原始材料,而是就《史記》《宋高僧傳》這樣需要更早史料作爲依據的史書而言的。《宋高僧傳》卷一八《隋洺州欽師傳》"通":"有所不知,蓋闕如也……縱有某僧也,其奈史氏未編,傳家無據,故亦闕如,弗及錄者,留俟後賢者也。"③此處不提"實錄",但依然強調史氏是否編集是傳家的依據,與其"實錄"觀可相互印證,至於這樣做的理由"有所不知,蓋闕如也"則出自《論語·子路》。同時,這也可以解釋爲什麼贊寧提出的"實錄"典範是陳壽,以及他是在"實錄"的

① 贊寧《宋高僧傳》卷一六,第389頁。
② 《宋高僧傳》卷二八,第703頁。
③ 《宋高僧傳》卷一八,第448頁。

什麼意義上模仿陳壽的——《三國志》同樣不是原始材料，又敘事簡略，如書中多次提到"失其行事，故不爲傳"；裴松之亦稱"壽書（《三國志》）銓敘可觀……然失在於略，時有所脱漏"①，不滿意《三國志》的簡略。劉知幾《史通·古今正史》也稱《三國志》傷於簡略。其實，裴松之之前從未有人嫌陳壽《三國志》簡略；從兩漢到東晉，先在經學領域，再在史學領域出現了追求簡略的風氣，故《三國志》受到普遍的歡迎。只有到裴松之的時代，出現了重視"事"、重視知識的風氣，才會有追求史實豐富的裴松之注，直到唐代劉知幾還説"近代史筆，敘事爲煩"，由此可以理解爲何會出現批評《三國志》的聲音②。而從贊寧不是一味"樂繁"的"著述"，自稱"或有可觀，實録聊摹於陳壽"，主張"繁略有據，名實録也"等觀點來看，或許正是針對像裴松之、劉知幾這類《三國志》批評者的説法。據《青箱雜記》卷六，贊寧曾撰《非史通》六篇，可證他的確反對劉知幾《史通》中的觀點③。當然，劉知幾只是反對太過簡略，強調文尚簡要、敘事之工以簡要爲主，推崇文約而事豐、欲簡而且詳。但他或許也一定程度上影響了贊寧（或者説二者有相近之處），如《史通·古今正史》稱三墳五典等不傳，"惟唐虞已降，可得言者"，故司馬遷稱"神農已前，吾不知矣"④；再如《史通·二體》也注意到史料不詳的問題：

> 三五之代，書有典墳，悠哉邈矣，不可得而詳。自唐、虞以下迄于周，是爲《古文尚書》，然世猶淳質，文從簡略，求諸備體，固已缺如。⑤

劉知幾認爲三皇五帝之時史書不詳，贊寧"昔太史公可弗欲廣三五之世事耶？蓋唐虞之前，史氏淳略，後世何述焉"的説法與之有相似之處。不過，劉知幾這裏強調的是一些早期史學體裁的缺點，接下來就指出左丘明《左傳》爲編年之祖，司馬遷《史記》爲紀傳之祖。與劉知幾不同，贊寧

---

① 裴松之《上三國志注表》，《三國志》卷末，第1471頁。
② 關於這段時間内學術風氣的變化，詳見胡寶國《漢唐間史學的發展》（修訂本），北京：北京大學出版社，2014年，第69～90頁。
③ 宋初批評《史通》的儒者不乏其人，比如孫何就著《駁史通》十餘篇批判《史通》逆經叛道，他也爲贊寧的好友王禹偁所賞識。
④ 《史通通釋》卷一二，第305～306頁。
⑤ 《史通通釋》卷二，第24頁。

不是側重於繁、簡或史學體裁的問題，而是注意繁略的根據問題。在他看來《史記》《三國志》等沒有簡略的缺陷，因爲後者即便簡略也是有根據的，而這正是他師法的。

贊寧"實錄"觀與《春秋》的關係也值得注意。贊寧精通外學，《佛祖統紀》引《國朝會要》說，贊寧除翰林，與學士語，"援據經史，袞袞不已"，王禹偁、徐鉉皆事以師禮①。王禹偁提倡宗經，主張爲文傳道明心，甚至認爲捨棄了六經五常的文都算不得文②，因此他這樣尊重贊寧，當有思想觀念上的服膺，而不僅僅因爲贊寧年高位尊。王禹偁《左街僧錄通惠大師文集序》開篇就說贊寧不僅工文而且通儒書，也透露了其中消息。儒家經書中，贊寧尤重《春秋》。據《青箱雜記》卷六，贊寧"以著書立言尊崇儒術爲佛事"，從《駁董仲舒繁露》《抑春秋無賢臣論》等篇名來看，他大概反對一些學者有關《春秋》的論說，爲王禹偁所激賞③。王禹偁《贈贊寧大師》稱贊寧"詔修僧史浙江濱，萬卷書中老一身。赴闕尚留支遁馬，援毫應待仲尼麟"④，將後者撰寫《宋高僧傳》比作孔子撰寫《春秋》。贊寧在《宋高僧傳後序》中稱"俾將來君子，知我者以僧傳，罪我者亦以僧傳"⑤，隱然比附孔子"知我者，其惟《春秋》乎！罪我者，其惟《春秋》乎"之語。《宋高僧傳》卷一六《唐鐘陵龍興寺清徹傳》"系"所謂"無乃太簡"，其語本《論語·雍也》，而在贊寧之前將之用於《春秋》者，從現存史料看只有劉知幾《史通·模擬》，乃是批評《春秋》記載之闕。而贊寧《宋高僧傳》卷一六《唐鐘陵龍興寺清徹傳》提到的"弗來赴告不書"，正是《春秋》書法，也被他用來爲自己的"不遂富贍"或"繁略不均"辯護，可見贊寧對《春秋》的尊崇，或許正是其"繁略有據，名實錄也"的一個根據⑥。這種態度還表現在他對《春秋·桓公十四

---

① 志磐撰，釋道法校注《佛祖統紀校注》卷四三，上海：上海古籍出版社，2012年，第1028頁。

② 參看祝尚書《北宋古文運動發展史》，北京：北京大學出版社，2012年，第54~59頁。

③ 吳處厚《青箱雜記》卷六，北京：中華書局，1985年，第61頁。

④ 王禹偁《王黄州小畜集》卷七，載舒大剛主編《宋集珍本叢刊》第1冊，北京：綫裝書局，2004年，第565頁。

⑤ 《宋高僧傳》卷末，第759頁。

⑥ 在贊寧之前不少佛教典籍也主張文句或言語的"有據"，不過沒有直接提到繁簡問題。另外，贊寧行文簡略還有受孔子"不語怪力亂神"觀念影響的地方，如《宋高僧傳》卷一〇《唐荊州天皇寺道悟傳》："事鄰語怪，闕而不書。"（第233頁）

年》"十有四年春正月，公會鄭伯于曹。無冰。夏五"的論議上：

> 《春秋》"夏五"，不敢輕加。佛教宜然，無妄釀矣。①

> 君不見《春秋》"夏五"邪？鄭杜諸家豈不能添"月"字乎？蓋畏聖人之言，成不刊之典，不敢加字矣。夫子曰：吾猶及史之闕文。將知佛教還可加減否？如慧嚴重譯《泥丸經》，加之品目，忽夢神人怒責，聲色頗厲，曰："《涅槃》尊經，何敢輒爾輕加斟酌！"是知興福不如避罪，斯言允矣。②

可以看出，對《春秋》聖人之言的尊崇導致贊寧認爲不應輕加字，并認爲佛教也應如此；另外，從他舉慧嚴重譯《泥丸經》的例子來看，這種態度還與避罪的宗教心理有關。相反地，劉知幾《史通·惑經》批評《春秋》未諭者十二、虛美者五，與此相關的是認爲"君子以博聞多識爲工，良史以實録直書爲貴"，而"《春秋》記它國之事，必憑來者之辭；而來者所言，多非其實。或兵敗而不以敗告，君弒而不以弒稱，或宜以名而不以名，或應以氏而不以氏，或春崩而以夏聞，或秋葬而以冬赴。皆承其所説而書，遂使真偽莫分，是非相亂"③。劉知幾認爲《春秋》多有不實，其原因在於赴告者所言不實却因襲其説。這種非議儒家經典的態度在後世招來了很多批評④。贊寧"弗來赴告不書"、以繁略有據爲實録就與之明顯不同，從中可以窺見贊寧"以著書立言尊崇儒術爲佛事"的某些含義：不僅尊崇《春秋》體現的儒家聖人之道，而且尊崇其歷史編纂原則，並用來爲僧史編纂提供理據。

不過，劉知幾的看法其實也提醒我們注意這些問題："實録"僅僅就是繁略有據嗎？難道贊寧從不懷疑《春秋》的史料來源問題嗎？其《宋高僧傳》遵循這樣的觀念意味着什麼？

---

① 《宋高僧傳》卷二五，第 638 頁。
② 《宋高僧傳》卷二八，第 712 頁。
③ 《史通通釋》卷一四，第 381 頁。
④ 詳見王嘉川《清前〈史通〉學研究》，北京：社會科學文獻出版社，2013 年。

三、《宋高僧傳》中的"實録"與依據

按照贊寧《宋高僧傳序》中的説法，"或案誄銘，或徵志記，或問輶軒之使者，或詢耆舊之先民"①，可知其所據並非都是書面文獻，也包括傳聞（實際上是沿襲慧皎《高僧傳》、道宣《續高僧傳》的做法）。有研究者進一步考察説，贊寧所據爲塔銘碑記、别傳志記、徵之耆舊（探訪高僧弟子等）、親身見聞等②；也有研究者指出，贊寧還曾利用傳主著述、國家檔案資料和一些史書，處理文獻時除基本襲用原始文獻外，又曾對所搜集文獻進行綜合整理工作（如增添、删减、改寫等）③，所論允當，筆者不再贅述。這裏所欲進一步考察的是，這些依據本身的性質以及在唐宋書目分類中的位置。

首先，贊寧所據主要爲碑志塔銘等原始材料，但傳中出現了某些傳聞性的内容。例如，儘管裴度《三藏無畏不空法師塔記》、嚴郢《大唐興善寺大廣智不空三藏和尚碑銘》都記録過不空的神異之事——如後者記不空伏象，《宋高僧傳》卷一《唐京兆大興善寺不空傳》亦有類似故事，可稱得上是繁略有據，不過文字有所損益——但《宋高僧傳》本傳記不空感文殊現身，海上遇大黑風作法等事却找不到依據，或許在當時就曾口頭流傳，只是一種傳説。卷二《唐洛京聖善寺善無畏傳》多據李華《東都聖善寺無畏三藏碑》，像後者叙舉刃三斫而善無畏肢體無傷、唯聞銅聲，前者也照抄，其實這發生在突厥之庭，撰者李華並未目睹其事，很可能還是聽聞之説。《宋高僧傳》卷六《唐京師大安國寺端甫傳》全依裴休所撰碑，但碑中載端甫母張夫人所夢，以及端甫夢梵僧以舍利滿瑠璃器使吞之，如果不是當事人講出或其他人傳出，裴休根本不可能寫入碑中，因此儘管《宋高僧傳》本傳有碑文爲據，但再往前推，一些相關記載所據還是傳聞。又如《宋高僧傳》卷一一《唐杭州鹽官海昌院齊安傳》："安在胎，母夢日

---

① 贊寧《宋高僧傳序》，《宋高僧傳》卷首，第 2 頁。
② 黄敬家《贊寧〈宋高僧傳〉叙事研究》，臺北：臺灣學生書局，2008 年，第 114～129 頁。
③ 金建鋒《弘道與垂範：釋贊寧〈宋高僧傳〉研究》，北京：中國社會科學出版社，2014 年，第 170～188 頁。

兆詳。既誕而神光下燭。數歲，有異僧欸門召見，摩頂曰：'鳳穴振儀，龍宮藏寶。紹終之業，其在斯乎!'"① 本盧簡求《杭州鹽官縣海昌院禪門大師塔碑》，即便"異僧"之語也照抄不誤。但像這類傳主生前之事和幼年之事，最初只能是他人所説而在傳主死後寫入碑記，與其説具有很强的可信度，倒不如説很多高僧都傳有類似事迹。在贊寧看來，類似的事情很多，並非相互改作，而是因聖人之作相同，有如門内造車，門外合轍。《宋高僧傳》卷一二《唐明州棲心寺藏奐傳》：

> 奐在洛下長壽寺，謂衆曰："昔四明天童山僧曇粹是吾前生也，有墳塔存焉。"相去遼遠，人有疑者，及追驗事實，皆如其言。②

此本崔琪《心鏡大師碑》，據此碑，"戒休以其迹徵余之文，遂直書其事"③，則崔琪也是根據他人提供事迹而記載下來的，如果再往前追述，轉生之事很可能還是來自傳聞。

第二，早前有多種史料可據而選擇其一。《宋高僧傳》卷九《唐京兆慈恩寺義福傳》："中書侍郎嚴挺之躬行喪服，若弟子焉，又撰碑文。"④ 當指嚴挺之《大智禪師碑銘》。《舊唐書·方伎傳》稱"中書侍郎嚴挺之爲製碑文"，似乎參考了《大智禪師碑銘》。然而，本傳稱義福"以（開元）二十年卒"，此説與《舊唐書·方伎傳》同，却不同於《大智禪師碑銘》。因此，從本傳的説法來看，難以簡單説贊寧是否看到過《大智禪師碑銘》，或許贊寧所據就是《舊唐書》。

第三，所據爲雜史故事和小説，亦多出自傳聞。《宋高僧傳》卷九《唐京兆慈恩寺義福傳》載：

> 初福往東洛，召其徒戒其終期。兵部侍郎張均、太尉房琯、禮部侍郎韋陟常所信重，是日皆預造焉。福乃升堂，爲門人演説，且曰："吾没日戻，當爲此決别耳。"久之，張謂房曰："某夙歲餌金丹，未嘗臨喪。"言訖，張遂潛去。福忽謂房曰："與張公游有年矣。張公將

① 《宋高僧傳》卷一一，第261頁。
② 《宋高僧傳》卷一二，第277頁。
③ 崔琪《心鏡大師碑》，載董誥等編《全唐文》卷八〇四，上海：上海古籍出版社，1990年，第3746頁。
④ 《宋高僧傳》卷九，第197頁。

有非常之咎，名節皆虧。向來若終此法會，足以免禍。惜哉！"乃提房手曰："必爲中興名臣，其勉之！"言訖而終。後張均陷賊庭也，受其僞官。而房翼戴兩朝，畢立大節。皆終福之言矣。①

《太平廣記》卷九七《異僧》引《明皇雜録》曾記此事，足以表現傳主預言之神奇。從文字上看，二者基本相同。歐陽修《新唐書》卷一六五《鄭處誨傳》稱《明皇雜録》爲時盛傳。《新唐書》卷五八《藝文志·故事類》、《郡齋讀書志》卷六《史類·雜史類》、尤袤《遂初堂書目·雜史類》、陳振孫《直齋書録解題》卷五《史録·雜史類》等著録，而《郡齋讀書志》等曾提到"雜史"聞見卑淺，記録失實等問題。

類似的例子還包括《宋高僧傳》卷一四《唐京兆西明寺道宣傳》記孫思邈救昆明池龍的故事。《太平廣記》卷二一《神仙》記此事，所據爲《仙傳拾遺》和《宣室志》。《仙傳拾遺》一書，《崇文總目·道書類》有載，撰者杜光庭乃五代前蜀人，與道宣、孫思邈並非生活在同一時代。《宣室志》一書，《崇文總目·子部·小説類》、《新唐書》卷五九《藝文志·小説家類》、《郡齋讀書志》卷一三《子類·小説類》、尤袤《遂初堂書目·小説類》、《直齋書録解題》卷一一《子録·小説家類》等著録，"宣室"爲漢文帝問鬼神處，是書纂輯仙鬼靈異事，撰者張讀乃晚唐人，亦與道宣、孫思邈邈不相接。無論出自何書，撰者都不可能目睹其事，很可能得自傳聞。

由於涉及神異現象，《宋高僧傳·感通篇》的傳聞性質更爲明顯。卷一九《唐京兆法秀傳》記法秀詣回向寺事，時在開元末，非贊寧所能見，《太平廣記》卷九六《異僧》引《逸史》記此事，不知所據。卷一八《唐齊州靈巖寺道鑒傳》記道鑒神異之事，傳聞異辭，都加記載，其中所記爲元和年間事者與《太平廣記》卷九七《異僧》引《宣室志》相同，可知爲小説。對於傳聞異辭，贊寧解釋爲"見聞不齊，記録因別也"，又進一步指出：

原夫聖人之應身也，或南或北，或漢或胡，或平常之形，或怪差之質，故令聞見必也有殊，復使傳揚，自然多説。譬猶千里之外，望

---

① 《宋高僧傳》卷九，第 197～198 頁。

日月以皆同，其時邊旁雲物狀貌有異耳。既是不思議應現矣，則隨緣
赴感，肆是難同。可發例云：所傳聞異辭也。①

用佛教觀念中聖人有不同應身、隨緣赴感之類說法來解釋聞見有殊、傳聞
異辭（語出《春秋公羊傳》），實際上是爲其采用小説辯護，可見其辭辯
縱橫。

此外，本篇中神僧的事迹很多還可與《集異記》《甘澤謠》相互參證。
《甘澤謠》，《新唐書》卷五九《藝文志·小説家類》、《郡齋讀書志》卷一
三《子類·小説類》、《直齋書録解題》卷一一《子録·小説家類》等著
録。《集異記》，《崇文總目·子部·小説類》、《新唐書》卷五九《藝文
志·小説家類》、《郡齋讀書志》卷一三《子類·小説類》等著録。與《宋
高僧傳》關係尤爲密切的是《酉陽雜俎》，如《宋高僧傳》卷二五《唐江
州開元寺法正傳》：

> 長慶初，得疾暴終。云倏至幽冥，引見王者，問曰："師生平藝
> 何福田，獲何善果？"正以誦經爲對。王乃揖上殿令登繡座，請誦七
> 通。王以下侍衛靡不合掌，階下拷掠搒擊論懋，寂若無聲。念畢後，
> 遣一人引正令還人間，王降階揖送云："上人更得三十年在世，勿廢
> 誦持。"隨吏行數里，至一巨坑，俾正俯窺，爲吏推墮，若隕空焉，
> 颯然蘇起。初正死唯面不寒，起述其事，變心遷善者不一。②

此記法正以誦經令閻王送還人間的故事，意在勸人植福田獲善果，從"起
述其事"來看，乃法正自己所叙。此事早載於《酉陽雜俎》續集卷七，稱
荆州僧常靖親見其事。但常靖並未隨法正歷陰間，其所見聞，當是指法正
暴卒不冷及蘇醒後之事。贊寧與法正生活時代邈不相及，所叙故事與《酉
陽雜俎》一致，有些文字甚至完全相同。但贊寧大概覺得常靖親見其事不
完全合理，故改爲法正自己醒來後講述陰間見聞。總之，儘管本傳的確有
據，但這種依據建立在《酉陽雜俎》記載上，後者又建立在法正、常靖所
見所聞的基礎上。據《酉陽雜俎·序》，該書亦"志怪小説之書"；該書爲
《崇文總目·子部·小説類》、《新唐書》卷五九《藝文志·小説家類》、

---

① 《宋高僧傳》卷一八，第 459 頁。
② 《宋高僧傳》卷二五，第 632～633 頁。

《郡齋讀書志》卷一三《子類·小説類》、《遂初堂書目·小説類》、《直齋書録解題》卷一一《子録·小説家類》等著録，多記譎怪之事。晁公武認爲近時小説多變是非之實，撰史"采小説以爲異聞逸事""事悉鑿空妄言"者，無異於莊周鮒魚之辭、賈生鵬鳥之對①，可見在這些學者眼中小説不那麼"實"。

漢唐以來，儘管"叢殘小語"（《新論》）、"街談巷語，道聽塗説"、"蒭蕘狂夫之議"（《漢書·藝文志》）等小道不經之説意義上的"小説"觀念是最爲常見的②，熟悉外學的贊寧不可能不知道，但值得注意的是，《宋高僧傳》所涉及的唐代小説如《宣室志》《甘澤謡》《酉陽雜俎》等多有出自晚唐者。據《舊唐書》本傳，段成式《酉陽雜俎》流傳一時。比段成式生活年代稍晚的陸希聲《北户録序》稱："近日著小説者多矣，大率皆鬼神變怪荒唐誕妄之事。不然，則滑稽詼諧以爲笑樂之資。離此二者，或强言故事，則皆詆訾前賢，使悠悠者以爲口實。此近世之通病也。"③認爲晚唐小説很多不可信。《宋高僧傳》卷一二《唐杭州大慈山寰中傳》提到過段成式，卷三〇《後唐明州國寧寺辯光傳》又叙傳主與陸希聲交往的故事。作爲贊寧的批判對象，劉知幾《史通》也多次强調傳聞失真、傳聞不如所見等問題，儘管聲稱"小説"自成一家，能與正史參行，但他又貶低説，"留情於委巷小説"是"勞而無功，費而無當"，"街談巷議之損實"，像訪諸故老，以蒭蕘鄙説刊爲竹帛正言者也不能與五經方駕，三志競爽④。如前所述，贊寧本人就采用訪諸故老的方法來搜集材料。《宋高僧傳》卷二一《唐代州北臺山隱峰傳》又云：

> 立逝坐亡，爲修三昧……如幻之功，善權大矣。或曰：淮西之役，《唐書》胡弗載隱峰飛錫解陣邪？通曰：小説所傳，或得其實。是故《春秋》一經，五家作傳，可得同乎？⑤

贊寧從佛教觀念出發來解釋僧侶神通，故而像隱峰飛錫解陣這樣的"小

---

① 晁公武撰，孫猛校證《郡齋讀書志校證》卷九，上海：上海古籍出版社，2011年，第386頁。

② 關於漢唐時期的小説觀念，詳見羅寧《漢唐小説觀念論稿》，成都：巴蜀書社，2009年。

③ 陸希聲《北户録序》，《全唐文》卷八一三，第3791頁。

④ 《史通通釋》卷五，第109、123頁。

⑤ 《宋高僧傳》卷二一，第548頁。

説"雖不載於《舊唐書》，但在他看來可能是屬實的。贊寧甚至以《春秋》
五家作傳各不相同證明這一觀點，可進一步幫助我們理解他尊崇《春秋》
的深意。本來，強調小説紀實性的就代不乏人。宗尚小説更是五代人治學
的一個特點，這在徐鉉《御製雜説序》一文中已有體現。作爲宋初重視文
治、籠絡文臣的國家文化事業的一部分，李昉、李穆、徐鉉等奉詔編纂
《太平廣記》，爲此搜集了大量文獻，其中就徵引了很多宣揚佛道之説的小
説（如徐鉉《稽神録》），甚至宋太宗都對稗官之説頗有興趣，可見一時風
氣①。此外，不少《太平廣記》的編纂者都與贊寧有交往：徐鉉與贊寧曾
同任翰林之職，事以師禮；李穆"事大師（贊寧）尤爲恭謹"；李昉致仕
後曾想與贊寧等人繼白居易九老之會②。如前所述，《宋高僧傳》采用的
不少晚唐小説也爲《太平廣記》所徵引。作爲這一時風的體現者和推進
者，贊寧與徐鉉等人當有多方面的共同語言，自不像劉知幾、陸希聲等人
那樣貶斥小説。贊寧的"實録"觀與其"小説"觀也不矛盾，這可反過來
幫助我們理解他爲何將很多得自傳聞的"小説"用到《宋高僧傳》中。

四、結語

"實録"最初用來評價司馬遷及其《太史公書》，但後來"實録"的主
體和指稱對象不斷變化：不僅史官，其他"庶官"，乃至一般文人學者也
可以"實録"；不僅《太史公書》或其他史書，像詔書、碑志、詩、賦、
傳、記、自叙、文集、仙傳、方術、經方、經律論、謚號、稱謂、評價、
修行境界、俚言等都可能是"實録"。而究其涵義，"實録"一方面常常與
"虛美""隱惡""虛辭""虛談""虛言""假説""誇談"等相對立，另一
方面自南北朝以來也與"華辭""浮詞""雕章縟彩"等相對立——也就是
説，"實録"不僅與言辭內容的虛假對立，而且與言辭本身的浮華對立，
儘管嚴格説來後一類對立並不像前一類對立那樣雙方涵義相反。

到贊寧那裏，情況發生了進一步變化。贊寧明確奉爲"實録"典範的

---

① 參看牛景麗《〈太平廣記〉的成書緣起》，《古籍整理學刊》2004 年第 5 期，第 33～38
頁。

② 王禹偁《左街僧録通惠大師文集序》，《王黃州小畜集》卷二〇，《宋集珍本叢刊》第 1
冊，第 667 頁。

是陳壽；對“實録”的定義也不是《漢書》以來的舊説，而是指“繁略有據”。這可能與陳壽《三國志》等史書内容簡略、無材料則不立傳等有關。《三國志》的簡略遭到裴松之、劉知幾等人的批評，而贊寧反對劉知幾史學，不是像後者那樣關注簡與要、詳與略的關係問題，而是注意繁略的根據問題，可能這正是陳壽《三國志》被贊寧視爲典範的原因，或者説爲其觀點提供了依據。並且，贊寧不僅尊崇聖人之道，而且尊崇其中包含的歷史編纂原則，其“實録”觀也與《春秋》“弗來赴告不書”説有關，這同樣與劉知幾關於《春秋》“來者所言，多非其實”的批評非常不同。此外，贊寧“實録”觀還受到《論語》和《史記》等的影響。

贊寧《宋高僧傳》還利用雜史故事和《宣室志》《甘澤謡》《酉陽雜俎》等晚唐“小説”。劉知幾和一些晚唐人對“小説”持批評態度，但贊寧從佛教觀念出發來解釋僧侣神通，或認爲聖人有不同應身，故聞見有殊、傳聞異辭，或認爲“小説所傳，或得其實”，並同樣從《春秋》那裏找到依據，故其“實録”觀與“小説”觀並不矛盾。這與將“實録”和作爲“虚詞”的“小説”對立起來①的劉知幾不同，反映了時代學術風氣的變化。

總的來看，相比於一些唐人注重目睹、考證的“實録”觀，劉知幾等批判訪諸故老和運用“小説”的“實録”觀，贊寧的“實録”觀相對弱化，没有論述對材料依據本身的考證，但也更具兼容性；相比於推崇史文簡要的劉知幾，贊寧更强調“繁略有據”，這要求對史家自身的行文做更多的限制。可以發現，贊寧的“實録”觀不是純粹另立新義，而是總結《春秋》《論語》《三國志》等經史歷史編纂原則的産物，有着特定的意圖——暗裏反駁包括劉知幾在内的史學觀點，爲《宋高僧傳》的材料依據和運用辯護，這種辯護背後又有佛教觀念的支撑，並體現出融合儒釋、回歸本土文化的傾向。

---

① 《史通通釋》卷一七，第 449 頁。

九僧詩名兩宋流傳辨析

張　艮

贛南師範學院文學院

摘　要：九僧因爲相同的台教宗派歸屬及相近的詩學旨趣，借助汴京
譯經院爲平臺而結社吟詩，以迥異於白體詩風的新氣象崛起
詩壇，遂引起士大夫的關注而詩名大振。通過對九僧詩名在
兩宋的流傳情況進行較全面的考察，可以發現，九僧詩歌在
兩宋一直流傳，並有着自己的影響。在一定意義上，九僧也
成爲詩僧的代名詞和象徵，這從另外一個角度說明了詩壇對
九僧詩歌的接受和充分肯定。由此應引起我們注意的是，如
果能對當時整個詩壇作充分的觀照，瞭解其詩風嬗變的具體
細節，並儘量客觀地呈現當時詩壇生態，那麼我們對前人不
少定論就會有新的疑問，對前人忽視的或相沿成習的一些問
題則可以作出另一番解釋。

關鍵詞：九僧；天台宗；詩名；《六一詩話》；文學史

　　宋初九僧因爲生平資料存世極少，以致籍貫、宗派等問題在後世疑點
重重。幾十年來雖有黃啓方、許紅霞、祝尚書、吉廣興、王傳龍等學者相
繼着力研究[①]，有較多創獲，讓學界對九僧的生卒年限、籍貫、交游及其

---

　　① 黃啓方《九僧與九僧詩》，載《兩宋文史論叢》，臺北：學海書局，1974 年；許紅霞《宋
初九僧叢考》，載《古典文獻研究論叢》，北京：北京大學出版社，1995 年；祝尚書《論"宋初
九僧"及其詩》，《四川大學學報（哲學社會科學版）》1998 年第 2 期；吉廣興《宋初九僧事迹探
究》，《中國禪學》第 1 卷，北京：中華書局，2002 年，又見氏著《宋初九僧詩研究》，高雄師範
大學博士學位論文，2000 年；王傳龍《"九僧"生卒年限及群體形成考》，《文學遺產》2012 年第
4 期。

詩歌特點有了不少瞭解，不過，在對九僧及其詩歌的研究中仍存在未發之覆，如文學史界一直對九僧詩名流傳存在誤解，以爲九僧詩歌只是短暫流傳，詩名很快消歇等等①。本文即擬首先討論九僧在京師獲得詩名的原因，再對歐陽修《六一詩話》的一則記載進行全新的闡釋，然後分析書目對九僧詩集的著錄情況，最後借助揭示文人筆下的九僧及其詩歌，來對九僧詩名在兩宋的流傳情況進行較全面的考察，並希望由此得出接近事實的結論。

一、九僧在京師獲得詩名原因簡析

九僧成爲一個群體，在京師獲得成功，贏得詩名，並非是偶然現象，自有其外部和内部原因。

（一）同屬天台宗

九僧皆屬天台宗，有着相同的義學背景和一致的宗派傾向，這是使他們相互親近和聯繫起來的天然的紐帶，也是他們得以形成群體的前提②。

（二）譯經院平臺

根據現存的材料，我們可以知道九僧中至少六僧皆有在譯經院任職的經歷，而未見在譯經院待職的宇昭、文兆、惟鳳三僧皆曾在京師活動。這樣似可以認爲，譯經院是他們在京師活動的一個重要平臺。通過這個平臺，在九僧之内，他們可以分題酬唱，對外又可以結交朝廷名公巨卿，收穫聲名，如他們與詩壇重要人物楊億、寇準、丁謂等人交往都較密切。同樣的原因，當仁宗年間，譯經院漸趨没落，九僧或老死或離開譯經院歸養

---

① 如梁昆《宋詩派別論》認爲晚唐體流行年代"大抵在太平興國至天聖間，……自逋卒後，此派勢力始歸寂寞。"（上海：商務印書館，1941 年，第 23 頁）其實此時九僧中除惠崇已過世，其他諸僧多尚健在。更多文學史著作都有意無意地忽略了對九僧的探討，祝尚書在《論"宋初九僧"及其詩》中談到："關於'宋初九僧'，從數十年來衆多的文學史著作中，我們幾乎找不到他們的名字，學術界也極少討論。直到近年出版的幾種文學史（如程千帆主編的《兩宋文學史》、章培恒等主編的《中國文學史》等），才有所論列，但限於體制和篇幅，又都很簡略。"〔《四川大學學報（哲學社會科學版）》1998 年第 2 期，第 52 頁〕大體道出了九僧在文學史研究中的尷尬地位。

② 拙稿《宋初九僧宗派考》，在吉廣輿研究基礎之上，考出九僧皆屬天台宗，見《暨南學報（社會科學版）》2014 年第 3 期。

故山，詩名亦隨之受到削弱。

（三）分題結社

現存的九僧詩歌中絕大部分是他們之間的寄贈唱和之詩，而且也留下了他們結成詩社，分題賦詩的綫索。如文兆《寄行肇上人》"分題秋閣迥，對坐夜堂寒"①，以及《寄保暹師》"四釋分題處，年來一榻虛"②，就都是回憶當時結社分題吟詩之事。宇昭《送從律師》"病起辭吟社，出京無舊房"③，則又可知，當時詩社甚至不止九人，尚有其他詩僧參與，如從律就曾在詩社中活動過。不過最終形成九僧這樣的團體，一方面當然是九人爲詩僧中堅，另一方面和《九僧詩集》的傳播有很大關係。九僧在京師這樣的群體活動，同聲相應，同氣相求，極易引起人們的注意，當士大夫參與進來以後，獲得詩名就已是情理之中的事情了。文瑩《湘山野錄》記載寇準延請惠崇探闍分題之事就足可見九僧與名公巨卿交往對其群體聲名的推動。④

（四）與士大夫唱酬，獲得他們的支持和稱揚

如果九僧僅僅是内部分題賦詩，要想迅速收穫詩名並非易事。不過，他們身處譯館這樣的清要之地，既富義學修養，又有能詩之名，結交朝中士大夫並獲得他們的青睞和推重就不是難事了。據許紅霞考證，九僧和當時士大夫如陳堯叟、陳堯佐、凌策、宋白、王禹偁、柴成務、錢昭度、王德用、陳充、丁謂、寇準、楊億、錢若水等人都有交游。⑤ 其中王禹偁、寇準、楊億皆一時詩壇巨擘，而且楊億還曾參與譯經之事，一向"留心釋典禪規之學"⑥。今惠崇尚存有《上翰林楊學士》《楊秘監池上》，而楊億亦有《成都鳳道人游終南山謁种徵君》⑦，成都鳳道人，就是惟鳳。此皆

---

① 北京大學古文獻研究所編《全宋詩》卷一二五，北京：北京大學出版社，1998 年，第 3 册，第 1448 頁。

② 《全宋詩》卷一二五，第 3 册，第 1451 頁。

③ 《全宋詩》卷一二六，第 3 册，第 1475 頁。

④ 文瑩《湘山野錄》卷中，鄭世剛、楊立揚點校，北京：中華書局，1984 年，第 34～35 頁。

⑤ 《宋初九僧叢考》，《古典文獻研究論叢》第 65～76 頁。

⑥ 脱脱等《宋史》卷三〇五，北京：中華書局，1977 年，第 10083 頁。

⑦ 《全宋詩》卷一一六，第 3 册，第 1349 頁。考希晝與文兆都有送惟鳳之終南山詩，同時宇昭又有《喜惟鳳師關中回》，而惟鳳在關中還有《寄希晝》，云"關中吟鬢改"，皆可證楊億詩題中鳳道人即爲惟鳳。

可見九僧與楊億詩文往來。而楊億曾言："近世釋子多工於詩，而楚僧惠崇、蜀僧希晝爲其傑出。其江南僧元净、夢真，浙右僧寶通、守恭、行肇、鑒微、簡長、尚能、智仁、休復，蜀僧惟鳳，皆有佳句。"① 所列舉的十三位詩僧中九僧占了五席，而且特別稱贊了惠崇和希晝。這對提高九僧聲名自然作用極大。

（五）《九僧詩集》的編撰和傳播

司馬光《温公續詩話》謂《九僧詩集》乃"直昭文館陳充集而序之"②，《直齋書録解題》卷一五則指出具體時間爲景德元年（1004）③。據《續資治通鑒長編》卷六三，陳充自至道三年（997）至景德三年（1006）一直直昭文館。④ 惟鳳有詩《寄昭文館陳學士》⑤，陳學士，即指陳充，成都人，與惟鳳有同鄉之誼。而九僧中希晝、懷古亦皆爲蜀僧，陳充與九僧交游或因鄉誼。他爲九僧詩編集作序，使結社吟詩的九僧群體成員穩定下來，可以視作九僧成爲群體的一個標志性事件。而其所編《九僧詩集》則爲九僧詩名傳播提供了有效的載體。

（六）九僧不同於白體詩的詩學旨趣

九僧登上詩壇之際，是在白體風行近五十年之時。白體長處在淺切平易，但流弊是輕率鄙俗。梁昆曾具體指出白體詩"語滑""詞衍""意盡""字俗""文淺""作率"和"氣弱"等七種弊端⑥。如王禹偁早年詩歌學白，而晚年轉而學杜，故有"本與樂天爲後進，敢期子美是前身"這般夫子自道之句，正可説明白體詩風行久生弊，連王禹偁都開始轉向杜甫乞靈。而《西昆酬唱集》中的詩歌亦大體創作於此時。這些都可説明九僧在京師活動之際，正是詩壇人心思變之時，所以隨着《九僧詩集》的編撰和傳播，九僧詩歌以其雕字琢句、刻苦精工與白體不一樣的面貌獲得了人們的歡迎，並迅速在詩壇確立了地位。

---

① 楊億口述，黃鑒筆録，宋庠整理，李裕民輯校《楊文公談苑》，上海：上海古籍出版社，1993 年，第 90 頁。
② 司馬光《温公續詩話》，載《歷代詩話》，北京：中華書局，1981 年，第 280 頁。
③ 陳振孫《直齋書録解題》卷一五，《景印文淵閣四庫全書》，臺北：商務印書館，1986 年，第 674 册，第 786 頁。
④ 李燾《續資治通鑒長編》卷一一五，《景印文淵閣四庫全書》第 315 册，第 30 頁。
⑤ 《全宋詩》卷一二五，第 3 册，第 1462 頁。
⑥ 梁昆《宋詩派別論》第 11～12 頁。

二、對《六一詩話》記載的重新闡釋

歐陽修《六一詩話》曰：

> 國朝浮圖，以詩名於世者九人，故時有集號《九僧詩》，今不復傳矣。余少時聞人多稱之。其一曰惠崇，餘八人者，忘其名字也。余亦略記其詩，有云："馬放降來地，雕盤戰後雲。"又云："春生桂嶺外，人在海門西。"其佳句多類此。其集已亡，今人多不知有所謂九僧者矣，是可嘆也！當時有進士許洞者，善爲辭章，俊逸之士也。因會諸詩僧分題，出一紙，約曰："不得犯此一字。"其字乃山、水、風、雲、竹、石、花、草、雪、霜、星、月、禽、鳥之類，於是諸僧皆閣筆。洞咸平三年進士及第，時無名子嘲曰"張康渾裏馬，許洞鬧裝妻"者是也。①

歐陽修晚年記下的這段話常常爲討論九僧及其詩歌的研究者所引用，一般都從中得出兩個結論：一是九僧詩歌題材有限，詩境狹窄；二是九僧詩在歐陽修生活時代已消亡不傳，故影響不大。②

因爲引用者往往對這段材料未詳加辨析，所以這兩個結論頗值得懷疑。筆者覺得這段話中尚包含很多重要的信息，還可以进一步分析探討。

其一，九僧有集傳世，即《九僧詩集》，乃景德元年直昭文館陳充編並序，此集《郡齋讀書志》和《直齋書錄解題》皆著錄。《郡齋讀書志》卷四下云："《九僧詩集》一卷。右皇朝僧希晝、保遲、文兆、行肇、簡長、惟鳳、惠崇、宇昭、懷古也。陳充爲序，凡一百十篇。"③《直齋書錄解題》卷一五云："《九僧詩》一卷。九僧者，希晝、保遲、文兆、行肇、簡長、惟鳳、惠崇、宇昭、懷古。凡一百七首，景德元年直昭文館陳克

---

① 歐陽修《六一詩話》，《歷代詩話》第 266 頁。

② 《兩宋文學史》認爲據此九僧詩 "詩境極其狹窄"（程千帆、吳新雷《兩宋文學史》，載《程千帆全集》第 13 卷，石家莊：河北教育出版社，2000 年，第 13 頁）；《宋詩派別論》由此認定 "歐陽修、司馬光時，九僧詩已不著於世"（第 18 頁）。

③ 晁公武《郡齋讀書志》卷四下，《景印文淵閣四庫全書》第 674 冊，第 299～300 頁。

（案《文獻通考》作陳充）序，目之曰‘琢玉工’，以對姚合‘射雕手’。”①
二書統計詩集篇數有異，原因難考，或是版本差異，若是此種原因，則又
説明版本非一，詩集流傳較廣；或是二人統計有誤。另外，與歐陽修同時
稍後的司馬光曾親見《九僧詩集》，《溫公續詩話》謂“元豐七年秋，余游
萬安山玉泉寺，於進士閔交如舍得之”②，並非如歐陽修所謂之“不復
傳矣。”③

其二，歐公謂“余少時聞人多稱之”，古人三十歲以前皆可稱少時，
考歐陽修生於景德四年（1007），天聖八年（1030）進士及第，年尚二十
四歲，至景祐三年（1036）方才三十歲。此處不能確定歐陽修所言之“少
時”爲何時，然約略以二十歲左右言之，則在天聖年間。前文已談到，九
僧詩集編於景德元年，其時九僧詩名大盛，而至天聖年間距前已有二十餘
年，人猶多稱之，此亦足可見九僧詩之影響。有些論者所認爲“他們本來
代表的就是‘衰世之音’，形不成什麼太大的聲勢，所以當‘楊劉風采，
聳動天下’之時，他們很快就淹没了”④，這其實是一種因未能細緻辨析
事實而產生的對九僧詩名的嚴重誤解。

其三，這則趣事中的許洞其人其事也頗值得探討。據《宋史》記載，
許洞（967—1015），咸平三年（1000）進士，後解褐爲雄武軍推官，知州
馬知節“怒其狂狷不遜，會洞輒用公錢，奏除名”⑤。許洞善爲辭章，恃
才傲物，爲人狂蕩不羈，今《全宋詩》尚收有其《贈潘閬》《嘲林和靖》
詩，錄之如下：

贈潘閬

潘逍遙，平生才氣如天高。倚天大笑無所懼，天公嗔汝口呶呶。
罰教臨老頭補衲，歸中條。我願中條山，山神鎮長在。驅雷叱電，依
前趕出這老怪。

---

① 陳振孫《直齋書録解題》卷一五，《景印文淵閣四庫全書》第 674 册，第 786 頁。陳克
亦當爲陳充之誤。
② 司馬光《溫公續詩話》，《歷代詩話》第 280 頁。
③ 《九僧詩集》的輯録傳衍過程，吉廣興考述詳細，可參看：吉廣興《宋初九僧詩研究》
第二章《九僧詩集考述》，第 27~44 頁。
④ 許紅霞《談宋初的九僧詩》，《中國典籍與文化》1993 年第 2 期，第 24 頁。
⑤ 《宋史》卷四四一，第 13044 頁。

嘲林和靖

寺裏撥齋飢老鼠，林間咳嗽病獼猴。豪民遺物鵝伸頸，好客臨門鱉縮頭。①

潘閬（？—1009）和林逋（967—1028）年輩都早於許洞，且時人評價皆高。潘閬曾因事扮作僧人逃入中條山，許洞《贈潘閬》雖肯定潘閬的才氣，但却對潘當年之事極盡戲謔和嘲弄。而《嘲林和靖》一詩對林逋嘲諷尤甚，已近侮辱。其對潘閬和林逋之態度，足可見其人之輕薄和狂狷不遜，而後世自然也不會采納其對二人的評價。歐陽修或因許洞善爲辭章而稱之爲"俊逸之士"，但又謂"時無名子嘲曰'張康渾裏馬，許洞鬧裝妻'者是也"。許洞在當時聲名之不佳，似已是衆人皆知的事實，應該不能算是什麼"俊逸之士"。相比對潘閬和林逋的戲謔和嘲諷，許洞對九僧亦是差不多作了惡作劇般的戲耍，這當然也符合其人做事的一貫風格。晁公武曾論及此事：

> 其詩（指九僧詩，筆者注）可稱者甚多，惜乎歐公不盡見之。許洞之約雖足困諸僧，然論詩者政不當爾。蓋詩多識鳥獸草木之名，而楚辭亦寓意於飈風雲霓。如"池塘生春草""窗間列遠岫""天際識歸舟，雲中辨江樹""蟬噪林逾静，鳥鳴山更幽""庭草無人隨意綠""宮漏出花遲""楓落吳江冷""空梁落燕泥""微雲淡河漢，疏雨滴梧桐""殘星幾點雁橫塞，長笛一聲人倚樓""鷄聲茅店月，人迹板橋霜"之類莫不犯之。若使諸公與許洞分題，亦須閣筆，矧其下者哉！②

晁公武持論較爲公允，認爲歐陽修所見九僧詩未多，故有此議論。清人賀裳亦贊成晁説："余意除却十四字，縱復成詩，亦不能佳。"③ 並且認爲就是賈島、謝朓、王維於此亦不免受困。從這個角度説，九僧擱筆之事實在也算不上什麼醜聞。不過後人多不責許洞之無禮輕狂，而笑九僧之才學淺弱，是亦可嘆！許洞嘲九僧之舉其實與其貶諷潘閬、林逋一樣，亦不足爲

---

① 《全宋詩》卷一一三，第 2 册，第 1392 頁。
② 《郡齋讀書志》卷四下，《景印文淵閣四庫全書》第 674 册，第 299~300 頁。
③ 賀裳《載酒園詩話》卷一，載《清詩話續編》，上海：上海古籍出版社，1983 年，第 243 頁。

評價依據，只是因詩壇巨擘歐陽修轉述此事，於是遂被眾人引爲的評，且因多未加細辨，實有以訛傳訛之嫌。今人祝尚書對此有持平之論："平心而論，'九僧'的佳句特別是頸聯確乎來之匪易，可説是一生心血的結晶。他們對景物描摹的孜孜追求雖有偏頗，但其作品不失爲詩歌百花園中的叢叢奇葩，不必因許洞設禁事而否定。"①

其四，許洞請九僧分題之事，也可見出九僧當日之影響，所謂樹大招風，故而招致輕薄士子之嘲弄。此事出於何年已不能詳知，不過許洞卒於大中祥符八年（1015），而真宗朝正是九僧在詩壇炙手可熱之際，當日九僧詩之流行以及九僧聲名之煊赫於此皆可窺見一斑。諸如許洞的嘲弄之舉也並不止九僧遭遇過，西昆體的作家也受過類似嘲諷。《中山詩話》載：

> 祥符、天禧中，楊大年、錢文僖、晏元獻、劉子儀以文章立朝，爲詩皆宗尚李義山，號"西昆體"，後進多竊義山語句。賜宴，優人有爲義山者，衣服敗敝，告人曰："我爲諸館職撏撦如此。"聞者歡笑。②

"楊劉風采，聳動天下"，一時西昆風氣大行於世。因西昆諸公皆宗尚李商隱，以致後學有生吞活剥李商隱詩句者，故有此遭優人譏笑之事。九僧之受辱與昆體作家遭譏誚實皆從一個角度説明其詩在當時之流傳與影響。

其五，後人常據此段記載認爲九僧"詩境極其狹窄"③，其實歐陽修偶然記住的兩聯就能顯示九僧詩境並非極其狹窄。全詩如下：

塞上贈王太尉

> 嫖姚立大勳，萬里絶妖氛。馬放降來地，雕閑戰後雲。月侵孤壘没，燒徹遠蕪分。不慣爲邊客，宵笳懶欲聞。④

整首詩意境開闊，頗有唐人邊塞詩之氣象。又比如保暹的《金陵懷古》也是感慨深沉。又如希晝《送從律之關中》、文兆的《江上抒懷寄希晝》、惠

---

① 《論"宋初九僧"及其詩》，《四川大學學報（哲學社會科學版）》1998 年第 2 期，第 56 頁。

② 劉攽《中山詩話》，《歷代詩話》第 287 頁。

③ 《兩宋文學史》第 13 頁。

④ 《全宋詩》卷一二六，第 1474 頁。此處作"雕閑戰後雲"，與歐陽修所記略有差異，已難考知是版本原因還是歐陽修記憶偶誤。

崇《古塞曲》等皆不能以詩境狹窄牢籠之。①

其六，《六一詩話》乃熙寧四年（1072）歐陽修致仕後退居汝陰時所作，已是晚年，所記亦有不確之處，比如以爲所錄兩聯是惠崇名句，而實際"馬放降來地，雕盤戰後雲"乃是宇昭《塞上贈王太尉》一詩中頷聯，而"春生桂嶺外，人在海門西"爲希晝《寄廣南轉運陳學仕狀元》中名句。《四庫全書總目》批評歐陽修："惟九僧之名，頓遺其八，司馬光《續詩話》乃爲補之，是則記憶偶疏耳。"② 確實，正是因爲歐陽修的記憶偶疏，以致後人對九僧詩名產生了不少誤會。

其七，在《六一詩話》中，歐陽修雖曾對九僧之詩不復流傳流露出嘆息，但在其他地方，在表達對西昆詩歌的喜愛之時，却又拿九僧詩來加以對照，且揚西昆而抑九僧，云：

> 楊大年與錢劉數公唱和，自《西昆集》出，時人爭效之，詩體一變。而先生老輩患其多用故事，至於語僻難曉，殊不知自是學者之弊。如子儀《新蟬》云："風來玉宇烏先轉，露下金莖鶴未知。"雖用故事，何害爲佳句也。又如："峭帆橫渡官橋柳，疊鼓驚飛海岸鷗。"其不用故事，又豈不佳乎？蓋其雄文博學，筆力有餘，故無施而不可，非如前世號詩人者，區區於風雲草木之類，爲許洞所困者也。③

因喜西昆諸公之"雄文博學"，又頗不屑爲許洞所困之九僧，厚此薄彼，也影響了世人對九僧的評價。

宋人喜讀書，崇尚學力博贍，用嚴羽的話說就是喜歡"以才學爲詩"。同樣，他們也因此欣賞才富力雄之作，這也是宋人推崇杜甫而重蘇黄的重要原因。也正因爲如此，才力較弱的九僧便容易受到輕視。所以，儘管歐

---

① 希晝《送從律之關中》："西游無舊識，何處寄吟身。客路秦關暮，鄉心海樹春。河濤行不盡，嶽翠望空新。早晚回孤錫，東浮結近鄰。"保暹《金陵懷古》："石城秋月滿，煙水冷蕭蕭。戰氣悲千古，歌聲散六朝。螢飛宮草暗，霜白井桐凋。竟日秦淮上，思賢莫可招。"文兆《江上抒懷寄希晝》："扁舟宿江上，脉脉興何窮。吳楚十年客，蒹葭一夜風。東林秋信斷，南越石房空。向此都忘寐，君應與我同。"惠崇《古塞曲》："邊烽久不息，戍鼓何鼕鼕。五月無青草，滂沱流斷冰。胡兒昧形勝，漢騎恣憑陵。出號朔風起，受降沙壘崩。樓煩已納款，天意□威棱。歸佩相侯印，喧然世所稱。"以上保暹、希晝、文兆詩分別見《全宋詩》卷一二五，第3冊，第1443、1446、1450頁，惠崇詩見《全宋詩》卷一二六，第3冊，第1465頁。
② 永瑢等《四庫全書總目》卷一九五，北京：中華書局，1965年，第1781頁。
③ 《六一詩話》，《歷代詩話》第270頁。

陽修引用的是爲人狂狷不遜的許洞輕薄之舉，不足爲據，但還是得到了不少人不加辨析的采納，訛傳已甚，使本不符合事實的嘲弄最後竟誤成了對九僧的千古不移的評價，九僧之聲名在後世也因此飽受批評。雖有晁公武、胡應麟、賀裳等人爲之申説，亦難以洗刷許洞之辱，可不悲哉！

三、從書目著録看九僧詩歌流傳

九僧詩集在兩宋的傳播情況如下。

（1）景德元年，陳充編《九僧詩集》，並爲之序，前文已引《溫公續詩話》以及《郡齋讀書志》和《直齋書録解題》相關文字，此處不再贅述。

（2）周煇《清波雜志》卷一一載："九僧詩極不多，有景德五年直史館張亢所著序，引如崇《到長安》'人游曲江少，草入未央深'之句，皆不載，以是疑爲節本。"① 景德（1004—1007）年號前後僅使用四年，故論者或以爲張亢乃是陳充之誤②，當然這種可能是有的。不過筆者認爲，還有一種可能，就是此處"景德"或爲"景祐"之誤寫。張亢《宋史》卷三二四有傳，韓琦《安陽集》卷四七有《故客省使眉州防禦使贈遂州觀察使張公墓志銘並序》。考張亢生於真宗咸平二年（999），天禧三年（1019）進士及第，據《續資治通鑑長編》，景祐元年（1034）十二月爲屯田員外郎③，後"徙通判環州，未行，改鎮戎軍"④。其後直至"康定元年夏四月庚寅，右騏驥使涇原鈐轄兼知渭州張亢領忠州刺史爲鄜延鈐轄兼知鄜州"⑤。韓琦所書墓志銘雖未見張亢嘗直史館，但曾在京師任職，其間爲九僧詩集著序也是可能的。

至於周煇説此本不載惠崇《到長安》詩，疑是節本（莫非是節自陳充本？此且存而不論），由此又可證明在陳充本之外，又有他本流行——即使張亢所序本乃是節本，仍可見九僧詩歌在北宋流傳並非一綫之將絶，而

① 周煇撰，劉永翔校注《清波雜志校注》卷一一，北京：中華書局，1994 年，第 482 頁。
② 如陳植鍔、劉永翔皆持此説。見陳植鍔《試論王禹偁與宋初詩風》，《中國社會科學》1982 年第 2 期；劉永翔《清波雜志校注》卷一一，第 483 頁。
③ 《續資治通鑑長編》卷一一五，《景印文淵閣四庫全書》第 315 册，第 776 頁。
④ 韓琦《安陽集》卷四七，《景印文淵閣四庫全書》第 1089 册，第 516 頁。
⑤ 《續資治通鑑長編》卷一二七，《景印文淵閣四庫全書》第 316 册，第 91 頁。

是尚有不同版本。

（3）及至南宋，九僧及九僧詩在晁公武《郡齋讀書志》和陳振孫《直齋書録解題》兩大私家書目皆有著録，此點今人研究多有注意，前文亦引。晁志完成於紹興年間，陳志已近宋末，二家書目都有著録自可見九僧詩在南宋之流傳。另外少有論者注意尤袤《遂初堂書目》亦曾著録九僧詩，其"總集類"有"《九釋詩》一卷"①，名稱與晁、陳二志略異，而晁、陳二志載九僧詩篇数目亦不一致，以上現象的出現很可能是因爲九僧詩歌在流傳過程中有不同版本，或者是詩集在抄録傳播過程中出現差異，不過這些都可以説明九僧詩歌在南宋的流傳。而後南宋晚期陳起又將九僧詩刻入《聖宋高僧詩選》，更是有助於九僧詩歌的傳播。

四、文人筆下的九僧和九僧詩

關於"九僧"的提法，在陳充《九僧詩集》編定之後，今人多以爲首見於歐陽修《六一詩話》，其實並非如此。今天可見到的最早提出"九僧"的説法的乃是北宋張有道《送梵才大師歸天台》，其二云："詩律密聞高九釋，倦游歸老舊煙霞。朝中半是名臣友，時寄新吟壁罩紗。"② 同時有錢惟演等人同題之作。此詩當是張有道爲梵才長吉自譯館辭歸天台時所作，時間在天聖五年（1027）③。"詩律密聞高九釋"，九釋，即九僧，因格律緣故此處改用九釋。這應是九僧詩在其詩集編成之外，今日可見到的第一次以群體爲時人所提起，且其時除惠崇外，其餘諸僧當皆在世④。梵才長吉當時頗有詩名，亦在譯館任職，據筆者考證，九僧和長吉皆屬天台宗詩僧⑤，故張詩拿台宗成名較早的九僧來和後起俊秀長吉比較，亦顯得自然貼切。稱其詩律更勝九僧，一方面九僧詩名播揚京師，而認爲梵才高於九僧，則更可見長吉詩之造詣；另一方面，此爲送別詩，誇譽之辭亦可理

---

① 尤袤《遂初堂書目》，《景印文淵閣四庫全書》第 674 册，第 487 頁。此則材料吉廣輿首次揭出，見氏著《宋初九僧詩研究》第 20 頁。

② 林師蒧等編《天台續集》卷上，《景印文淵閣四庫全書》第 1356 册，第 465 頁。

③ 筆者有未刊稿《北宋詩僧梵才長吉考》。

④ 關於九僧存世時間可看王傳龍《九僧生卒年限及其群體形成考》（《文學遺產》2012 年第 4 期），筆者在王文基礎之上又有補正。

⑤ 見《北宋詩僧梵才長吉考》。

解，以九僧來作比，正可見出在時人心中九僧位置之重要，若九僧此時毫無影響，以之類比則看不出任何推重之意了。

張有道此詩一方面顯示了九僧之名在《九僧詩集》流傳之後以及歐陽修《六一詩話》寫作之前一直爲人所重，另一方面也可見在天聖年間九僧在時人心目中詩名仍高，影響尚在，而這一點又可印證上文對歐陽修《六一詩話》的新的闡釋。

黃庭堅對九僧詩亦有贊許，認爲："孟浩然云：'氣蒸雲夢澤，波撼岳陽城。'不如九僧云：'雲間下蔡邑，林際春申君'也。"①"氣蒸"聯乃是公認名句，所寫之景極爲壯闊，秋水平湖，蒼茫空闊，與天相連，古雲夢舊地，猶爲其水氣所籠罩，洪波洶涌，地動城搖。"雲間"一聯今《全宋詩》未收，具體作者及全詩面貌已難考知，黃庭堅認爲九僧此聯氣象更勝孟詩，亦可見九僧詩並非盡如論者所認爲的詩境狹窄。孟浩然句向爲人所賞，而黃庭堅獨謂其在九僧此句之下，一則顯示出黃庭堅賞詩眼光自不同諸人，別具一格；二則表明九僧詩在黃庭堅時仍有流傳，並能獲得當時大詩人欣賞，本身也説明其詩也自有獨立價值。黃庭堅此評見載於陳師道《後山詩話》，當是陳師道親聞於山谷，後《苕溪漁隱叢話》及楊萬里均曾引用，亦可見黃庭堅評價之影響。

《中吳紀聞》卷五載：

> 昆山翠微有主僧冲邈，年八十有八。生平好爲詩，所著號《翠微集》。姚舜明侍郎嘗贈之詩云："僧臘俗年俱老大，儒書佛教舊精勤。姑蘇一萬披緇客，四事無如彼上人。"邑宰蓋嶼亦有《讀翠微集詩》云："聖宋吟哦只九僧，詩成往往比陽春。翠微閣上今朝見，格老辭清又一人。"②

蓋嶼認爲北宋詩僧惟有九僧最爲傑出，同時稱贊冲邈詩亦似九僧詩，格老辭清，不同尋常。稍後的南宋張孝祥《黃龍侍者本高覓詩》謂本高詩"句法有源流，人物乃清苦。不用追九僧，政須越諸祖"③。告誡本高作詩不必追隨九僧，而應該超越之。聯繫前面張有道《送梵才大師歸天台》，我

---

① 陳師道《後山詩話》，《歷代詩話》第 303 頁。
② 龔明之《中吳紀聞》卷五，孫菊園校點，上海：上海古籍出版社，1986 年，第 112 頁。
③ 張孝祥《于湖集》卷四，《景印文淵閣四庫全書》第 1140 册，第 560 頁。

們可以發現一個有趣的現象：詩人凡贈詩詩僧，常常不自覺聯想到九僧，而往往此時的"九僧"已漸虛化，成了詩僧的代名詞或者説成了詩僧的象徵。這種現象在後世也層出不窮。這意味着，這些詩人在稱賞對方（詩僧）之時，心中是以九僧作爲"先見"或參照物的。

五、結論及其他

綜上所述，九僧真宗年間在詩壇獲得成功，從外部原因看，是因爲他們借助了譯經院這樣的絶佳平臺，一者便於結社吟詩，二者易於與士大夫交往，獲得他們的推挹和稱揚而贏得聲名。陳充的《九僧詩集》就是在這樣的背景下編選和傳播開來的。從内部原因看，九僧同屬天台宗，有着相同的義學背景和相近的詩學旨趣，他們初登詩壇之際，已是白體風行近五十年之際，人心思變，他們的詩歌迥異於白體風格，字句精工，較白體深刻有味，在這個時候也容易獲得時人的青睞和喜好。通過對歐陽修《六一詩話》的重新闡釋，我們可以發現九僧詩在天聖年間仍在流行；而通過版本目録學以及文人記載，我們可以發現，九僧詩歌在兩宋一直都有流傳，雖然詩名時有起伏，但始終沒有消歇。同時，"九僧"也慢慢演變成了詩僧的代名詞，這從另外一個角度説明了詩壇對九僧詩歌的接受和充分肯定，"九僧"也慢慢定型化和經典化了。

九僧詩結集於景德元年（1004），而稍後之時，即景德二年（1005）至大中祥符元年（1008），楊億等人受詔編撰《歷代君臣事迹》（後改名《册府元龜》），在館閣中互相酬唱，宣導新的詩風。由此可知，九僧詩名大振之時，亦是西昆諸人唱酬正酣之日，這一現象極爲有趣。九僧詩風或可曰舊，西昆詩風似當謂新，然其時並未呈現新出而舊伏之狀，相反是同樣流行，同樣受到歡迎，而且就是新派的主盟者楊億對九僧尤其推重揄揚。

這種有趣的現象其實也較真實地反映了文學發展變化的一種狀態，它並非是簡單的替代和演進，而是一個較長時期的選擇和嬗變。今日治文學史者以及一些研究者有时忽視了這種複雜的文學生態，只是以一種粗略的判斷來探討宋初文學史，以爲一種詩風的出現即改變或替代另一種詩風，貌似得之，實則完全沒有把握到宋初詩壇的複雜性和豐富性。

　　葛兆光先生談到禪宗思想史的研究有"順着講"和"倒着講"兩種做法①，這在文學史的研究中也同樣存在，而上述提及的一些論者的研究便有"倒着講"之嫌，即在後人（元人方回）總結出的宋初三體結論之上，作了些簡單的分析。而如果我們試着按照"順着講"的思路，對當時整個詩壇作充分的觀照，瞭解其詩風嬗變的具體細節，儘量客觀地呈現當時詩壇生態的話，我們可能又會有新的發現，或許對前人不少定論會有新的疑問，而對前人忽視的或相沿成習的一些問題則可以作出另一番解釋。

_____

① 　葛兆光《增訂本中國禪思想史：從六世紀到十世紀》，上海：上海古籍出版社，2008 年，第 26～28 頁。

王安石詩歌佛禪觀照方式運用的現象學解讀①

左志南

西南民族大學文學與新聞傳播學院

摘　要：禪宗靜觀默想的思維方式與現象學有頗多相通處，運用現象學的分析方法審視王安石晚年詩歌，不難發現其深婉不迫詩風的形成是通過本質直觀的徑直陳說與潛在設定的詩化表達而實現的。其中前者可細化爲直觀所得的現實陳述、實顯體驗的着重書寫，後者則由現前體驗關聯本質相同行爲、現前體驗對應平行回憶兩種書寫方式組成。對禪宗思維方式的借鑒，使王安石習唐而有變，且終成自我特色。

關鍵詞：王安石；靜觀；本質直觀；潛在設定；現象學

《漫叟詩話》云："荆公定林後詩，精深華妙，非少作之比。"② 作者在對王安石晚年創作給予極高評價的同時，也指出了荆公晚年詩與早中期詩的顯著區別。周裕鍇先生則進一步認爲王安石詩風的轉變與其浸染禪學關係密切："王安石晚年詩摒棄了早中期詩的强烈的思辨色彩和議論化傾向，往往用直覺去體驗自然景物，這和禪宗的靜觀、默想的思維方式有密切的關係。"③ 王安石晚年詩作往往直書即目所見，在視點消融無痕的畫

① 本文係國家社會科學基金後期資助項目"近佛與變雅：北宋中後期文人學佛與詩歌流變研究"（14FZW010）階段性成果、西南民族大學中國語言文學學位點建設資助項目（2015XWD－S0501）階段性成果。

② 佚名《漫叟詩話》，載《宋詩話輯佚》，北京：中華書局，1980 年，第 362 頁。
③ 周裕鍇《中國禪宗與詩歌》，上海：上海人民出版社，1992 年，第 82 頁。

面中，其內心的寂然不動、澄明清澈却昭然可見，這是王安石自覺研習禪學並打通禪觀與詩思界限的必然結果。王安石是如何將禪宗靜觀、默想的思維方式運用於詩歌創作中的，其運用方式具有何種特點，在其詩風塑造方面起了何種作用，這都是深化王安石詩歌研究所亟需解決的問題。本文直面以上的問題，立足於現象學與禪宗思維的相通，在王安石詩歌文本細讀的基礎上，運用現象學的分析方法，對王安石詩歌創作運用禪宗思維的具體方式予以細緻清晰的梳理，力圖更明晰地揭示王安石運用禪宗思維與其晚年詩風塑造間的關係，冀從此角度超越過往研究的印象式描述以推進王安石詩歌的研究。

一、現象學本質直觀與佛教靜定照物的相通

佛教的諸多修行方式中，通過禪定的方式使內心進入靜寂無所挂念的狀態，由此實現對污濁現實的認識及清净本心的體悟，是比較傳統、基礎的一種方式。《維摩經》強調通過對外界及自身虛幻的認識，消融一切分別，由此斷除對外界的攀緣，達到心無所挂的禪悟境界。其《文殊師利問疾品》中曰："何謂病本，謂有攀緣，從有攀緣則爲病本。何所攀緣，謂之三界。云何斷攀緣？以無所得。若無所得，則無攀緣。何謂無所得，謂離二見。何謂二見，謂内見外見是無所得。"① "攀緣"即是内心爲外界所牽引而生起的妄想，因而如欲擺脫外界的牽引，則應"離二見"。所謂"二見"，僧肇釋之曰："内有妄想，外有諸法，此二虛假，終已無得。"② 即是要求修行者滅除一切念想，進入一種無思無念的狀態，内心不因外界的變遷而萌動。《華嚴經·如來出現品》中云："無一衆生而不具有如來智慧，但以妄想顛倒執著而不證得。若離妄想，一切智、自然智、無礙智，則得現前。"③ 心體本來清净，具有覺知外界虛妄的功用，即"自然智"。然而因妄想的遮蔽，這種智慧無法被常人發覺。只有抛離妄想，剝落一切妄念活動後，在所呈露的空寂心地上才能有所體認。《楞嚴經》中亦有相

---

① 鳩摩羅什譯《維摩詰所説經》，影印本，《大正藏》第 14 卷，臺北：臺北佛陀教育基金會，1990 年，第 545 頁上。
② 鳩摩羅什譯《注維摩詰經》，《大正藏》第 38 卷，第 377 頁下。
③ 實叉難陀譯《大方廣佛華嚴經》，《大正藏》第 51 卷，第 271 頁下。

似的論述："以諸衆生從無始來，循諸色聲逐念流轉，曾不開悟性淨妙常，不循所常，逐諸生滅，由是生生雜染流轉。若棄生滅，守於真常，常光現前，塵根識心，應時銷落，想相爲塵，識情爲垢，二俱遠離。則汝法眼，應時清明。"① 强調通過滅除內心由外界引起的妄想，從而進入寂滅的境界，由此便能心如大圓鏡，萬象來往現於其中，而此心如如不動。

這與胡塞爾現象學的"懸置"理論有着本質的相通。胡塞爾認爲："實際上，一切人都在看'觀念'、'本質'，並可以説持續地看它們，在自己的思維中運用它們，也做出本質判斷；只是因爲基於他們的認識論觀點，他們對這些概念做了錯誤解釋。"② 因此要獲得對事物本質的認識，需要對一切意識中現存的觀念存而不論，即胡塞爾所謂之"懸置"③。同時，胡塞爾認爲："每一偶然事物按其意義已具有一種可被純粹把握的本質，並因而具有一種艾多斯可被歸入種種一般性等級的本質真理。"④ 事物與其本質是不可分離的，而事物的本質可通過直接把握而獲得，這種方式就是"直觀"。"直觀"是對事物的一種直接把握方式，是在現象中直覺到保持不變的東西，即從多樣的意識中直覺到其不變的本質結構，並在這個過程中反思自己的意識即能獲得對事物的本質認識。正如胡塞爾所言："本質直觀是對某物、對某一對象的意識，這個某物是直觀目光所朝向的，而且是在直觀中'自身所與的'。"⑤ 這樣通過"懸置"和"直觀"的方式，自我的所有經驗因素被排除，自我成爲純粹的自我或先驗的自我，自我在認識世界時變爲了站在世界之外的觀察者。現象學所强調的這種方式"是一種描寫物自體的方法，是一種描寫呈現在擺脱了一切概念的先天結構的旁觀者的純樸眼光下的物自體與世界的方法，事實上，它就是用直接的直覺去掌握事物的結構或本質"⑥。

---

① 般刺蜜帝譯《楞嚴經》，《大正藏》第 19 卷，第 124 頁上～中。
② 胡塞爾《純粹現象學通論》，李幼蒸譯，北京：商務印書館，1992 年，第 95 頁。
③ 關於懸置，胡塞爾解釋説："我們所進行的哲學 epoche（懸置）經明確地表述之後就在於完全中止任何有關先前哲學學説內容的判斷，並在此中止作用的限制內來進行我們的全部論證。"（《純粹現象學通論》第 86 頁）
④ 《純粹現象學通論》第 58 頁。
⑤ 《純粹現象學通論》第 61 頁。
⑥ 約瑟夫·祁雅理《二十世紀法國思潮》，吳永泉等譯，北京：商務印書館，1987 年，第 56 頁。

這顯然與佛教觀照方式存在着理論上的相通①，但現象學對於意識活動的分析則更加細緻。胡塞爾突破了心體與外物的二元對立，將純粹意識分爲意向性活動的主體、意向性活動和意向性的對象。胡塞爾提出意向性尤有意義。他將意向性解釋爲對某物的意識，是給予某物以意義和秩序，從而將其構建爲意向對象的活動。因此，意識並不是對外在事物的被動記錄與反映，而是具有"意義給予"作用，積極地對外部世界進行着構造和設想。同樣，佛教靜定照物强調以純然之本心觀想外物，亦不是單純地記錄外物，而是以一種特有的方式對外部世界進行構造。這種意識活動顯然與文學創作思維存在着諸多的相通，如胡塞爾所説：

> 藝術家對待世界的態度與現象學家對待世界的態度是相似的。……藝術家與哲學家不同的地方只是在於：前者的目的不是爲了論證和在概念中把握這個世界現象的"意義"，而是在於直覺地占有這個現象，以便從中爲美學的創造性刻畫收集豐富的形象和材料。②

二、本質直觀的徑直陳説：静定照物與王安石詩歌創作思維

王安石曾作《華嚴經解》《楞嚴經會解》《維摩經注》，亦有過聽從蔣山贊元禪師建議進行坐禪的經歷。三部經典中所藴含的佛教靜定照物之觀照方式，成爲了王安石觀想外部世界的主要方式。

前文所言《維摩經》認爲人之"病本"爲有"攀緣"，即修行主體之內心往往因外界牽引而產生妄想，故而修行的旨要之一即是斬斷"攀緣"，遠離"二見"。王安石《宿北山示行詳上人》詩中曰："是身猶夢幻，何物可攀緣。坐對青燈落，松風咽夜泉。"③詩中王安石認爲此身都是虛幻不實，更有何物值得自己牽挂，認識到此，萬念消盡。此時在排除了所有雜念之後，以純然之內心觀想外物，見燈花跌落，聽松風低嘯，聞泉水嗚

---

① 現象學的方法與佛教的認識論尚存在諸多的不同，詳見彭彦琴、胡紅雲《現象學心理學與佛教心理學——研究對象與研究方法之比較》，《南京師範大學學報（社會科學版）》2010 年第 4 期。

② 倪梁康選編《胡塞爾選集》，上海：上海三聯書店，1997 年，第 1203～1204 頁。

③ 王安石著，李壁箋注《王荆文公詩箋注》卷二十二，上海：中華書局上海編輯所，1958 年，第 251 頁。

咽。三種事物雖形態各異，有視覺與聽覺的區别，但三者皆具有自在自爲的特點。這即是主體在擺脱所有概念與經驗後，以素樸眼光觀想寓目事物所得。從王安石對於"攀緣"的準確運用上，可以看出他對於擺脱外界牽引，以真如本心、素樸眼光體察外界之方式的自覺運用。其《與寶覺宿僧舍》詩中亦曰："問義曹溪室，捐書闕里門。若知同二妄，目擊道逾存。"①"二妄"出自《楞嚴經》："言妄顯諸真，妄真同二妄。"意爲世界本是虚幻不實的，而對於虚幻外界認知的覺心亦是虚妄不實的。王安石此處用之，蓋言若達到真正了悟的境界，則可目擊道存，達到用禪悟眼光觀照外界之即物即真的境界。即是擯棄所有概念的束縛之後，以素樸眼光觀想外部世界而獲得的本質認識，即萬物自在自爲這一現象中保持不變的共性。

如果説上述詩句因作詩環境與寄贈對象的身份，而帶有受"場域"影響之被動性的話，那麼在王安石與佛教題材無關的詩作中，所體現的意向性活動的特點與上述詩句並無區别，而詩中體現出的意向性對意向對象的構造與設想也彰顯了高度的一致。王安石的這類詩歌因其意向性活動的細微差異又可大致劃分爲如下兩類：直觀所得的現實陳述和實顯體驗的着重凸顯。

（一）直觀所得的現實陳述

如前所述，佛教理論認爲修行主體的妄執來源於世俗的熏染，如欲實現對污濁現實的超越，就必須排除世俗概念及經驗的影響與束縛，以純然之本心觀想世界，從外物的自在自爲存在中體味自我生命的本真。這與現象學的本質直觀方式存在着一致之處。而王安石在詩歌創作中運用佛教静定照物的方式之一，即是放逐自我，以站在世界之外的觀察者的角度對直觀所得作現實陳述式的書寫。其《題齊安驛》《南浦》二詩曰：

　　日净山如染，風暄草欲薰。梅殘數點雪，麥漲一川雲。②

　　南浦隨花去，迴舟路已迷。暗香無覓處，日落畫橋西。③

---

① 《王荆文公詩箋注》卷二十二，第255頁。
② 《王荆文公詩箋注》卷四十，第509頁。
③ 《王荆文公詩箋注》卷四十，第513頁。

這兩首詩的共同處在於以寫景之句作結，詩中擯棄了作者主觀色彩，亦没有作者參與的痕迹，這類詩歌皆是對某一静態畫面的書寫。此種手法的運用爲讀者創造了巨大的聯想空間。前詩純用白描手法，書寫即目所見之景物，通過山、草、梅、麥四種景物的描寫，組合成一幅畫面。後者前二句則寫自己隨性泛舟，遺忘來時之路，周圍香氣撲鼻，夕陽掩映畫橋。後二句將自己的視點消融在了對景物的描寫中，由對自己行動的描述過渡到對景物寂静的書寫，使詩歌在層次感上更加鮮明，賦予了詩歌更多的意藴。

但在上述二首詩作中，主體在創作過程中，其視界内的外部世界並不止詩中所述幾種事物，而對於上述事物的選取，則無疑與主體的意向性活動相關。現象學的觀點認爲：

> 每一種意向性體驗……其本質正在於在自身内包含某種像"意義"或多重意義的東西，並依據此意義給與作用和與此一致地實行其它功能，這些功能正因此意義給與作用而成爲"充滿意義的"。這類意向作用因素是，純粹自我的目光指向針對着由於意義給與作用而被自我"意指的"對象，針對着對自我來説"内在於意義"的對象；還有，把握此對象，當目光轉向在"意指過程"中出現的其它對象時緊握住它。①

主體在擺脱了所有概念及經驗因素的干擾後，心如圓鏡，任外物澐澐而覺心不動，以此心應事接物則舉手投足無不合道，這體現出了主體對世間萬物包括自我生命自在自爲存在意義的肯定。以此自在自爲之"意義給予"作用對待外部世界，則自在自爲變化着的事物因其本質與主體意向性活動的一致，必會進入主體視界。因而，詩中所選取的皆爲自在自爲變化着的事物。第一首中是初春暖日籠罩中變化着的山色、熏風吹拂下生機勃勃的野草、正在凋落的梅花、日漸豐茂的麥田；第二首中的事物則是暗處若有若無之花香、畫橋外正在下落之夕陽，甚至是逐香泛舟的純粹自我。作者用擺脱了一切經驗和概念的純然本心直覺把握外部世界，以肯定自在自爲的"意義給予"作用，體察到外界變化着的事物的自在自爲本質。外界變化着的自在自爲事物正與主體寂然不動之真如心性形成對比，但真如心性

---

① 《純粹現象學通論》第 258 頁。

又是主體自在自爲的先決條件，這樣主體就以自在自爲的"意義給予"作用建構起了一個對象統一體，即描述出了一個萬物自在自爲、閑適靜謐的詩歌境界。

值得注意的是，王安石此類詩歌中放逐了自我，以現實陳述的方式進行詩化書寫，但"所有這些描述性陳述，即使它們可能像是現實陳述，卻都經受了徹底的意義變樣；同樣，被描述物本身，即使它呈現作'完全相同的'東西，然而由於所謂記號的相反的變化，它仍是某種根本不同的東西"①。意向對象都是經過主體意向性活動構造後的體驗存在，王安石此類詩歌雖沒有自我參與其中的痕跡，但其自在自爲的精神卻以"意義給予"的方式體現在了詩歌的具體書寫中，從而營造出了閑適靜謐的詩歌境界。

（二）實顯體驗的着重凸顯

王安石詩歌創作對於佛教靜定照物觀照方式，還存在着不同於上述以現實陳述來書寫直觀所得的情況，即用動態的傾向性明顯的叙述方式突出自己直觀所得的意識活動，這種方式賦予王安石詩歌以獨特的風貌，以其詩爲例：

> 東城酒散夕陽遲，南陌秋千寂寞垂。人與長瓶卧芳草，風將急管度青陂。（《清明》）②

> 木末北山煙冉冉，草根南澗水泠泠。繰成白雪桑重綠，割盡黄雲稻正青。（《木末》）③

> 城雲如雪柳傲傲，野水横來强滿池。九十日春渾得雨，故應留潤作花時。（《春雨》）④

三首诗皆以消融了自我觀物視點的寫景作結，是王安石本着安閑之精神，以毫無挂礙、對境不起之内心體察外物所得。同樣，詩中選取的客觀事物亦是變化着的抑或是變化了的，但却不似《題齊安驛》《南浦》中以陳述

---

① 《純粹現象學通論》第 261 頁。
② 《王荆文公詩箋注》卷四十一，第 530 頁。
③ 《王荆文公詩箋注》卷四十一，第 537~538 頁。
④ 《王荆文公詩箋注》卷四十四，第 604 頁。

的形式描述，而是用充滿動態的傾向性明顯的詞彙來表現之，即使是描寫變化了的青色桑葉、綠色稻田也以"繅成白雪""割盡黃雲"來凸顯其自在自爲的存在，而目前處於靜態的滿池春水，在主體眼中却似爲潤花而不肯流走。現象學認爲，在實行了"懸置"之後，意向性活動主體眼前的事物由兩部分組成：被直覺注意到的實顯，及未被注意到的非實顯事物組成的暈圈。實顯被非實顯的暈圈包括在内，二者之間的關係是：

> 非實顯的體驗的"暈圈"圍繞着那些實顯的體驗；體驗流絕不可能由單純的實顯性事物組成。正是這些實顯物在與非實顯物對比時，以最廣泛的普遍性決定着"我思"、"我對某物有意識"、"我進行着一種意識行爲"這些詞語的隱含意義。①

王安石此類詩歌中用動態的詞彙來表現正在變化或已經變化了的事物，則是更加凸顯了意向性活動對實顯的體驗，意向性用這種方式構造出了一個自在自爲的對象統一體。意向性活動主體在擯棄所有經驗因素後的純然本心，即隱含着此心舉手投足無不合道的自在自爲，這就符合了因意識與實在存在本質一致而相聯繫的規律，同時意向對象的自在自爲反襯出了意向性主體的任外物流轉而覺心不動的特質。

除此之外，王安石還運用以動襯靜的手法，從將意向對象擬人化的動態書寫入手，以此來凸顯其凝然不動的内心境界。其《池上看金沙花數枝過酴醾架盛開》曰：

> 故作酴醾架，金沙秖漫栽。似矜顔色好，飛度雪前開。②

王安石以虛擬想象的方式，通過擬人的手法，將酴醾自在自爲的生長表現得淋漓盡致，以此來襯托出其内心的寂然安閒。《高齋詩話》云："公薦進一二寒士，位侍從，初無意於大用。公去位後，遂參政柄，因作此詩寄意。"③ 詩中，王安石對於過酴醾架而盛開的金沙花的描寫，並没有流露出强烈的感情色彩，或如曾慥所言，此詩寄諷刺之意於其中；但王安石消融了視點的描寫，更直接呈現出的却是其超然的内心狀態，人世紛擾、外

---

① 《純粹現象學通論》第 121 頁。
② 《王荆文公詩箋注》卷四十，第 512 頁。
③ 曾慥《高齋詩話》，《宋詩話輯佚》第 497 頁。

界變遷皆不繫於心。同樣的作品還有很多，如其《春晴》詩："新春十日雨，雨晴門始開。靜看蒼苔紋，莫上人衣來。"① 詩人同樣運用擬人手法，在對蒼苔紋"莫上人衣來"的告誡中，其內心毫無挂念之即物即真的精神卻隱然可見。其《蒲葉》詩亦是運用擬人手法，消融物我界限，表現其即物即真的精神狀態："蒲葉清淺水，杏花和暖風。地偏緣底綠，人老爲誰紅。"② 胡塞爾認爲：

> 意識（體驗）和實在存在絕不是那種相互協調的存在，二者睦鄰而處，彼此偶爾"發生關係"或"相互聯繫"。只有本質上相類似的東西，只有當各自的本質有相同的意義時，它們才能在該詞嚴格的意義上是有聯繫的，才能構成一個整體。③

在王安石的這類詩歌中，所描寫之物皆爲直觀目光所朝向的，皆有着自在自爲變化着的本質共性。同時，主體擯棄所有世俗觀念及經驗影響的素樸本心，即存在着以此應事接物而皆能從容中道的可能，故而素樸本心即是達到自在自爲境界的先決條件。正因素樸本心與自在自爲之意向對象的本質相似，自在自爲的事物才進入了主體的視界並成爲"實顯"對象。而擬人化的手法則賦予了對象以主體的特性，使本質上相似的意向對象和主體之界限更加模糊，"而在其實顯性樣式中，注意的構成以其特殊的方式具有主體的特性"④，因而這種擬人化的特殊注意方式，是通過對實顯體驗的變樣而彰顯主體安閑自得、自在自爲的特質。

王安石的這類詩歌或運用動態的傾向性較強的詞彙，或運用擬人手法的特殊注意方式，在構造外部世界時，從強化意向活動主體體驗實顯事物的角度，凸顯出了意向對象的自在自爲，烘托出了主體擯棄所有雜念後的靜定內心。這與前述《題齊安驛》《南浦》現實陳述式的書寫方式有着顯著不同，也使得王安石實現了對王孟一派的突破，使其詩歌在保持閑適靜謐風格的基礎上，多了幾分流蕩搖曳之姿與優游不迫之態。

王安石的這類詩歌雖沒有明顯的佛教痕迹，但其意向性活動開展的基

---

① 《王荊文公詩箋注》卷四十，第 519 頁。
② 《王荊文公詩箋注》卷四十，第 520 頁。
③ 《純粹現象學通論》第 155 頁。
④ 《純粹現象學通論》第 270 頁。

礎及進行的方式却與其在佛教"場域"內所作詩歌並無二致，亦是佛教静定照物之觀照方式運用的產物。趙與峕《賓退録》載張舜民評王安石詩曰："如空中之音，相中之色，欲有尋繹，不可得矣。"① 指出了王安石詩境界玲瓏透澈、不可捉摸的特點，而此特點之形成與王安石在詩歌創作中以寂然不動之內心對外在事物進行本質直觀式的把握密不可分。王安石將佛教静定的觀照方式融入詩歌創作思維，書寫其即物即真的精神，客觀世界對他而言是本真的、即時呈現的、未經日常邏輯思維干涉的世界，因而其詩歌才達到了"空中之音，相中之色"的玲瓏透澈境界。而王安石對直觀所得進行現實陳述式的書寫，雖精深華妙，但與王孟詩派區別不大；通過强化實顯體驗書寫的方式，則使其詩歌呈現出了優游不迫的自我特性，亦實現了對於王孟詩派的突破。

三、潛在設定的詩化表達：禪悟境界之體認與
王安石詩歌創作思維

佛教静定修行方式在詩歌創作中的運用，使詩歌消融了作者本身的存在。呈現的是一種"無我之境"，作者用觸目即真的精神照物，消解了自我，"懸置"了外界所有觀念及經驗因素，世界對他而言是一種未經思辨的直覺的存在。而王安石以禪悟精神觀想世界所創作的詩歌，呈現的則是一種"有我之境"，是作者本身以隨緣任運精神參與其中的境界，雖有自我的參與，其目的乃是通過對於自我參與其中的精神狀態，彰顯其對於消融所有分別的禪悟境界的體認。而主體觀照外物時所本之隨緣任運精神，按現象學的界定實則是一種潛在的設定性行爲。所謂設定性行爲是"帶有某種存在信仰的行爲"②，"它的信念的潛在性導致進行現實設定的信念行爲"③，而"設定性不意味着一種現實設定的存在或實行；它只表達了進行實顯設定的信念行爲之實行的某種潛在性"④。而這種設定則是由之前

---

① 趙與峕《賓退録》，上海：上海古籍出版社，1983 年，第 21 頁。
② 倪梁康《胡塞爾現象學概念通釋》（修訂版），北京：生活·讀書·新知三聯書店，2007年，第 21 頁。
③ 《純粹現象學通論》第 322 頁。
④ 《純粹現象學通論》第 322 頁。

的體驗所構造生成的："任何我思，由於一種仍然屬於一般意識的普遍基本本質的法則性，可轉換爲一種信念的原設定。"①

王安石對於禪悟境界的切身體認，本身即是一種真切而深刻的體驗，而這種深刻的體驗以及王安石對於禪學思想的認同，必然會轉換成觀想外部世界、反思自我認知規律時的一種"設定"。同時，禪宗關注日常生活，認爲佛性每人皆有，而對於自身佛性的體認，應從日常生活中的穿衣吃飯等活動中，覺悟到自身純真之本心，並以此本心應事接物，實現身在俗世而超越俗世的自在自爲②。禪宗的這種修行特點和關注視野的内向化，使得王安石將禪悟境界轉化爲日常生活觀照的詩化表達成爲可能，而這種本着禪悟精神觀照日常生活的設定性行爲，則使王安石詩歌呈現出了觸處皆真、灑脱優游的特點。不同於借鑒傳統静定照物之詩歌思維所作詩歌，王安石的這類詩歌因其設定性行爲的細微區别，又大致可分爲兩種情况，即現前體驗關聯本質相同行爲的書寫與現前體驗對應平行回憶的書寫。

（一）現前體驗關聯本質相同行爲的書寫

與前述之"無我之境"不同，此類"有我之境"的詩歌中，有着作者本人參與其中的明顯痕迹。其目的乃是通過對自我參與其中時之態度的書寫，展現出體悟隨緣任運境界後自己的内心狀態，從而實現詩歌境界的新穎脱俗。這類詩歌因帶有明顯的自我參與其中的態度，而呈現出了與前述本質直觀即興書寫不同的特點。本質直觀的即興書寫更類似於一種單形行爲的書寫，即"僅僅具有單一質性的行爲，從這些行爲中無法再分離出自身獨立的行爲"③，簡言之即是一種而不是多種的客觀化體驗。而這類詩歌則無疑是多形行爲的書寫，所謂多形行爲的特點是："這個行爲隨時可以分離出一個完整的客體化行爲，這個客體化行爲也將總體行爲的質料作爲它自己的總體質料來擁有。"④ 簡言之，即是多形行爲由單形行爲組成，

---

① 《純粹現象學通論》第320頁。

② 如臨濟義玄曰："佛法無用功處，祇是平常無事，屙屎送尿，著衣喫飯，困來即臥。愚人笑我，智乃知焉。古人云：'向外作工夫，總是癡頑漢。'你且隨處作主，立處皆真，境來回换不得。縱有從來習氣，五無間業，自爲解脱大海。"（慧然《臨濟慧照玄公大宗師語録》，《大正藏》第47卷，第498頁上）

③ 《胡塞爾現象學概念通釋》第15頁。

④ 胡塞爾《邏輯研究》第二卷第一部分，倪梁康譯，上海：上海譯文出版社，1998年，第554頁。

組成此多形行爲的單形行爲具有可分離出的獨立性，即使被分離出，其本質仍保持與總體一致的本質。

王安石之《晝寢》詩即是以此隨緣任運精神進入詩歌思維，是以此觀照日常生活中之瑣事所得詩情的言説，詩曰：

> 井徑從蕪漫，青藜亦倦扶。百年惟有且，萬事總無如。棄置蕉中鹿，驅除屋上烏。獨眠窗日午，往往夢華胥。①

此詩並非是一單形行爲的書寫，而是多種體驗的詩化表達。此詩首聯"從蕪漫""亦倦扶"運用了傾向性明顯的叙述方式，實則就是主體信念潛在性導致現實設定的一種表現，即本着對隨緣任運之禪悟境界的體悟，用滅除雜念、毫無挂礙之素樸眼光觀照外部世界。而頷聯、頸聯既是對首聯描述之體驗的一種延伸説明，言自我掃除外累，萬事不挂於懷；由此引出了第二個意識活動行爲：正午獨眠窗下，夢至華胥，安閒自得。現象學的觀點認爲：

> 在諸體驗間包括有特殊的所謂内在性反思，特别是内在性知覺，它們在實顯的存在把握中和存在設定中指向它們的對象。此外，在這類同樣的體驗中也存在有那樣的知覺，它們在同一意義上設定着存在，並被指向超驗物。②

因此，雖然獨眠窗下與對蕪漫井徑、傾頹籬落的觀想是兩種體驗，從發生的前後來講，是由現前體驗引出本質相同的另一種行爲，但是二者皆爲同一内在性反思的產物，即皆爲從外物觀照中體味到隨緣任運之禪悟精神的產物，兩種體驗具有獨立性，但又共同組成一個本質相同的意識多形行爲。

主體對外在事物及自我生命的觀照過程中，所采取的較爲固定的觀照方式即決定了這種觀照是一種設定性行爲，而所采取的觀照方式也就是意向性方式則與主體"信念的潛在性"有關。對王安石而言，這種"信念的潛在性"即是對於隨緣任運禪悟境界的真切體認。這種設定性的多形行爲，使得王安石的詩歌有着隨主體目光轉移而觸處皆真的特點，也使其詩

---

① 《王荆文公詩箋注》卷二十二，第 245 頁。
② 《純粹現象學通論》第 343 頁。

歌在有限的篇幅內增加了信息量。與前述書寫直觀所得的詩篇相比，這類詩歌增強了對主體的隨緣任運精神的表現能力。王安石晚年在其詩篇中慣用此手法，從自己對瑣事的描寫中展現自己精神的脫俗與超越。其《東皋》《歲晚》詩曰：

> 起伏晴雲徑，縱橫暖水陂。草長流翠碧，花遠沒黃鸝。楚製從人笑，吳吟得自怡。東皋興不淺，游走及芳時。①

> 月映林塘澹，天涵笑語涼。俯窺憐綠凈，小立仁幽香。攜幼尋新葤，扶衰坐野航。延緣久未已，歲晚惜流光。②

前作之首聯、頷聯書寫自己直觀所得，用傾向性明顯的敘述方式，表現出自己本着禪悟精神，在外物觀照中所獲得的對自在自為的體驗，由此引出頸聯、尾聯自己吟唱自娛、漫步芳郊之行為的書寫。將本質相同的兩種行為，依據體認隨緣任運之禪悟精神的信念潛在性、一致性而連為一體，在書寫心無挂礙、瀟灑自得的行為中，表現出擺脫世累達到禪悟境界後對日常生活的熱愛愉悅之情。而後作則由更多主體的行為組成：俯窺綠水時產生的喜愛，仁立塘邊時聞到的幽香，攜幼尋芳，泛舟而行。其中王安石用"窺"字傳神地表現出了自己擺脫外累後從容閑暇的心境，又與"小立"形成對照，風致悠然地表現出了自己在對外物自在自為的觀想中所體味到的生命的本真存在，以及由此而產生的純然寧靜的獨特體驗。故而自我沉浸在這種體驗中徘徊仁立，惜流光而忘返。王安石本着體認禪悟境界這種信念的潛在性，書寫了自己的設定性行為，隨着自我目光的轉移，而書寫了本質相同、意向性方式相同的數種體驗，更充分地表現出自我對隨緣任運之禪悟精神的深刻體驗。禪悟精神是一種抽象的信念，以此精神觀照外物則會形成具體體驗，二者之關係正如《石門文字禪原序》中禪與文字的譬喻："蓋禪如春也，文字則花也。春在於花，全花是春；花在於春，全春是花。"③《漫叟詩話》載王安石"自以（《歲晚》詩）比謝靈運，議者

---

① 《王荊文公詩箋注》卷二十二，第240頁。
② 《王荊文公詩箋注》卷二十二，第240頁。
③ 釋達觀《石門文字禪原序》，《石門文字禪》卷首，《四部叢刊》集部第1015冊，上海：商務印書館，1922年，第2頁。

以爲然"①，"自以比謝靈運"當指謝靈運"池塘生春草，園柳變鳴禽"之類的詩句，王安石自比謝靈運，正在於將抽象精神化爲典型的體驗書寫的一致，而這種創作思維正是信念潛在性所導致的設定性行爲。

絕句講求境界的閑遠含蓄，正如劉熙載所言："絕句取徑貴深曲，蓋意不可盡，以不盡盡之。正面不寫寫反面，本面不寫寫對面、旁面，須如睹影知竿方妙。"② 以隨緣任運精神體察外物的設定性行爲方式融入詩歌創作思維的情況，更多地出現在了王安石絕句創作中。王安石往往由擺脫所有雜念的素樸眼光所朝向的順序，書寫由現前體驗而引發的一系列體驗。通過書寫由本質相同之不同體驗組成的多形行爲，來實現詩歌信息量的增加，以此更好地表現其"立處皆真"的精神。以其五絕、七絕爲例：

愛此江邊好，留連至日斜。眠分黄犢草，坐占白鷗沙。（《題舫子》）③

卧聞黄栗留，起見白符鳩。坐引魚兒戲，行將鹿女游。（《卧聞》）④

庵成有興亦尋春，風暖荒萊步始勻。若遇好花須一笑，豈妨迦葉杜多身。（《次韻葉致遠置洲田以詩言志四首》其三）⑤

與客東來欲試茶，倦投松石坐欹斜。暗香一陣連風起，知有薔薇澗底花。（《同熊伯通自定林過悟真二首》其一）⑥

詩中王安石皆以擺脱所有雜念的素樸眼光觀照外物，以現前體驗的反思開始，引入本質相同之行爲的書寫，增加詩歌的信息量，通過場景的轉移和本質相同之不同體驗的書寫，來凸顯自己隨緣任運、自在自爲之精神，達到"睹影知竿"的藝術效果。

如上所論，王安石的此類詩歌，隨緣任運之禪悟精神作爲信念的潛在性起到了設定性的作用，在創作思維上體現出了隨擺脱雜念之素樸目光轉

① 《漫叟詩話》，《宋詩話輯佚》第 362 頁。
② 劉熙載《藝概》，上海：上海古籍出版社，1978 年，第 74 頁。
③ 《王荆文公詩箋注》卷四十，第 520 頁。
④ 《王荆文公詩箋注》卷四十，第 517 頁。
⑤ 《王荆文公詩箋注》卷四十一，第 543 頁。
⑥ 《王荆文公詩箋注》卷四十三，第 570 頁。

移而書寫由現前體驗引發的本質相同行爲的明顯傾向。這樣，自我的意識活動亦成爲了潛在的被反思的對象，對外在事物進行的觀照，亦是對自我意識進行的觀照，正如比利時現象學家喬治·布萊所説：

> 自我意識，它同時就是通過自我意識對世界的意識。這就等於説，它進行的方式本身，它認識其對象的特殊角度，都影響著它立刻或最後擁抱宇宙的方式。因爲，誰以一種獨特的方式感知到自己，就同時感知到了一個獨特的宇宙。[①]

王安石對現前體驗關聯的本質相同行爲的書寫，實則即是對自我意識的一種反思，而其這類詩歌即是對自我獨特意識所構建起的獨特意向對象統一體的書寫，這使其這類詩歌凸顯出了主體對隨緣任運之禪悟境界的體認，體現出了主體意識活動的優游不迫、從容自得，使其詩歌做到了含蓄蘊藉而富有理致。

（二）現前體驗對應平行回憶的書寫

胡塞爾認爲：

> 每一我思都有一個與其準確對應的這樣一種對應物屬於它，即它的意向對象在平行的我思中有其相應的對應意向對象。諸平行"行爲"的關係是，其一爲"現實行爲"，我思是一"現實的"、一"實行現實設定的"我思，而另一爲一個行爲的"影子"，一非本然的、一非實行"現實"設定的我思。一種行爲是現實實行着，而另一種只是一種實行的反映。[②]

簡言之即是當主體在進行一種體驗時，往往會以回憶的形式朝向以往發生過的本質相同的體驗。胡塞爾進而論述説：

> 每一種一般體驗（每一種所謂現實生動的體驗）都是一種"現前存在的"體驗。它的本質意味着，有可能對同一本質進行反思，在此本質中它必然具有肯定的和現前存在的特性。因此一系列觀念上可能的記憶變樣對應着每一體驗，正如對應着每一原初被意識的個別存在一樣。與作爲原初體驗意識的體驗相對應的是，作爲可能的平行物的

---

① 喬治·布萊《批評意識》，郭宏安譯，桂林：廣西師範大學出版社，2002年，第264頁。
② 《純粹現象學通論》第319～320頁。

體驗記憶，以及作爲記憶的中性變樣的想象。這一原則適用於一切體驗，不論純粹自我的目光方向如何。①

在主體擺脱了所有經驗因素的干擾後，在主體本着隨緣任運、無心即道的禪悟精神觀照外部世界及自我本身時，因意向性方式以及對意向對象構造的相似，主體往往會在一些場景回憶起本質相同的往昔行爲。對這種今昔對比行爲的書寫，對比現前體驗引發的本質相同行爲的書寫，更能從時間的跨度上，凸顯出主體自在自爲地參與在變化中，但真如本心未曾變異的特質。王安石慣常於詩歌創作中將此種意向性方式與詩歌創作思維貫通，通過書寫自我以無心任運精神觀想外物及自我往昔體驗的過程，來凸顯自己真如本心不變的特質。如其《回橈》詩：

> 柴荆散策静凉飈，隱几扁舟白下潮。紫磨月輪升靄靄，青帝雲幕卷寥寥。數家鷄犬如相識，一塢山林特見招。尚憶木瓜園最好，興殘中路且回橈。②

詩中叙述了自己乘興而游、興盡而返的過程，拄杖散步，興起泛舟，緩緩升於中天之月輪，漸漸消散退去之雲幕，似爲識我而起之鷄聲犬吠，如同招我歸隱之可愛山林。作者對寓目事物進行着直觀式的把握。此時作者眼中實顯的出現，皆是無心任運之禪悟精神導致的潛在設定，都具有自在自爲的本質。作者在對其實顯的本質把握中，其純粹自我的目光以回憶的形式朝向了"木瓜園"這一本質相同的體驗。就詩歌脉絡而言，王安石此詩似與王子猷雪夜訪戴類似，但王安石對於禪悟境界的切身體驗，却爲此詩注入了無心任運、自在自爲的氣韻。

這種思維方式的應用，無疑則更適合絶句創作的要求，因而王安石多於絶句創作有意識地使用此手法。試以其詩爲例：

> 霹靂溝西路，柴荆四五家。憶曾騎款段，隨意入桃花。(《霹靂溝》)③

> 東皋攬結知新歲，西崦攀翻憶去年。肘上柳生渾不管，眼前花發

---

① 《純粹現象學通論》第 311 頁。
② 《王荆文公詩箋注》卷二十六，第 300 頁。
③ 《王荆文公詩箋注》卷四十，第 511 頁。

即欣然。（《東皋》）①

> 槐陰過雨盡新秋，盆底看雲映水流。忽憶小金山下路，綠蘋稀處
> 看游鰷。（《春風》）②

現前體驗與本質相同之平行回憶的書寫順序雖有不同，但皆是禪悟精神的
體驗這一潛在設定所導致的行爲。游霹靂溝時回憶起往昔騎驢隨興游走的
體驗，見眼前花發憶起去歲東皋之行，看盆中倒映雲卷雲舒，回憶起往昔
綠萍稀處觀賞游魚的閑暇體驗。回憶的體驗與先前的體驗皆是主體本着禪
悟境界體驗的設定性行爲，因其皆爲主體自在自爲精神外化的相同本質而
關聯爲一體，正如胡塞爾所論述的那樣：

> 對於實顯體驗的現前，在觀念上對應着一個中性變樣，即一個可
> 能的、在內容上與其準確對應的想象體驗的現前。每一個這種想象體
> 驗不是作爲實顯的現前存在者，而是具有着"準"現前的特性。因此
> 實際上這很類似於任何知覺的意向對象所與物和在觀念上與其準確對
> 應的想象作用（想象中的觀察）所與物的比較：每一個被知覺物都具
> 有"現實地現前存在的"特性，每一個平行的被想象物都具有內容上
> 相同但"僅作爲想象"、作爲"準"現前存在的特性。③

王安石的這類詩歌即是通過聯想的方式，將本質相同的回憶體驗與現前體
驗結合在一起，從歷時性演進的角度凸顯出任外物流轉而主體覺心不變、
無心任運的特點。

本着隨緣任運之精神擯棄雜念，直覺地體察外物，即能體會到外物的
本真存在，外部世界對主體而言是未經日常邏輯思維干涉的，因而一些日
常邏輯思維所容易忽視的感覺，也能變得更加明晰，從而被主體所捕捉
到。同時，將現前體驗所引發的本質相同之回憶，化作捕捉到的瞬間感悟
並形諸詩歌，是將自己無心任運的精神，通過詩歌語言這一媒介傳達給讀
者。這種精神與內心狀態的傳達，而不是直接言明，能讓讀者站在自己的
角度，在對詩歌已經的體味中重新領悟、體驗這種精神與內心狀態，從而

---

① 《王荆文公詩箋注》卷四十一，第 533 頁。
② 《王荆文公詩箋注》卷四十一，第 537 頁。
③ 《純粹現象學通論》第 315 頁。

使詩的深度和內涵具有更大限度的延展性。

（三）禪悟精神與詩歌創作思維的打通：潛在設定行爲的書寫實質

如前所述，王安石對於無心任運之禪悟境界的體認，導致了其觀照外物及自我生命的一系列潛在設定性行爲，這種觀念的潛在性不僅體現在佛教"場域"内的詩歌創作中，而且還體現在了超出佛教"場域"的詩歌創作中，上述所列舉、分析之詩歌即是明證。如果以王安石寄贈方外之交的詩歌與之對比，則可以更加直觀地發現二者的相似。王安石《示寶覺》《示無外》二詩曰：

> 宿雨轉歊煩，朝雲擁清迴。蕭蕭碧柳軟，脉脉紅蕖靚。默臥如有懷，荒乘豈無興。幽人適過我，共取墻陰徑。①

> 支頤橫口語，椎髻曲肱眠。莫問誰賓主，安知汝輩年。鄰鷄生午寂，幽草弄秋妍。却憶東窗篳，蠻藤故宛然。②

前作寫宿雨驅散炎熱後作者寓目所見，從其描寫柳、荷所用之"蕭蕭""脉脉"，可見其内心的閑適，以及觀照外物自在自爲存在而獲得的淡然欣喜。由此默臥有懷，值友人相訪，故與友人漫步園中。后二聯則轉爲對自我無心任運、隨意而行之行爲的描寫。與所觀照之外物一樣，詩人自己亦是自在自爲存在的生命體。二者具有本質的相同，所以此詩乃是由現前體驗引出本質相同行爲的書寫。而後作則是本自現前自我無心任運之心理狀態的體驗，由此觀照外物，午間鷄鳴使居所更顯静謐，野草叢生讓秋意更加怡人。王安石用傾向性明顯的詞彙，彰顯出自己對於實顯事物自在自爲存在的强烈體驗，同時又彰顯了自我對隨緣任運之禪悟精神的深刻體認。當此時，往昔與友人相處之參禪問道情形進入了其思緒之中。這種回憶體驗與其現前自在自爲的體驗因具有本質的一致故而聯接爲一體。

王安石寄贈方外之交的詩歌，因對象的僧人身份而帶有尋求禪學"印可"的特色，而此類詩歌與前述潛在設定行爲書寫詩歌的本質相同，這一事實意味着王安石本着對禪悟精神的體認，將無心任運之禪宗觀照方式運

---

① 《王荆文公詩箋注》卷三，第33頁。
② 《王荆文公詩箋注》卷二十二，第253頁。

用至詩歌創作思維中。王安石的這類詩歌體現出了主體參與其中時任外物流轉而覺心不動的特質，爲其詩歌注入了主體優游不迫、從容閑雅的風致。

四、佛教觀照方式入詩與王安石對唐詩
創作方式的承襲與突破

王安石在詩歌創作思維中所融入的佛教觀照方式主要有兩種：静定的觀照方式與以禪悟精神觀物之方式。二者有着相通之處，即在體察外部世界時主體内心都是擯棄了所有雜念的，懸置了所有經驗因素的，是以純真本心直覺體察外物的表現。静定照物方式進入詩歌創作思維，一是側重於直接書寫主體直觀所得的即興書寫，整首詩所要呈現出的意象、場景組成一個静態的畫面，是作者的一片心境，類似於佛教的"現量"①。二是用傾向性明顯的叙述方式着重凸顯主體的實顯體驗，這類詩歌通過對主體某種體驗的著重書寫而多了幾分流蕩摇曳之姿。而禪悟精神照物之方式進入詩歌創作思維，側重表現的是作者的内在精神，即整首詩往往是對作者體察外界這一活動的描寫，並在描寫中將作者内在精神見於言外。

直觀所得的即興書寫與王孟派詩人的創作方式極其類似，尤其是對直觀所得進行現實陳述的這類詩歌。關於王孟派詩人之藝術思維，周裕鍇先生在《中國禪宗與詩歌》一書中指出：

> 在禪宗思維方式影響之下，王、孟派詩人大致形成了如下創作定勢："搜求於象，心入於境，神會於物，因心而得。""搜求於象"是指意念對形象的選擇，"心入於境，神會於物"，是指主體意識融匯在客觀景物中。觀念潛入形象或形象攜帶情緒，都在瞬間直覺中完成。②

王安石直觀所得的即興書寫與之極爲類似，皆重視意象性語言的作用，甚

---

① 永明延壽之《宗鏡録》釋之曰："云何現量，謂不動念，如實而知。"因明大疏上本釋之曰："能緣行相，不動不摇，自唯照境，不籌不度，離分别心，照符前境，明局自體，故名現量。"（《大正藏》第48卷，第704頁下）

② 《中國禪宗與詩歌》第119頁。

至一些詩歌全以意象組成，如前所舉之《齊安驛》《南浦》等詩，而意象的選擇則是主體排除所有雜念後對外物進行直觀把握所得。《墨莊漫錄》云："七言絕句，唐人之作往往皆妙。頃時王荊公多喜爲之，極爲清婉，無以加焉。"① 這正是王安石研習唐詩創作方式並發揮到極致而達到的境界。

葉夢得《石林詩話》載王安石"從宋次道盡假唐人詩集，博觀而約取，晚年始盡深婉不迫之趣"②。葉夢得頗爲敏銳地指出了王安石學習唐詩"博觀而約取"的態度，即襲中有變、選擇性接受的態度，並指出了王安石通過這一學習態度而達到的"深婉不迫"境界。而王安石對於唐詩創作方式的突破，則體現在了以靜定照物觀照方式入詩時的着重凸顯實顯體驗上，以及體認禪悟境界這一信念潛在設定的詩化表達中。如其廣爲後人稱道的《書湖陰先生壁》即是實顯體驗的着重凸顯："茅檐長掃靜無苔，花木成畦手自栽。一水護田將綠繞，兩山排闥送青來。"不同於王孟派詩人，王安石並沒有直接描述目光由近及遠所見之四種景象，而是用"長掃""手自栽""將綠繞""送青來"等傾向性明顯的詞彙來凸顯自己對於實顯的體驗：言溪水似人一般將田圍繞以保護之；言兩山如兩扇大門般主動打開，將綠色送入眼簾。

佛教觀照方式融入詩歌創作思維使王安石晚年詩歌風格發生了變化，《漫叟詩話》云："荊公定林後詩，精深華妙，非少作之比。"指出了王安石晚年詩歌作品呈現了追求含蓄內斂的發展趨勢，而其詩歌的這一發展趨勢與王安石學習唐詩關係密切。王安石對於唐詩的學習，使他樹立了對"深婉不迫"詩風的追求，而他對於佛教觀照方式的運用，則是他實現其詩學追求的具體方式。而此"深婉不迫"之風格在其絕句創作中最爲明顯，古之論者也多將其絕句與唐人絕句相提並論，如《誠齋詩話》云："五七字絕句最少，而最難工。雖作者亦難得四句全好者。晚唐人與介甫最工於此。"③ 王安石對於唐詩的學習，與他將佛教觀照方式融入詩歌創作思維關係密切，不可忽視。惠洪《冷齋夜話》"詩置動靜意"條云："荊

① 張邦基《墨莊漫錄》，孔凡禮校點，北京：中華書局，2002 年，第 180 頁。
② 葉夢得《石林詩話》卷中，載《歷代詩話》，北京：中華書局，1981 年，第 419 頁。
③ 楊萬里《誠齋詩話》，載《歷代詩話續編》，北京：中華書局，1983 年，第 140 頁。

公曰：前輩詩云：'風定花猶落'静中見動意，'鳥鳴山更幽'動中見静意。"①惠洪所謂"静中見動""動中見静"本身即是凸顯實顯體驗的手法。

方東樹於其《昭昧詹言》中亦曰："文字精深在法與意，華妙在象與詞。"②而王安石詩歌對唐詩創作方式的突破，在詩歌創作思維上的突破，正是其達到"精深華妙"境界的主要原因。

---

① 惠洪《冷齋夜話》，載《稀見本宋人詩話四種》，南京：江蘇古籍出版社，2002年，第47頁。

② 方東樹《昭昧詹言》，北京：人民文學出版社，1961年，第11頁。

江西和江湖：不同的意義場域

——唐宋變革視野中的宋詩體派觀察

伍曉蔓

四川大學中國俗文化研究所

摘　要：本文在唐宋變革説視野下探討了宋代詩學從江西向江湖詩風的轉變。和接續了元祐文化正脈的江西派詩人相比，江湖詩人無統系可依傍，無正宗可傳承。他們爲士階層之冗餘者，其寫作趣味由深刻、典雅、崇高轉向淺切、世俗、瑣細。推動江湖詩派出現的，不是士大夫階層的文學觀、道德觀，而是市場這隻無形的手。士大夫的詩統是唐宋以來不懈的文化建構，當它失落之後，極厚的文化積澱使詩人聚集在出版業這一新興的文化産業下，形成新的詩派。江西到江湖，兩個詩派，不僅是詩歌風格不同，最根本的區别，在於"中唐—北宋""南宋元明清"兩個時段的建構。

關鍵詞：江西詩派；江湖詩派；唐宋變革論；宋詩體派

序　論

元好問詩云："奇外無奇更出奇，一波才動萬波隨。只知詩到蘇黄盡，滄海橫流却是誰?"[1] 從中唐到北宋，詩歌的發展，就是一個不斷求新求變，奇外無奇更出奇的過程。發展的結果是唐音演變爲宋調。蘇軾、黄庭

---

① 元好問《論詩三十首》其二十二，載姚奠中編，李正民增訂《元好問全集（增訂本）》，太原：山西古籍出版社，2004年，第270頁。

堅，作爲此"宋調生成運動"的最高成就者，鑄造了前所未有的詩學範式，以文字爲詩，以才學爲詩，以議論爲詩。他們的詩歌被嚴羽稱爲"元祐體"。就求奇的走向而言，至此頗有些後續乏力。此宋調生成運動，難道不應該如元好問所説"到蘇黃盡"，消歇停止了嗎？且慢，新的典範豈不令人驚奇贊嘆！蘇黃之後的詩人，膜拜在新的範式下，主要學習黃庭堅詩法，形成"江西宗派"。南宋初是江西宗派體的天下，所謂"滄海橫流"。然"奇外無奇"的後難爲繼至此也展現出來。本來是吟咏情性的詩歌，偏要用來展現思維的深度，無蘇、黃之才情學力很難駕馭，情韻的回歸勢所必然。中興大詩人們多從江西宗派入，不從江西宗派出。楊萬里更提出"晚唐異味"。唐詩重新受到喜愛，晚唐體、江湖體作爲對江西宗派體的反動應運流行。其中晚唐體偏於學唐，江湖體以唐音濟宋調，並非純乎唐音。此即宋詩流衍之大概面貌。

上面是從藝術發展的角度論宋代詩歌流變。我們看到，即使僅從藝術趣味的角度，宋詩中的一體一派，都要放在中唐以來詩歌發展的大背景中才看得清晰。何況藝術趣味後面，藏着世風時風的影響。史家極論中唐之變，自内藤湖南倡唐宋變革論起，應者甚衆，經過近百年的探討，基本形成如下共識：安史之亂後，中國社會逐漸產生重大變化，到北宋時期，這些變化大體成型，中唐到北宋的社會具有歷史延續性，屬於同一個歷史轉型階段①。就文學研究而言，"中唐—北宋連貫説"可引導學人超越就文本論文學、就本時代論文學的局限，而看到長時段的深刻影響。

唐宋變革視野中的文學研究方興未艾，多集中在中唐到北宋這一時段。南宋文學與中唐—北宋文學關係如何？在歷史的長時段裏怎樣定義此期文學？本文選取江西詩派和江湖詩派作對比，將在"中唐—北宋連貫説"基礎上向下展開探討。

一、宗統：從建構到失落

南宋文學研究中總是充滿這樣的論述：當時江西詩派統治天下，某人

---

① 李貴《中唐至北宋的典範選擇與詩歌因革》，上海：復旦大學出版社，2012年，第26頁。

通過自己的頓悟，突破其藩籬而出。對此，我們要問，爲什麼在當時江西詩派會一統天下？難道没有别的選擇嗎？

江西宗派體一統天下，是因爲它的來頭很大。從中唐到兩宋的古文運動、新儒學運動、詩文革新運動，是非常深刻的以科舉士大夫爲主體的文化復興運動。它們之間相互激蕩，又互分畛域，最顯明的標志，是樹立了若干宗統。道有道統，文有文統，二者同源異流，先同心協力後分道揚鑣，在士大夫的心性建構和文學之立身上各有樹立。在這話語重組的浪潮中，詩歌一開始並没有樹立宗統的訴求。唐代韓愈是文統和道統説的提出者，引領了古文運動、儒學復古運動，也開創了以文爲詩之詩風，但他無意將詩歌作爲載道之具。宋代歐陽修重新領導古文運動使之成功。詩歌在此運動中和古文站在了一起，參與革新却還没有自立門派。從此，崇尚理性成爲宋詩發展的方向，直到蘇軾、黄庭堅二人出，將宋詩的思理化演繹到極致。其中，黄庭堅詩歌有更内省的品格。親炙或私淑黄庭堅的詩人聚集在一起，形成江西宗派。吕本中《江西宗派圖序》説：

> 古文衰於漢末，先秦古書存者爲士大夫剽竊之資；五言之妙，與《三百篇》《離騷》爭烈可也。自李、杜之出，後莫能及。韓、柳、孟郊、張籍諸人，自出機杼，别成一家。元和之末，無足論者。衰至唐末極矣。然樂府長短句，有一唱三嘆之音。國朝文物大備，穆伯長、尹師魯始爲古文，成於歐陽氏，歌詩至於豫章始大出而力振之，後學者同作並和，盡發千古之秘，亡餘蕴矣。[1]

在這裏他勾勒出古文和詩歌兩種文體的流變。古文衰於漢末，在歐陽修手裏復興；詩歌衰於元和末年，在黄庭堅手裏重振。這是把黄庭堅在詩歌革新與歐陽修在古文運動中的地位相提並論。"盡發千古之秘"，事實上是用典型的"斯文在兹"式的語言，勾勒出一個正宗的傳統，以黄庭堅上續元和以來失落的詩統，定江西詩派爲詩歌發展的正脉。

正統説是歷史長時段視野中的"爲往聖繼絶學"。此統系有合法性否，則需要中唐至北宋的師友淵源系統提供認證。江西詩派的師友淵源可上溯到歐陽修。這位文壇盟主的出現，使"民有父母，國有蓍龜。斯文有傳，

---

① 趙彦衛《雲麓漫鈔》卷十四，北京：中華書局，1996 年，第 244 頁。

學者有師"①。歐陽修對自己文壇盟主的身份很珍惜，慎重地將此衣鉢向下傳遞。曾鞏、王安石都曾被考慮爲接班人，實際接棒的，是歐陽修最得意的弟子蘇軾。蘇軾接過此衣鉢，繼續往下傳付，告訴門下士：

> 文章之任，亦在名世之士，相與主盟，則其道不墜。方今太平之盛，文士輩出，要使一時之文有所宗主。昔歐陽文忠常以是任付與某，故不敢不勉。異時文章盟主，責在諸君，亦如文忠之付授也。②

蘇軾門下士，張耒、晁補之偏長古文，秦觀長於四六及詞，黃庭堅長於詩。他們各得一體，其中詩學一脉，蘇軾很明確地屬意黃庭堅。據黃庭堅回憶，元祐時期與張耒、秦觀論詩，互不相服。蘇軾説"一代之詩，當推魯直"。張、秦二人才心服，轉而向自己學作詩③。

蘇軾從歐陽修那裏接過的心法，是"我所謂文，必與道俱"④。到了黃庭堅那裏，詩歌單傳一脉，"必與道俱"的心法明晰地保存。如歐陽修、蘇軾一樣，黃庭堅很熱情地指導後生，多次向他們指出，文學的根基在孝友忠信，在治心養氣，在識取自家面目。黃庭堅門下聚集着許多青年詩人。他悉心指點，在其中挑選可以傳承衣鉢者。名列《江西宗派圖》的詩人中，得到黃庭堅品題的不少，陳師道、徐俯、高荷三人尤被寄予厚望。南宋周必大讀到黃庭堅寫給江西宗派詩人韓駒的一封充滿鼓勵話語的信函，感嘆道："士大夫少負軼材，其詩章固已超絕，然須前輩品題，乃自信不疑。正如參禪，雖有所得，猶藉宗師之印可耳。"⑤ 得到宗師印可是傳正法的標志。在北宋的文學結盟運動中，歐陽修—蘇軾—黃庭堅—江西宗派的傳承脉絡清晰。吕本中在《宗派圖序》中標舉的詩統説，雖然是一家之言，却是符合時代文化的建構。它意味着，江西詩派是中唐—北宋文化復興運動的産物，詩歌宋調運動的成果。

徽宗朝實行元祐黨禁，長達三十年之久，其中蘇黃詩學是禁學。但江

---

① 蘇軾《祭歐陽文忠公文》，載孔凡禮點校《蘇軾文集》卷六十三，北京：中華書局，1986 年，第 1937 頁。

② 李廌《師友談記》，北京：中華書局，2002 年，第 44 頁。

③ 黃庭堅《與王彦周書》，載劉琳等點校《黃庭堅全集》，成都：四川大學出版社，2001 年，第 1839 頁。

④ 蘇軾《祭歐陽文忠公夫人文（潁州）》，《蘇軾文集》卷六十三，第 1956 頁。

⑤ 周必大《題山谷與韓子蒼詩帖》，載《文忠集》卷九，《景印文淵閣四庫全書》，臺北：商務印書館，1986 年，第 1147 册，第 194 頁。

西宗派詩人不爲時所動，砥礪傳承詩學。欽宗、高宗朝，元祐之學解禁，蘇黃又受到推崇。此時士大夫多不知詩，江西派詩人多已去世，存留到南宋的吕本中、徐俯、韓駒，成爲詩壇的領袖。他們不僅傳遞宋代詩學之正統，也傳遞中原文化之正脉。南宋初詩壇籠罩在江西詩風之下，絲毫不值得奇怪。

與江西詩派相比，江湖詩派無領袖、無綱領、無核心理論。作爲對江西詩派的反動，它的出現，體現了宋代文化的異動：中唐以來士大夫精心建構的宗統失落了，新的力量正在形塑着社會。

二、身份：從隱逸到冗餘

和接續了元祐文化正脉的江西派詩人相比，江湖詩人無統系可依傍，無正宗可傳承。和江西派詩人相比，他們的自我定位很不相同。

名列《江西宗派圖》的詩人，除陳師道年齡稍長外，都是元祐詩人的下一輩。他們生長在盛宋之世，在將走向仕途，承擔社會責任的年齡，却遭逢了長達三十年之久的元祐黨禁。其中吕本中、晁冲之、洪芻、徐俯、洪炎、洪羽、李錞等六人直接受到黨禍牽連，長期被排斥在仕途之外。江端本不應科舉。林敏功、林敏修兄弟隱于鄉里，徵召不出。新黨子弟王直方得到出仕機會，却辭官歸隱，作《復歸堂》明志，表達對師友淵源的忠誠。他們中的部分人從維持生計的需要出發，並不一般地反對出仕，却拒絶通過不正當的途徑獲取官職。饒節元符末爲宰相曾布門客，上書請用蘇、黃諸公，意見未納，毅然辭去，後出家爲僧。謝逸家境貧寒，屢試不第，郡守欲以蔡京推行的"八行"法舉薦他，他委婉推辭，依舊以教書爲業。汪革以紹聖四年省元入仕，長期爲州郡學官，官小禄薄，生活清苦，後入京改官，蔡京欲籠絡以宗子學博士的官職，他斷然拒絶，還爲楚州教授，説："常咬得菜根，則百事可做。"① 在世風澆薄的時代，他們砥礪節操，以此相勉。吕本中的《臨川王坦夫故從溪堂先生謝無逸學北行過廣陵見余意甚勤其行也作詩送之》一詩，頗能展現江西派詩人的風骨：

① 吕本中《師友雜志》，刻本，《十萬卷樓叢書》，歸安：陸氏，清光緒年間（1875—1908）。

王郎別我春已晚，索我題詩敢辭懶。讀書萬卷君所聞，只要躬行
不相反。聖人遺言凜可畏，小事未免書之簡。衣冠瞻視有法則，何獨
文章要編劃。譬如逆風曳長艦，竭力正在千夫挽。君行此念須飽參，
即是溪堂句中眼。（自注：無逸嘗有送吳生詩云：問我句中眼。）①

這首詩寫給謝逸（號溪堂先生）弟子王坦夫，告誡他要躬行道義，力挽狂
瀾，且明確指出，這就是"溪堂句中眼"——江西派詩學的內在精神。此
送人詩，與後來江湖詩人干求的"闌闉"——行走江湖用以增加資本的標
榜性文字形成強烈的對照。可見，當選擇天下無道則隱時，江西派詩人的
人生目標明確，自我定位清晰，榮譽感高，作詩斬釘截鐵。

同樣士失其職，和江西詩人相比，江湖詩人不是士之隱逸，而是士之
冗餘者。興起於隋唐，盛行於宋代的科舉制度，衝擊並最終取代了門閥制
度，使教育在民間普及，士風也煥然一新。我們說的中唐—北宋文化復興
運動，就是由科舉士大夫主導的。然而，受錄取率的限制，這個制度注定
會培養出許多冗餘的人才，這在南宋尤爲突出。其時商業發達，城市繁
榮，大量爲科舉而受教育却被排斥在錄取名額之外的士子，抛棄家鄉來到
城市，與江湖藝人一樣走上游走之途，成爲脫離土地，又沒有正當職業的
脫序人，身份變得極爲尷尬。

換言之，江湖詩人是宋代膨脹的科舉制度和膨脹的城市文明的産物。
科舉考試塑造了他們的知識結構，學到的知識不能賣給帝王家，只能向權
貴推銷，或化爲商品流通。對脫序人而言，既沒有仕，也沒有隱可以選
擇。舊道德標準不再那麼有約束力，也不再那麼有普適性。心懷天下簡直
就是不合時宜的迂闊。劉過建言恢復，被遣返歸家，千載之下還受到四庫
館臣的譏評。這些落到士階層邊緣的文人，和因商品經濟發展、城市擴
大、土地兼併加劇、社會流動性增加而催生的衆多社會失序人共享一個場
域——江湖，分擔此地的風波和險惡，也分享此地塵俗的快樂。他們中的
一部分被吸收入官僚系統，更多的即以此爲業，成爲新的社會分子。詩統
或許還有人接續吧，從官場上退隱，有明確隱士身份的"上饒二泉"，據
說傳遞了江西宗派。而大量的脫序詩人，則塵容俗狀地奔走于江湖，以自

---

① 北京大學古文獻研究所編《全宋詩》，北京：北京大學出版社，1995 年，第 18088～
18089 頁。

己的文才博取資財，在賣文爲生中獲取新身份，成爲新詩風的開創者。

三、趣味：從崇高到淺切

如前所述，同樣未必出仕，隱逸者和冗餘者，自我定位大不相同。自我定位不同，詩學趣味也各異。

作爲宋調生成運動鑄造出的最高典範，蘇軾和黃庭堅詩歌有共同的面相，以文字爲詩，以才學爲詩，以議論爲詩；也有相似的精神底蘊，即深於性命之自得。這是理性文化在文字面貌上和詩學精神中結出的碩果。

黃庭堅指導後學，強調治心養氣得之心地，熟參前作自爲主出，經由法度到達自由。其詩歌品格高，趣味雅，詩歌富理性化色彩且善於鍛造意句，對藝術表現有深刻的自覺，在與古人的互文中展現文化的深度及個體的選擇。這樣的詩，不僅是詩，更是人文高度的展示。宋調生成運動就是向着這個方向前進的。在這個過程中，前代的杜甫、陶淵明詩，當代的蘇軾、黃庭堅詩被樹立爲最高典範。這些典範展示了精神之崇高、個體身心性命之安頓、藝術之功奪造化、技近於道、臻於自由之境等指向終極的追求。

宋詩發展至此，呈現極強烈的個性，也具有典範的意義。江西詩派法席盛行，詩歌追求的，不僅是外在的詩法，更是内在的品格性情修養。瘦硬的詩歌，與對治心養氣的追求同構。就黃庭堅詩法，呂本中指出一個重要的特徵，是"活法"。在爲名列《江西宗派圖》的詩人夏倪詩集所作序中，呂本中説：

> 學詩當識活法。所謂活法者，規矩備具，而能出於規矩之外，變化不測，而亦不背於規矩也。是道也，蓋有定法而無定法，無定法而有定法。知是者則可以與語活法矣。謝元暉有言："好詩轉圓，美如彈丸。"此真活法也。近世惟豫章黃公，首變前作之弊，而後學者知所趣向，畢精盡知。左規右矩，庶幾至於變化不測。①

所謂"活法"，是既要有規矩，又不要被規矩所局限。心靈的主體性是駕

---

① 呂本中《夏均父詩集序》，轉引自劉克莊《江西詩派·呂紫薇》，載辛更儒校注《劉克莊集箋校》，北京：中華書局，2011年，第9冊，第4030～4031頁。

馭外在形式及刻板法度的關鍵。吕本中在下面指出："吾友夏均父賢而有文章，其於詩蓋得所謂規矩備具，而出於規矩之外，變化不測者。"可見，在吕本中心中，"活法"是黄庭堅詩學重要的心法，爲派中諸友所繼承。文學史上的流行論述，説吕本中提出"活法"是糾江西詩派末流之弊，是不正確的。

"活法"很微妙。後學者學黄詩，受到其精嚴詩法、高尚情操的吸引。學習其詩歌，首先要提升人格修養，其次要熟讀並參悟前代大家，包括黄庭堅的詩作，化爲自己獨特的文字感覺，在不斷的練習中，找到屬於自己的表達方法。個體經驗的獲得是成功的關鍵。早期江西派詩人説"換骨"，説"中的"，説"飽參"①，皆是有見於此。不過，黄庭堅詩歌的理性化特點和"活法"之間，本身是有矛盾的。詩歌是吟咏情性的藝術，宋代的詩學建構，是對情性作諸多理性上的限制，使之偏於自適和自持。修養和限制過的情感不復如洪水猛獸，進入文質彬彬的正軌，但變得淡薄。如果用弗洛伊德的意識分析的話，宋詩主要調用超意識來引導顯意識，而壓制潛意識。但潛意識，又哪裏説壓制就能壓制？情感之源頭活水，難道不就在人當下的喜怒哀樂中嗎？又講究自持自適，又講究活法，是非常個體化的詩學建構，除非有强大文化背景的支持，很難向下傳遞。故江西詩派末流多弊端，或規行矩步，畫虎不成反類犬，或用力多而韻不足，失去詩歌的特質。

吕本中活法，一傳至曾幾，二傳至陸游。陸游自己悟得詩法，在"法不孤生自古同，癡人乃欲鏤虚空。君詩妙處吾能識，正在山程水驛中"②。與陸游齊名的楊萬里，私淑江西詩派，從模擬開始，亦有一次頓悟的經歷：

> 余之詩，始學江西諸君子，既又學後山五字律，既又學半山老人七字絶句，晚乃學絶句於唐人。學之愈力，作之愈寡……戊戌三朝時節，賜告少公事，是日即作詩，忽若有寤。於是辭謝唐人，及王、陳、江西諸君子皆不敢學，而後欣如也。試令兒輩操筆，予口占數

① 見曾季貍《艇齋詩話》，載丁福保編《歷代詩話續編》上册，北京：中華書局，1983年，第296頁。

② 陸游《題廬陵蕭彦毓秀才詩卷後》，載錢仲聯校注《劍南詩稿校注》卷五十，上海：上海古籍出版社，2005年，第6册，第3021頁。

首，則瀏瀏焉，無復前日之軋軋矣。自此每過午，吏散庭空，即攜一
便面，步後園，登古城，采擷杞菊，攀翻花竹。萬象畢來，獻予詩
材，蓋麾之不去，前者未讎而後者已迫，渙然未覺作詩之難也。①

楊萬里此次頓悟，是辭謝唐人及王、陳、江西諸君子，在與自然遭逢的體
悟中，找到自己獨特的表達方式。南宋初中期，江西詩派法席盛行，但有
成就的大詩人們都入室操戈，發展出屬於自己的風格。真正標誌着詩學風
尚變化的，是楊萬里提出的"晚唐異味"：

> 笠澤詩名千載香，一回一讀斷人腸。晚唐異味同誰賞？近日詩人
> 輕晚唐。②

近日詩人輕晚唐，這是因爲，晚唐詩，在宋代詩學的建構中，是被排斥出
局的。這種被宋調建構排斥出局的特殊的滋味，是擺脫理性的枷鎖，回到
當下生命情感，珍惜和品味這種情感的滋味。對於詩歌的宋調運動而言，
是一種反動，也是一種糾偏和補救。

　　楊萬里詩歌在當時及對後世有很大影響。對他之後的中小布衣詩人而
言，晚唐異味開拓出一個巨大的空間。因爲詩統之失落，因爲身份之轉
移，他們已不必堅守那個崇高的空間。江西派以崇高的詩格爲核心，若此
主體精神失落，點鐵成金等外在詩法，直是皮之不存毛將焉附的塵垢秕
糠。故作高論已令人生厭，資書以爲詩徒爲冗言。"晚唐異味"的風采益
發凸顯。被楊萬里許爲像陸龜蒙的姜夔，其作詩經歷頗可玩味：

> 詩本無體，三百篇皆天籟自鳴。下逮黃初迄於今，人異輥故所出
> 亦異。或者弗省，遂艷其各有體也。近過梁溪，見尤延之先生，問余
> 詩自誰氏，余對以異時泛閱衆作，已而病其駁如也。三薰三沐，師黃
> 太史氏，居數年，一語喋不敢吐。始大悟學即病，顧不若無所學之爲
> 得，雖黃詩亦偃然高閣矣。先生因爲余言：近世人士喜宗江西，溫潤
> 有如范致能者乎，痛快有如楊廷秀者乎，高古如蕭東夫，俊逸如陸務
> 觀，是皆自出機軸，豈有可觀者，又奚以江西爲。余曰，誠齋之説政

---

① 楊萬里《誠齋荊溪集序》，載辛更儒校注《楊萬里集箋校》，北京：中華書局，2007 年，
第 6 冊，第 3260 頁。
② 楊萬里《讀笠澤叢書》，《楊萬里集箋校》第 3 冊，第 1377 頁。

爾。昔聞其歷數作者，亦無出諸公右，特不肯自屈一指耳，雖然諸公之作，殆方圓曲直之不相似，則其所許可，亦可知矣。余識千巖於瀟湘之上，東來識誠齋石湖，嘗試論茲事，而諸公咸謂其與我合也，豈見其合者而遺其不合者耶，抑不合乃所以爲合耶，抑亦欲俎豆余於作者之間而姑謂其合耶。不然何其合者衆也。余又自嗒曰，余之詩余之詩耳。窮居而野處，用是陶寫寂寞則可，必欲其步武作者，以釣能詩聲，不惟不可，亦不敢。[①]

作詩三沐三熏，師法黃庭堅，却"居數年，一語嗫不敢吐"。中興詩人要"俎豆余於作者之間而姑謂其合"，也謝不敢當。唯有悟得"余之詩余之詩耳。窮居而野處，用是陶寫寂寞則可"，不追求"步武作者，以釣能詩聲"，方才找到了自己的定位。作爲一位布衣詩人，不必肩扛崇高使命，不必接續詩統道統，發出真實的聲音就好。

姜夔是江湖詩人中的狷者。他的詩興寄深遠，幽冷高潔，同時稍後的永嘉四靈詩亦有類似的旨趣。大儒葉適編選四靈詩，其《徐斯遠文集序》說：

> 慶曆、嘉祐以來，天下以杜甫爲師，始黜唐人之學，而江西宗派章焉。然而格有高下，技有工拙，趣有淺深，材有大小。以夫汗漫廣莫，徒梏然從之而不足充其所求，曾不如腥鳴吻決，出豪芒之奇，可以運轉而無極也。[②]

以杜甫爲師是中唐—北宋文化復興運動的結果。如果說，詩歌宋調運動以發現大家、學習大家爲標志的話，南宋中葉以後，對小家的珍視、對淺切風格的認同，則成爲新的時風。因爲時代已變化，文學復興內在的力量失去了，徒作大言，不如腥鳴吻決。

從南宋中期開始，市面上流行晚唐詩。錢塘書商陳起看到此商機，在臨安書棚刊刻了至少一百多種唐詩，多爲中晚唐詩人，其中不乏小詩人，受到市場歡迎[③]。與此同時，本時代的小家也登上文學史舞台。陳起刊刻

---

① 姜夔《白石道人詩集·自序》，《景印文淵閣四庫全書》第 1175 册，第 64~65 頁。
② 葉適《葉適集》，劉公純等點校，北京：中華書局，2010 年，上册，第 214 頁。
③ 參羅鷺《書棚本唐宋小集發微》，載《江湖派研究——第二回南宋江湖詩派研究國際研討會論文集》，2012 年 10 月。

了姜夔詩、永嘉四靈詩，及其時游走江湖的眾多詩人的詩，以短小精幹的"小集"，及選本《江湖集》的形式銷售，大獲成功。這些詩人，與晚唐體情味相通，即善於用圓熟、精緻的語言寫當前情味，與晚唐體不同的，是多了許多具江湖色彩的干謁、羈旅之作。晚唐體和江湖體，論家或合之作一派，或分之作兩派。二者的情趣不同，但有一點是共同的，即創作目的不是爲了"三不朽"。文壇上"各家騰喧，大家缺席"① 的時代到來了。如果説，宋調生成運動中，士大夫向上發現了深刻、典雅、崇高，此運動消歇之處，淺切、世俗、瑣細，就作爲新人群對自我的發現和肯定被喚醒。

四、文柄：從士林到商界

道統、文統、詩統，是士大夫文化復興運動中薪火相傳的話語建構，一旦建構，就成爲向勢統分權的權利話語。士大夫以天下爲己任，當他們不論江湖、魏闕，都要"先天下之憂而憂，後天下之樂而樂""爲天地立心，爲生民立命，爲往圣繼絕學，爲萬世開太平"時，實際上是以文化的力量向君王分權，也塑造着社會。中唐—北宋的"師友淵源"系統，無論是開始的文統、道統合一，還是後來的"周程、歐蘇之裂"，其承傳脉絡始終清晰。

江西詩派即是師友淵源之一脉。因爲有充分的文化自信，此派在北宋末禁元祐學術、禁蘇黃詩學，甚至一度禁詩的環境下師友傳承，與同時轉入地下傳承的伊洛之學一樣，成爲朝廷的力量破壞不了的文化建構。一旦解禁，就成爲顯學。

孝宗朝是一個孕育新變的時代。朱熹集伊洛之學的大成，亦就此凝滯。江西詩風大盛，中興詩人們入室操戈，預示着詩學發展新的方向。士大夫與君主共治天下的努力失敗，新興的商業經濟展現出新的力量。贊同君子言利的永嘉學派崛起。經短暫的光宗朝到寧宗、理宗朝，江西詩派衰落，江湖詩派崛起。如果説，江西詩派是士大夫主導的話語建構，江湖詩

---

① 王水照先生對南宋詩壇的判斷，見《南宋文學的時代特點與歷史定位》，《文學遺產》2010 年第 1 期。

派的崛起，則主要得力於商業的推動。

内山精也先生考察張宏生《江湖詩派研究》中列出的 138 名江湖詩人，得出結論説：

> 所謂"江湖詩派"，並不存在一個統領詩派全體的突出領袖，也沒有作爲一個詩派的獨特詩學主張被明確倡導的形迹。根據這兩點，也許可以得出結論：當時並不存在一個能稱之爲"江湖詩派"的詩派。
>
> 歸根到底，將這 138 人聯結在一起的確鑿紐帶，只有杭州的書肆主人陳起等編纂刊刻的一系列詩集。所以，反過來也可以如此推測：所謂江湖派，並不指當時以明確形態存在的詩派，實際情况是，由陳起所編的詩集，將原本只有鬆散的横向聯繫、缺乏總體協調的一群江湖詩人聯結起來，而表現爲恍如一個詩派存在的假象而已。如果這一推測是正確的，那麼江湖派中最重要的人物，就應該是把《江湖集》編刻問世的陳起本人。①

陳起是一個有文化的商人。他刊刻大量唐詩推向市場，並編選近人詩作爲《江湖集》九卷。《江湖集》的命名本身，就揭示了詩人的身份、處境，富有文化内涵。當"江湖"的身份被標榜，詩人小集持續向市場推出並受到喜愛時，地位尷尬的布衣詩人們在商業文化中找到身份認同，江湖詩風得以在諸多詩集的編選、銷售、影響和接受中團聚成型。如果説，真的存在一個"江湖詩派"的話，商人陳起確實起了最重要的作用。

江湖詩人賣詩只是副業，他們主要的收入來源在向達官貴人行謁，謀求資財。在這個過程中，常常乞求一二權貴的書信爲介紹，號稱"闍闉"，又往往雌黄士大夫，口吻可畏②。印刷業的介入，無疑助長了他們"雌黄士大夫"的力量。這種力量，不僅令士大夫忌憚，連朝廷都不得不加以警惕。寶慶三年（1127），當權者摘取一些已出版的文字，指爲譏訕朝政，劈《江湖集》詩版，禁屬於江湖詩人小集中的《南嶽稿》，相關詩人或被貶謫，或被降職，出版人陳起更被流配。這意味着民間出版業已形成令朝

---

① 周裕鍇編《第六屆宋代文學國際研討會論文集》，成都：巴蜀書社，2011 年，第 255 頁。
② 方回選評，李慶甲集評校點《瀛奎律髓彙評》卷二十，上海：上海古籍出版社，2005 年，第 840 頁。

廷不安的力量。

在名公巨卿中，真正能够把握到江湖派詩學特質的，是永嘉學派巨子葉適。他編選四靈詩集，爲之作序，爲劉克莊詩集作序，敏銳指出了時代詩風的轉向。這是因爲，永嘉學派本身就是在經濟發達的永嘉地區發展出的事功學派。此時道統派建構好自己的傳統，有意於唯我獨尊。而心學、永嘉學派等新興學派或向内心追溯，或重視社會新興力量，衝擊着道統說，發出思想多元化的聲音。葉適對江湖詩派的獎掖，實出於其對社會文化轉型的敏銳直覺。

我們看到，到了這個時候，文化之權柄不再掌握在某派宗主的手裏。無論出版人陳起、名公巨卿葉適，還是成就最高的詩人劉克莊，都不是江湖詩派的領袖。當大量的讀書人不再以天下爲己任，而奔走在謀衣謀食之途時，巨大的商業空間展開了。陳起作爲一個嗅覺敏銳的商人，抓住商機，打造了"江湖"這個品牌，推出了數量眾多的作者，出版了大量詩集。推動這一切的，不是士大夫階層的文學觀、道德觀，而是市場這隻無形的手。此際說"商統"的出現還爲時過早，但商業顯然已作爲不可忽視的力量，開始在形塑社會。

結　語

嘉泰元年（1201），陸游作《追感往事》組詩，說：

> 渡江之初不暇給，諸老文辭今尚傳。六十年間日衰靡，此事安可付之天！

> 文章光焰伏不起，甚者自謂宗晚唐。歐曾不生二蘇死，我欲痛哭天茫茫！①

這時離楊萬里說"近日詩人輕晚唐"只過了十多年。文學之風尚，竟已經悄悄地改變。世情、文風，不止是由當下的社會現象，更是在歷史的長時段中，由各種力量形塑。看似主觀詩學趣味的變化後面，蘊藏着不得不變的緣由。這就是本文所欲深究的"意義場域"。

---

① 《劍南詩稿校注》卷四十五，第 5 册，第 2780 頁。

　　士大夫的詩統，是唐宋以來不懈的文化建構，當它失落之後，極厚的文化積澱使詩人聚集在出版業這一新興的文化產業下，形成新的詩派。江西到江湖，兩個詩派，不僅是詩歌風格不同，最根本的區別，在於"中唐—北宋""南宋元明清"兩個時段的建構。宋詩之變，前有慶曆、元祐、江西，爲"文與道俱"立場下的詩學建構；後有晚唐、江湖，開"道術爲天下裂"局面下更個體化的書寫。由士大夫話語占據的公共文化空間被商業利益分權，在今天看來，其實是時代的進步。自此之後，"俗"成爲文學的走向，文化產業如火如荼，這就是内山精也先生説的文學近世到來之表現吧。

　　本文從"中唐——北宋連貫説"入題，到了結論處，其實贊同了"南宋北宋斷裂説"①，且認爲兩宋轉型，在孝宗朝之後。就所展現的文化範式而言，江西詩派承前，江湖詩派啓後。

---

①　關於"南宋北宋斷裂説"，請參考李貴《中唐至北宋的典範選擇與詩歌因革·緒論》。

論蜀僧寶曇、居簡詩歌創作與蘇軾之關係

——南宋臨濟宗文学僧詩学"典範"的考察①

張 碩

信陽師範學院文學院

摘 要：蜀僧寶曇、居簡在詩歌創作上皆以蘇軾"元祐體"詩歌爲典範。兩人都好點化、套用蘇軾詩句，用典切合對象身份。寶曇學蘇主要體現在"唱和"與"題畫"兩方面。在唱和詩上，他采用次韻手法作詩，將詩歌變成"有韻的尺牘"，以交際爲詩、以競技爲詩。在題畫詩上，借鑒蘇軾"以畫爲真景"的創作傾向，並糅入前人詩句，注重抒發自我觀畫感受和體驗。居簡學蘇"以才學爲詩"，寫詩用典廣博富贍。他取法蘇軾"以文爲詩"，多引用散文句式和虛詞入詩；他模仿蘇軾創作"白戰體"，次韻先賢佳作，挑戰自我智力極限。因此兩人的詩歌創作，反映了士大夫精英文學在南宋禪僧詩歌中的展延，是南宋臨濟宗禪僧"士大夫化"的文學表現。

關鍵詞：蘇軾；南宋；文學僧；詩歌研究

宋室南渡以後，基於高宗"最愛元祐"的政治傾向②，元祐黨人及元祐文學重獲肯定。因此，蘇軾詩文得以再度風行海內，當時可謂"人傳元

---

① 本文係信陽師範學院博士科研啓動經費項目"南宋臨濟宗詩僧研究"（2014）、四川省哲學社會科學重點研究基地區域文化中心 2015 年度資助項目"宋代巴蜀禪宗文學"（QYYJC1501）、河南省教育廳人文社科項目"宋代佛教诗歌的典范选择与创作因革"（2016QN097）階段性成果。

② 李心傳編《建炎以來繫年要録》卷九十七，北京：中華書局，1956 年，第 1289 頁。

祐之學，家有眉山之書"①。蘇軾詩文在南宋的流行，意味着他在南宋文壇確立了典範地位。陸游曾説："國初尚《文選》，當時文人專意此書……方其盛時，士子至爲之語曰：'《文選》爛，秀才半。'建炎以來尚蘇氏文章，學者翕然從之，而蜀士尤盛。亦有語曰：'蘇文熟，吃羊肉；蘇文生，吃菜羹。'"② 這段話反映出南宋與北宋截然不同的文章典範選擇，即作爲前代文章典範的《文選》，已被當代的文章典範——"蘇文"取代。

關於蘇軾在南宋文壇的典範地位，以往研究主要關注蘇軾對士大夫文學的影響。然而，從現存文獻看，蘇軾的典範地位並不只是體現在士大夫範圍内，在南宋佛教僧侣中，也有不少文學僧以蘇軾作品爲典範，大力模仿。遺憾的是，當前蘇軾研究對此類問題論之較少。作爲一名與佛教有着深厚因緣的士大夫，蘇軾與宋代文學僧的關係，不應被我們忽略。據《五燈會元》記載，蘇軾被宋代臨濟宗視爲傳燈嗣法的居士③。由於蘇軾與臨濟宗關係匪淺，因而自北宋元祐以後，就有臨濟宗文學僧模仿蘇軾詩文，譬如清涼惠洪。進入南宋，此風不墮，臨濟宗文學僧模仿蘇軾者代不乏人。南宋兩位蜀地僧人——橘洲寶曇和北磵居簡，就是典型代表。關於寶曇與居簡的生平經歷與文章成就，祝尚書先生已有專文論述④。可是，祝文對於兩人的詩文寫作與蘇軾的關係，却未作深入探討。實際上，從他們的詩集看，無論是創作取向，抑或創作手法，都體現了明顯的學蘇痕迹。他們的創作，可謂是蘇軾詩歌藝術在禪林的展延。因此考察蜀僧寶曇、居簡對蘇軾的接受，必將有助於我們深入瞭解蘇軾在宋代文學僧中的典範意義，有利於我們對宋僧詩歌以及宋僧"士大夫化"的現象產生新的體認⑤。考慮到研究對象的特點，本文采用比較文學常用的兩種研究方法：一是影響與模仿的研究（influence &imitation study），注意發掘寶曇、居簡詩歌與蘇軾詩歌的"事實聯繫"及變異；二是平行研究（parallel

① 郎曄《蘇文忠公贈太師制》，載《經進東坡文集事略》卷首，《四部叢刊初編》影印本，上海：上海書店，1989年，第954册，第6頁。
② 陸游《老學庵筆記》卷八，李劍國、劉德權點校，北京：中華書局，1979年，第100頁。
③ 釋普濟《五燈會元》卷十七，蘇淵雷點校，北京：中華書局，1984年，第1146頁。
④ 祝尚書《論南宋蜀僧寶曇居簡的文學成就》，《新國學》第2卷，2000年。
⑤ 參見余英時《朱熹的歷史世界——宋代士大夫政治文化研究》，北京：生活·讀書·新知三聯書店，2011年。

study），着重比較兩人與蘇軾之間的共通性。現謹申愚見如下。

一、唱和與題畫：寶曇對蘇軾詩歌艺术接受的具體表現

就生活時代而論，寶曇主要處於南宋孝宗紹興至寧宗慶元之間，而居簡主要處於寧宗慶元至理宗淳祐之間。可知，寶曇的創作在南宋中期，居簡的創作則在南宋晚期。從法嗣師承看，寶曇是大慧宗杲的弟子，而居簡是佛照德光的門徒，依輩分而論，寶曇是居簡的師叔。因此根據時代的先後及師承的關係，可見兩人的創作代表了南宋臨濟宗文學僧對蘇軾詩歌藝術的傳承，所以，他們的詩歌頗具有作爲蘇軾詩文藝術參照系的意義。

關於寶曇，《寶慶四明志》之《寶曇傳》謂其"工文辭""始爲蜀士時，師慕東坡"①。寶曇仰慕蘇軾，所以在創作上深受蘇軾影響。他作詩好點化、借用蘇軾詩句。譬如"弗學饑鼠吟空墻"（《病寓靈芝寺夜聞講律有作》）化用蘇軾的"空壁嘷饑鼠"（《讀孟郊詩二首》其一）②；"錦衣何必卷還客"（《和史魏公荔枝韻》）構思即脫胎於蘇軾的"錦衾速持卷還客"（《次韻柳子玉二首·紙帳》）③。再如"亦如深夜月，照我冰雪腸"（《曾知閣相宜堂》）取自蘇軾"使我冰雪腸，不受麴糵醺"（《九月十五觀月聽琴西湖一首示坐客》）④。又如"要學峨眉翠作堆"（《次韻楊綿州二首》其二）取自蘇軾"東望峨眉小，廬山翠作堆"（《出城送客不及步行至溪上二首》其二）⑤ 或"便覺峨嵋翠掃空"（《秀州報本禪院鄉僧文長老方丈》）⑥。這些詩句説明他對蘇詩相當熟悉，完全是有意識地模仿，以融進自己的詩歌寫作。

---

① 羅濬等《寶慶四明志》卷九，《景印文淵閣四庫全書》，臺北：商務印書館，1986 年，第 487 册，第 153 頁上。

② 蘇軾著，孔凡禮點校《蘇軾詩集》卷十六，北京：中華書局，1982 年，第 797 頁。本文所引蘇軾詩歌均出自此版本。

③ 《蘇軾詩集》卷七，第 316 頁。

④ 《蘇軾詩集》卷三十四，第 1790 頁。

⑤ 《蘇軾詩集》卷十三，第 618 頁。

⑥ 《蘇軾詩集》卷八，第 412 頁。

（一）唱和詩：對蘇軾"元祐體"詩歌的接受和對士大夫精神的認同

寶曇學蘇並不是停留於模仿、套用蘇軾詩句的水平，而是對其創作傾向和手法全面、系統地學習。譬如他的唱和詩，就效仿蘇軾"元祐體"詩歌，"以交際爲詩、以競技爲詩"。寶曇的唱和詩，約有 80 餘首，占其詩歌總數的三分之一。這類題材在唐宋時期的僧侶詩歌中不多見，而寶曇熱衷於此，足以説明他善於運用詩歌與人交際，以詩歌爲"有韻的尺牘"。衆所周知，蘇軾在元祐時期主盟詩壇。元祐詩壇出現了"以交際爲詩、以競技爲詩"的創作傾向。蘇軾及其門人的唱和詩在這一時期劇增。詩歌創作由個體的自我獨白，轉向了集體的交談。同時他們也將儒家詩學理念中"詩可以群"的傳統，從調節人倫關係的社會性功能轉變爲同一圈子裏的成員私人間交往[1]。而寶曇的唱和詩也多是展現與朋友、同好私人交往的內容。試看他的《和史魏公燔黄》詩：

> 東城十月天未霜，小艇初學江灩澦。出門千乘波低昂，酒壚厨傳
> 公爲航。潛魚出聽笑語香，月明夜避燈燭光。義和催日升扶桑，擊鼓
> 駸駸旗央央。天機滿湖雲錦張，青山十里松髯蒼。下有種玉人堂堂，
> 公如晨興拊公床。再拜有詔來帝行，温詞寶墨俱琳琅。此不肖子七不
> 逞，錦標玉軸家襲藏。敬薪誠火來燔黄，須史樂作三獻嘗。山川鬼神
> 如抑揚，其間翁仲涕泗滂，聖恩寬大不可量。天子謂公國津梁，如泰
> 山雲覆其陽。公九頓首不敢當，昆侖源深流且長。公祈寵靈德不忘，
> 忠孝乃可環吾傍。周用禮樂須文章，世世報國如其吭。壽公千歲汔小
> 康，尚可憑軾還侵疆。[2]

這是寶曇與孝宗朝名相史浩的唱和之作。史浩是寶曇事業的重要贊助者，寶曇與他有過多次的唱和、應酬。這首詩是兩人交往的一個縮影。詩中叙述朝廷下詔給予史浩"燔黄"的褒獎，史浩認真對待此事，他以敬誠的態度"燔黄"，所以寶曇贊賞他的忠孝，祝他健康長壽，期望他能看到朝廷

---

① 周裕鍇《元祐詩風的趨同性及其文化意義》，《新宋學》第 1 輯，上海：上海辭書出版社，2001 年。

② 寶曇《橘洲文集》卷一，《續修四庫全書》，上海：上海古籍出版社，2002 年，第 1318册，第 63 頁下。

收復中原的那天。史浩得到寶曇詩後，寫下《次韻曇師以某焚三代贈黃所示長句》詩予以回應：

> 霽天破曉嚴清霜，宿具贈帛羅豆觴。旌旗蔽野氣軒昂，夾岸更復飛舟航。金爐細爇百和香，絳籠然蠟影交光。問予何事出柴桑，為指白雲山中央。嚴嚴雙表鶴翅張，松楸靄靄摩青蒼。漸登幽域至饗堂，向來百物陳滿床。錦囊綸誥列前行，尊酌器皿皆琳琅。祝言小子心不遑，幾年恤典篋笥藏。抵今方獲燔贈黃，覬靈來分染指嘗。潛德既拜天褒揚，後嗣感激兩淚滂，帝恩欲報方思量。忽睹健句如柏梁，葩華盈軸豔春陽。建安七子誰可當，何止李杜萬丈長。再四披閱予敢忘，同來親賓皆在旁。共詫粲可能文章，其中一客起鳴吭。眾駭何為色不康，未甘釋子侵予疆。①

史浩依照寶曇詩原韻賡和，一方面表達史氏家族獲得"燔黃"殊榮的喜悅，子孫對"皇恩"的感激；另一方面表達對寶曇詩才的讚嘆，稱他詩句老健，將他與建安七子和"李杜"相提並論，而且，史浩還特意描述了自己將寶曇詩與到場賓客親朋分享時，他者驚詫寶曇這位僧人能作詩的情景，借助他者"嫉妒"的眼光，反襯寶曇高超的詩藝。

寶曇收到史浩回贈之作後，或許受到原詩結尾兩句的影響，便又依前韻作了《病餘用前韻呈魏公》詩：

> 蓬萊仙人雙鬢霜，有蔬一豆酒一觴。長歌勸客聲激昂，車如流水門如航。幾生道德為腥香，今年入謝朝明光。歸心有如三宿桑，抱琴一笑江中央。曰余此琴吾翁張，越山入手修眉蒼。不容散花來後堂，毗耶室空唯一床。誰家金釵十二行，春風環佩鳴璆琅。斯須吐握曾未遑，自謂山穩舟深藏。不知有力來昏黃，如人裹飯不得嘗。吾寧萬籟同敷揚，四時花雨仍紛滂，山高水深未易量。可人啼鳥聲繞梁，六窗濯濯如秋陽。天人境界誰適當，我自襪線無他長。唯余習氣不可忘，有時睥睨如無傍。爐熏茗碗供平章，一機直欲舂其吭。戰酣意定心泰康，依舊爾界還吾疆。②

---

① 史浩《鄮峰真隱漫錄》卷二，《景印文淵閣四庫全書》第 1141 冊，第 545 頁下～546 頁上。

② 《橘洲文集》卷一，《續修四庫全書》第 1318 冊，第 63 頁下～64 頁上。

與前面兩首詩不同，這首詩寶曇運用了不少典故，如"三宿桑"、維摩詰菩薩與舍利弗辯難、天女散花、《莊子》的"壑舟"與"裹飯"等典故，展示出他的深厚知識儲備。在詩中寶曇流露出對寫作的熱愛之情。"襪綫"是他的自謙之詞，"習氣不忘"纔是他的真實想法。寶曇以寫作爲榮，甚至敢於以此睥睨群雄。"戰酣"説明寶曇是將這兩回次韻當作一場筆戰來對待，這是以戰喻詩①，也可見寶曇對次韻詩的寫作早已習然，輕鬆應對詩的聲律、韻脚等規矩的限制。

就交際而言，上述三首詩都體現了雙方得體的應酬。但這三首詩的競技意義更值得我們關注。因爲這三首詩句句押平水韻七陽，是典型的"柏梁體"。所以寶曇、史浩此次唱和的手法是次韻，對韻脚詞彙的選擇有特殊要求。而這正好體現出"元祐體"詩歌"以競技爲詩"的特徵。元祐詩人的唱和，大多數采用了次韻的形式。由於次韻詩往往要考慮到他人原作，所以自我感發的因素相對較少，不得不在造句、煉字、用事、押韻方面下功夫，使作詩成爲一種智力的競技和句法的較量②。尤其是韻脚詞彙的選擇，因爲在次韻時，作者一定要考慮原詩的韻脚詞彙；爲了避免與之重複，所以作者不得不全力以赴刻意求新。正如楊萬里《答建康府大軍監門徐達書》云："蓋我爲嘗觀是物，而逆彼之觀；我不欲用是韻，而抑從彼之用。"③ 這對於一般的詩人來説確實存在着不小的難度。然而，對於那些擁有高超語言能力的詩人來説，次韻往往能"因難而見巧"。它不會成爲束縛自我才華的繩索，反而會成爲展示自我才華的舞臺。譬如蘇軾，費衮《梁溪漫志》云："東坡尤精於次韻，往返數四，愈出愈奇。"④ 在反復次韻中能做到韻脚詞彙不斷變化，却不重複，這是蘇軾在元祐時期創作次韻詩的一大顯著特徵。根據這條標準，我們就會發現寶曇詩的韻脚詞彙沒有重複。相比之下，史浩却有三處重複了寶曇原詩韻脚的詞彙（琳瑯、不遑、文章）。可見，這場競技寶曇戰勝了史浩，也説明他的語言運用能力高超，絲毫不遜於士大夫中的知識精英。

---

① 參見周裕鍇《以戰喻詩：略論宋詩中的"詩戰"之喻及其創作心理》，《文學遺產》2012年第 3 期。

② 周裕鍇《詩可以群：談元祐體詩歌的交際性》，《社會科學研究》2001 年第 5 期。

③ 楊萬里《誠齋集》卷六十七，《景印文淵閣四庫全書》第 1160 册，第 639 頁下。

④ 費衮《梁溪漫志》，上海：上海古籍出版社，1988 年，第 77 頁。

　　不僅於此，寶曇還將次韻詩交際、競技的功能擴展到了前輩先賢的作品上，通過次韻前人詩歌，尚友先賢，以表現對先賢精神的理解與真切感受①。他的這類作品，在手法上也有學蘇的痕迹，譬如《和陶彭澤咏二疏》：

　　　　人生天地間，賓鴻自來去。歲晚洲渚空，稻粱適歸趣。秋風在羽翮，吾寧且高舉。老倒商山翁，爲人作師傅。二疏於此時，都人壯歸路。登車一慷慨，墮甑誰復顧。黃金壽故人，不爲鄉曲譽。明朝間其餘，曲藥最先務。徑醉無缺供，餘歡話情愫。賢愚貴通達，父子無悔悟。先人有弊廬，衣食不足慮。此道今寂寥，寄聲謝朝著。②

這是一首"和陶詩"。寶曇和的是陶淵明的《咏二疏》，"二疏"即漢代的疏廣、疏受叔侄，他們在人生顯赫的時候，選擇了激流勇退，從而幸免於政治鬥爭，皆以壽終。因此陶淵明作《咏二疏》表達對"二疏"行爲的贊賞。作爲宋代創作"和陶詩"的大家，蘇軾同樣次韻了這首詩，其《和陶咏二疏》云：

　　　　二疏事漢時，迹寓心已去。許侯何足道，寧識此高趣。可憐魏丞相，免冠謝陋舉。中興多名臣，有道獨兩傅。世途方轂擊，誰肯行此路。是身如委蛻，未蛻何所顧。已蛻則兩忘，身後誰毀譽。所以遺子孫，買田豈先務。我嘗游東海，所歷若有素。神交久從君，屢夢今乃悟。淵明作詩意，妙想非俗慮。庶幾二大夫，見微而知著。③

從手法來看，蘇軾運用了類比、議論等手法，他將"二疏"與漢代的平恩侯許伯、丞相魏相類比，進而説明"二疏"的見識遠超這些"中興名臣"。接着，他引用《莊子·知北游》中的典故，説明"二疏"的行爲符合道家哲理。最後，表達自己與"二疏"神交已久，贊賞陶淵明作詩真是"妙想"，爲後人拈出"二疏"見微知著的高明。

　　有蘇詩作比較，我們不難發現寶曇在同題次韻上，也運用了類比、議論的手法。他運用了兩組類比，一是將"二疏"與前朝的"商山四皓"類

---

　　① 　内山精也《傳媒與真相——蘇軾及其周圍士大夫的文學》，朱剛譯，上海：上海古籍出版社，2013年，第360頁。
　　② 　《橘洲文集》卷三，《續修四庫全書》第1318冊，第80頁上。
　　③ 　《蘇軾詩集》卷四十，第2183頁。

比，諷刺"四皓"隱逸精神動搖，晚節不保，反襯"二疏"隱逸精神的堅定；二是將"二疏"與後來的孟敏類比，指出孟氏深得"二疏"風神。這種類比的手法，無疑借鑒了蘇軾原作。

儘管現存寶曇文集只保存了一首"和陶詩"，但作爲文學僧的寶曇，創作這種次韻詩，其意義值得關注。要之，陶淵明是宋代士大夫崇仰的理想典範，蘇軾則是書寫"和陶詩"的典範，而書寫"和陶詩"的活動，主要在宋代士大夫群體間進行。考慮到這些事實的話，我們就會發現寶曇作"和陶詩"，不僅是表現對先賢精神的理解，更是他對士大夫精神世界的認同。換言之，寶曇在創作時，同樣具有士大夫的精神與情懷。這是南宋文學僧"士大夫化"現象的直觀反映。

（二）題畫詩：借鑒蘇軾"以畫爲真景"的創作傾向

寶曇的題畫詩創作也是以蘇軾爲典範的，其題畫詩具有蘇軾題畫詩"以畫爲真景"的特徵。美國漢學家艾朗諾（Ronald C. Egan）評價蘇軾的題畫詩説："蘇軾和黃庭堅能够穿越進入體驗藝術或幻覺的境界，整首詩裏，他們都能進入畫境，以畫景爲真景，使詩歌的傳統寫作方式與新的處理方式的結合有了可能性。……結果詩的展開非常新鮮，出人意表。"①這種創作取向同樣影響了寶曇，如他的《題李磐庵西潛圖》：

> 何人意行山水重，草木驚笑來天風。茅檐鷄飛犬升屋，屐聲疾奏鄰家翁。逢迎初非乃翁事，盆盎净潔將無同。一犂春雨飽膏沐，千頃秋日加瞳矓。恭惟耕稼我自出，敢與造物論豐凶。樹間井亦頗寒冽，門前石不煩磨礲。願公藉石飲此水，鴨猪肥大牛羊豐。杖藜吾父坐吾祖，日望四海寬租庸。太平果在放船手，此詩與畫當無窮。②

寶曇無疑是把圖畫當作真景來寫。他將自身移入畫面，叙述畫面帶給他的心理感受。畫面上的景象亦由静止轉爲動態，使讀者産生置身畫中之感。

除了繼承蘇軾"以畫爲真景"的創作取向，寶曇在題畫詩的創作上，還借鑒了蘇軾同類題畫作品的其他手法：

其一，蘇軾好將前人詩句糅進自己的題畫詩中，作爲對畫家的贊美。

---

① 羅納德·埃根《題畫詩：蘇軾與黃庭堅》，藍玉、周裕鍇譯，載《神女之探尋——英美學者論中國古典詩歌》，上海：上海古籍出版社，1994年，第128頁。
② 《橘洲文集》卷一，《續修四庫全書》第1318册，第67頁下。

用上一句前人的詩，就等於詩人對畫家説，他畫的景物堪與古人詩句相匹配。如果是借自著名的詩人或詩篇，那贊美的色彩就特別强烈①。譬如蘇軾《虔州八境圖》其二"濤頭寂寞打城還，章貢臺前暮靄寒"之句②，借用劉禹錫的《石頭城》名句"潮打空城寂寞回"來顯示畫家以高超的畫技，讓觀者從畫中品味出寂寞的情緒。

其二，注重抒發自己對繪畫的感受，或者記録繪畫所激發的自己的思維。早期題畫詩描寫對畫中景物的感受、體驗多爲概括性的，詩人着筆不多。但是，蘇軾的題畫詩中個人的感悟、體驗和畫本身一樣重要③。譬如《書王定國所藏煙江疊嶂圖》，蘇軾在叙述畫面景物的同時，就穿插着自己在黄州時期特有的心理體驗。

這兩大特徵在寶曇的題畫詩中也有表現，如《爲李方舟題東坡赤壁圖》：

> 大江赤壁黄州村，魚龍吹血波濤渾。腥風不洗賊臣淚，暗濕官樹旌旗昏。城南哑哑一笑入，愁日動地回春温。夜闌魑魅不敢舞，璧月如水舟如盆。客親饋魚婦致酒，北斗可挹天可捫。當時跨鶴去不返，水仙王家真畫存。百年畫史有眼力，東坡曉挂扶桑暾。④

本詩題目中的李方舟，即南宋蜀學名士李石。他與寶曇有交。這首詩中，寶曇將蘇軾《後赤壁賦》之語，糅入自己的題畫詩中，以此展現了畫家對蘇軾《後赤壁賦》的準確理解。同時，也抒發了自己對繪畫的感受與體驗，即對蘇軾不幸遭遇的同情和對畫家的眼力的贊賞。

二、用典與以文爲詩：居簡對蘇軾詩歌藝術的接受

居簡的創作成就無論在南宋的文人之中，還是在禪門内都享有極高的聲譽。比如爲《北磵文集》作序的張自明，評價居簡道："讀其文，宗密

① 《題畫詩：蘇軾與黄庭堅》，《神女之探尋》第 126 頁。
② 《蘇軾詩集》卷十六，第 793 頁。
③ 《題畫詩：蘇軾與黄庭堅》，《神女之探尋》第 118 頁。
④ 《橘洲文集》卷二，《续修四库全书》第 1318 册，第 73 页下。

未知其伯仲；誦其詩，合參寥、覺範爲一人，不能當也。"① 稱讚其詩文成就已逾唐之宗密，宋之道潛、惠洪。再如葉適的《奉酬光孝堂頭禪師》詩："簡師詩語特驚人，六返掀騰不動身。"② 稱讚居簡詩才不凡。這是士大夫對居簡文學成就的評價。而在禪門內，居簡詩文同樣得到積極肯定。晚宋臨濟宗禪僧淮海元肇《見北磵》詩云：

> 橘洲骨冷不容呼，正始遺音掃地無。一代風流今北磵，十年妙語得兩湖。人皆去獻遼東豕，我亦來觀屋上烏。春盡闔門無恙不，楊花飛作雪模糊。③

本詩敘述寶曇圓寂之後，宗門之內無人承接"正始遺音"，以致"斯文"委地，禪林的創作傳統中斷。直到居簡出世，恢復這一傳統。因此元肇將兩人相提並論，視爲他們爲兩代南宋文學僧的領袖與盟主。我們認爲，元肇有這樣的體認，可能就是因爲寶曇、居簡二人都選擇蘇軾爲典範，所以給後人留下了居簡接踵寶曇的印象。

確實，居簡是繼寶曇後南宋禪僧群體中大力學蘇的典型，他也喜好點化、借用蘇軾詩句。如"弱水繞山三萬里，斷魂長記碧簫森"（《水仙》）模仿蘇軾"蓬萊不可到，弱水三萬里"（《金山妙高臺》)④；再如"試策奇勳到黑甜"（《茅屋》）的"黑甜"一詞，借用蘇詩"三杯軟飽後，一枕黑甜餘"（《發廣州》)⑤；"向來文字如翻水"（《秋塘陳敬父席上餞薛子舒》）脫胎於蘇軾詩句"機鋒不可觸，千偈如翻水"（《金山妙高臺》）；"桂爲詩人馥，鄰喧羯鼓催"（《酬趙樂天》），點化蘇軾的"千杖敲鏗羯鼓催"（《有美堂暴雨》)⑥；"炎炎金石流，凜凜復墮指"（《陳卿座上得貴字》）則是脫胎於蘇軾"折膠墮指，此衲不寒；爍石金流，此衲不熱"（《磨衲贊》）之

---

① 張自明《北磵文集序》，載居簡《北磵文集》卷首，《景印文淵閣四庫全書》第 1183 冊，第 2 頁下。

② 居簡《北磵詩集》卷一，載舒大剛主編《宋集珍本叢刊》第 71 冊，北京：線裝書局，2004 年，第 241 頁上。

③ 北京大學古文獻研究所編《全宋詩》，北京：北京大學出版社，1998 年，第 59 冊，第 36913 頁。按，本詩頷聯第二句第六字雖是"兩"，但與第一句對應的"北"字並不對仗，而且不合聲律，所以"兩湖"蓋形誤，疑當作"西湖"。

④ 《蘇軾詩集》卷二十六，第 1368 頁。

⑤ 《蘇軾詩集》卷三十八，第 2067 頁。

⑥ 《蘇軾詩集》卷十，第 482 頁。

句①；"少陵何人斯，曰似司馬遷"（《大雅堂》），也是采用《苕溪漁隱叢話》記載的蘇軾語句②。可見，居簡對蘇軾詩文也是非常熟稔。

（一）用典：居簡效法蘇軾"以才學爲詩"的創作傾向

居簡效仿蘇軾"以才學爲詩"，在詩中大量用典，用典範圍涵蓋四部典籍。蘇軾作詩用典富贍廣博，信手拈來，這與蘇軾讀書精博是分不開的，正如王十朋所言："東坡先生之英才絕識，卓冠一世，平生斟酌經傳，貫穿子史，下至小説、雜記、佛經、道書、古詩、方言，莫不畢究。"③在蘇軾的影響下，居簡寫詩也呈現出用典廣博的特徵，請看他的《孤山行》詩：

> 盛時考槃古逸民，湖山草木咸知名。至今八篇爛古錦，豈特五字如長城。長驅萬騎到其下，束手按甲循牆行。大邦維翰蔽騷雅，遏衝既折猶精神。抗衡劇孟一敵國，彈壓西子孤山春。死諸葛走生仲達，送修静邀陶淵明。聚蚊莫及怒雷迅，老瓦不亂黄鐘鳴。清彈豈爲賞音廢，自芳更問林扉扃。鷗盟未冷浪拍拍，弋者何慕鴻冥冥。水流山空鶴態度，冰枯雪寒梅弟兄。梅當成實自調鼎，鶴既生子仍姓丁。向來偶同賦招隱，老去亦各相忘形。故廬夜夜月如晝，少微耿耿天無雲。千金倘可市駿骨，萬古適足空凡群。百身可贖但虛語，九原喚起知無因。爲公滿酌井花水，酹一杯土公應聞。④

這首詩幾乎句句用典。起句"考槃"即指《詩·衛風·考槃》。"至今"句之"八篇"是指林逋的八首咏梅詩，"和靖梅花七言律凡八首，前輩以爲孤山'八梅'"⑤，同句"古錦"是"古錦囊"的省稱，用的是李賀的典故⑥。下句"豈特五字如長城"的比喻出自劉長卿自詡"五言長城"的典

---

① 蘇軾撰，孔凡禮點校《蘇軾文集》卷二十二，北京：中華書局，1986 年，第 635 頁。

② 胡仔纂集《苕溪漁隱叢話》，廖德明校點，北京：人民文學出版社，1962 年，第 72～73 頁。

③ 王十朋《集注分類東坡先生詩序》，《集注分類東坡先生詩》卷首，《四部叢刊初編》影印本，第 156 册。

④ 《北磵詩集》卷一，《宋集珍本叢刊》第 71 册，第 252 頁上。

⑤ 方回評選，李慶甲集評點校《瀛奎律髓彙評》卷二十，上海：上海古籍出版社，1986 年，第 785 頁。

⑥ 歐陽修、宋祁《新唐書》卷二〇三，北京：中華書局，1975 年，第 5788 頁。

故①。"循墙行"取自《左傳·昭公七年》"循墙而走"之句②。"大邦維翰"取自《詩·大雅·板》"大邦維屏，大宗維翰"之句③，"遏衝既折"取自馬融《廣成頌》"蓋安不忘危，治不忘亂，道在兹乎，斯固帝王之所以曜神武而折暇衝者也"④。"抗衡劇孟"出自《史記·游俠列傳》，周亞夫得劇孟相助，稱贊得劇孟"若得一敵國"⑤。"死諸葛走生仲達"取自《晋書·宣帝紀》記載的當時百姓諺語⑥，"送修静邀陶淵明"引用《佛祖統紀》中"虎溪三笑"的典故⑦，"聚蚊"句語出《漢書·中山靖王傳》"聚蚊成雷"一句⑧。"老瓦"句，源自《楚辭·卜居》"黃鐘毀棄，瓦釜雷鳴"。"鷗盟"與白鷗爲盟，即歸隱之意，乃古代詩歌中常見典故。"弋者"句出自揚雄《法言》"鴻飛冥冥，弋人何篡焉"⑨。之後"梅當"句引用《尚書》"若作和羹，惟爾鹽梅"之句⑩和《韓詩外傳》"伊尹負鼎操俎調五味而立爲相"之句⑪。"鶴既生子仍姓丁"典出托名陶淵明的《搜神後記》之"丁令威化鶴"的故事⑫。"招隱"即《楚辭·招隱》。"千金倘可市駿骨"典出《戰國策·燕策》郭隗游説燕昭王之事⑬，"萬古適足空凡群"點化杜甫《丹青引贈曹將軍霸》"一洗萬古凡馬空"⑭。"百身"取自《詩·秦風·黃鳥》"如可贖兮，人百其身"句⑮。就範圍而論，本詩所用典故涵蓋了經、史、子、集四部，足以證明居簡讀書之多，知識儲備之厚。

---

① 《新唐書》卷一九六，第 5608 頁。

② 楊伯峻編著《春秋左傳注（修訂本）》，北京：中華書局，1990 年，第 4 册，第 1295 頁。

③ 程俊英、蔣見元《詩經注析》，北京：中華書局，1991 年，第 847 頁。

④ 范曄《後漢書》卷六十上，北京：中華書局，1965 年，第 1967 頁。

⑤ 司馬遷《史記》卷一百二十四，《點校本二十四史修訂本》，北京：中華書局，2013 年，第 3841 頁。

⑥ 房玄齡等《晋書》卷一，北京：中華書局，1974 年，第 9 頁。

⑦ 志磐《佛祖統紀》卷三十六，《大正新修大藏經》，臺北：新文豐出版公司，1996 年，第 49 卷，第 342 頁中。

⑧ 班固《漢書》卷五十三，北京：中華書局，1962 年，第 2423 頁。

⑨ 揚雄《揚子法言》卷五，《景印文淵閣四庫全書》第 696 册，第 305 頁下。

⑩ 《尚書注疏》卷九，《景印文淵閣四庫全書》第 54 册，第 204 頁上。

⑪ 《韓詩外傳》卷七，《景印文淵閣四庫全書》第 89 册，1986 年，第 830 頁上。

⑫ 《搜神後記》卷一，《景印文淵閣四庫全書》第 1064 册，第 470 頁下。

⑬ 《戰國策》卷二十九，《景印文淵閣四庫全書》第 406 册，第 440 頁下。

⑭ 仇兆鰲《杜詩詳注》卷十三，北京：中華書局，1979 年，第 1147 頁。

⑮ 《詩經注析》第 352 頁。

此外，對於某些蘇軾發明的典故，居簡還會反復、多次使用。譬如"蚯蚓泣"之典，在居簡詩中多次出現，如"圭零璧碎不復惜，自候泣蚓聲悲嘶"（《謝司令惠賜茶》）、"瓦瓶只候蚯蚓泣，不復浪驚浮俗眼"（《劉簿分賜茶》）、"長須嫩煮蚓方泣，小龍新破團初瀹"（《和六一居士守汝陰禁相似物賦雪》）等等。"蚯蚓泣"是將瓶罐燒水發聲比喻成蚯蚓的哭泣，而這種奇特的比喻手法，源於蘇軾，即《次韻柳子玉二首·地爐》"細聲蚯蚓發銀瓶"之句，它成爲居簡多次使用的典故。

（二）出位之思：居簡效法蘇軾古體"以文爲詩"的創作手法

居簡繼承了蘇軾"以文爲詩"的創作傾向，詩中多使用虛字、散文原句，以作散文的手法賦詩。蘇軾的詩歌，尤其是古體詩，如《游金山寺》《百步洪》等，或直叙游歷，或鋪寫景物，大有宋代散文平易自然、婉轉流暢的特徵。誠如趙翼《甌北詩話》卷五所言："以文爲詩，自昌黎始，至東坡益大放厥詞，別開生面，成一代之大觀。"[1] 具體而言，就是把散文中能夠使用的虛字，盡可能地在創作中使用。另外，在寫詩時，盡可能地運用散文的章法和叙述方式[2]。而居簡的古體詩也有這種特點，比如《陳卿座上得貴字》：

> 後來如積薪，在前類揚粃。群飛刺天去，尋墜九地底。扶搖轉羊角，力盡固應爾。趙孟能賤之，何取趙孟貴。譬夫春方妍，處處耀桃李。冶容倚皓態，厥類巨勝紀。一時顏色鮮，永永曷足恃。要當見平生，姑待灝商至。梗楠大蔽牛，支廈棟梁器。春風不知喜，秋風不知畏。炎炎金石流，凜凜復墮指。四時有常守，坐看造物戲。用大古所難，肯顧萬牛廢。懷哉楚令尹，落落差可擬。彈冠既三仕，解冠輒三已。豈弗曰代耕，豈弗曰行志。終將奚以爲，了弗事慍喜。一笑付倘來，道在百不理。特操固超絶，小智謾嗟異。區區榮辱際，判然遂成二。炙手苟可熱，駢首爭附麗。欣戚變妻孥，況復論州里。悠哉經濟才，未始挂牙齒。不獨不過口，未必不掩鼻。惡此而逃之，政恐不免耳。弗爲天下先，聞諸老聃氏。徐行後長者，孟氏亦若是。聃也未暇

---

① 趙翼《甌北詩話》，霍松林、胡主佑校點，北京：人民文學出版社，1963年，第56頁。
② 安熙珍《蘇軾"以文爲詩"在文學史上的意義》，《中華文化研究》1999年冬之卷。

學，學孟顧不躍。唐虞已千古，執中揆諸理。問之果何事，孝悌而已矣。①

居簡和傳統"詩僧"的最大不同就在於，過往的詩僧的作品體裁多以五律和七絕爲主，但居簡却多作古體，而且，不少還是這樣的長篇。因此就居簡詩歌而論，我們將其視爲宋代士大夫詩亦未嘗不可。這是他以蘇軾爲典範，長期模仿、學習所帶來的結果，是宋代禪僧"士大夫化"在文學領域的明顯表現。就本詩的語言論，居簡使用了很多經、史、子部典籍中的原文入詩，而且都是散文化的語句，如"後來如積薪""徐行後長者""孝悌而已矣"等。詩中使用了不少虛字，如譬夫、叵、姑待、豈弗、耳、而已、矣。由此觀之，居簡的古體詩就在是模仿蘇軾的"以文爲詩"。

再如《逆風行》：

大塊噫氣一氣同，條達萬匯參化工。不教扶搖轉羊角，五日一吹零雨蒙。喚醒枯槁皆蒙茸，假借秋鬓回春容。後來見説蘭臺宮，君臣相與論雌雄。至今雌雄無辨白，幾回擬問蘭臺客。便從平地欲泠然，結口土囊呼不得。坐使六月七月背汗揮老農，燥土滴作蘭塘融。赫赫炎炎濯無處，積威蓄鋭盡數施玄冬。一葉東來順流水，怒號不肯吹船尾。轉船又復投西去，蓬蓬依舊從東起。試從逆境求諸己，可容不拜飛廉賜。謹勿顛狂蹈前轍，長不鳴條伴華月。②

這首詩的寫法也富於散文化，起句用《莊子·齊物論》"夫大塊噫氣，其名爲風"一句承題，之後用《莊子·逍遥游》"搏扶搖羊角而上者九萬里"、《詩·豳風·東山》"零雨其濛"、蘇軾《寄周安孺茶》"山圃正春風，蒙茸萬旗簇"等語典，表現大自然中的風。接着引用宋玉《風賦》、蘇軾《颶風賦》與蘇轍《黄州快哉亭》的事典，過渡到前人對"風"的描寫與議論，再從古代轉到當下，凸顯風對農事和行舟的影響。結尾議論，強調人力在逆境中的作用，求風不如求己。詩歌意脉連貫，叙議結合，近於説理散文。而像這種"以文爲詩"的古體在居簡的詩中還有許多，如《吳吾何待制前四鶴入山》《有虎》《蝗去》《宥蟻》《送譚浚明歸江西》等，限於

---

① 《北磵詩集》卷一，《宋集珍本叢刊》第 71 册，第 255 頁下。
② 《北磵詩集》卷一，《宋集珍本叢刊》第 71 册，第 295 頁下。

篇幅，此不贅述。

（三）白戰體：居簡效法蘇軾"以競技爲詩"

雖然居簡的唱和詩不多，數量上也不及寶曇，但是，居簡有兩首唱和詩亦有蘇軾"元祐體""以競技爲詩"的創作傾向，因爲這兩首詩是"白戰體"，有挑戰自我智力極限的意義，即《和六一居士守汝陰禁相似物賦雪》和《和東坡守汝陰禱雨張龍公祠得小雪會飲聚星堂用歐公故事》二詩。先看第一首：

> 漣漪碎剪成新薴，廉纖帶雨尤輕薄。人間但見巧番騰，天上不知誰製作。九地瑕疵都粉飾，重雲搢塞難恢廓。曉光奪目增眩轉，夜色侵燈尤閃爍。康莊充斥去無路，老幹壓低搖不落。寒梭凍得水生皮，氣豔冷欺裘擁貉。可勝思苦相嘲謔，旋忘手凍爭挐攫。亂委平堆可照書，圓瑳小握供彈雀。靜聞裂竹丞扶顚，勇作探春思蹁躚。犯寒果勝附炎熱，苦飢預慶歌豐樂。長須嫩煮虯方泣，小龍新破團初淪。默觀造物真戲劇，更看一色吞沙漠。載賡險韻付銜枚，孤軍大敵空橫槊。寡和尤知白雪高，非偶自貽齊大噱。①

再看第二首：

> 六花薴薴都無葉，萬花鬥白都輸雪。緩飄微霰止還集，急趁回風飛欲絕。山固無愁鬢先老，竹非爲米腰頻折。向來囊螢本同調，今夕風燈不愁滅。僧窗處處茶煙濕，漁舟個個綸竿掣。老坡不犯汝南令，粲如晴午栽新纈。乾坤蕩蕩無畛畦，比類區區空瑣屑。霧沉雲重記葳蕤，雨收風拾書輕瞥。肯爲忠臣六月飛，剩煩太史從頭說。麤人金帳暖如春，詩人布衾冷如鐵。②

而這兩首詩次韻的原作，分別是歐陽修的《雪，時在潁州作，玉、月、梨、梅、練、絮、白、舞、鵝、鶴、銀等事，皆請勿用》：

> 新陽力微初破薴，客陰用壯猶相薄。朝寒棱棱風莫犯，暮雪綏綏止還作。驅馳風雲初慘澹，炫晃山川漸開廓。光芒可愛初日照，潤澤終爲和氣爍。美人高堂晨起驚，幽士虛窗靜聞落。酒墟成徑集瓶罌，

---

① 《北磵詩集》卷一，《宋集珍本叢刊》第71冊，第253頁上。
② 《北磵詩集》卷一，《宋集珍本叢刊》第71冊，第253頁上。

獵騎尋蹤得狐貉。龍蛇掃處斷復續，貙虎圍成呀且攫。共貪終歲飽麰
麥，豈恤空林飢鳥雀。沙墀朝賀迷象笏，桑野行歌没芒屩。乃知一雪
萬人喜，顧我不飲胡爲樂。坐看天地絶氛埃，使我胸襟如洗瀹。脱遺
前言笑塵雜，搜索萬象窺冥漠。潁雖陋邦文士衆，巨筆人人把矛槊。
自非我爲發其端，凍口何由開一噱。①

以及蘇軾《聚星堂雪並引》：

窗前暗響鳴枯葉，龍宮試手初行雪。映空先集疑有無，作態斜飛
正愁絶。衆賓起舞風竹亂，老守先醉霜松折。恨無翠袖點横斜，祇有
微燈照明滅。歸來尚喜更鼓永，晨起不待鈴索掣。未嫌長夜作衣稜，
却怕初陽生眼纈。欲浮大白追餘賞，幸有回飆驚落屑。模糊檜頂獨多
時，歷亂瓦溝裁一瞥。汝南先賢有故事，醉翁詩話誰續説。當時號令
君聽取，白戰不許持寸鐵。②

所謂“禁體物語”或“白戰體”即源於歐、蘇二人的這兩首詩。“白戰”
就是赤手空拳的肉搏戰，手無寸鐵，短兵器也不能用。戰鬥不許使用兵
器，用以比喻寫“體物詩”不能用“體物語”，也就是比喻咏雪詩不能用
那些常用來咏雪的字眼。換句話説，如果你在詩中用玉、月、梨、梅、
練、絮、白、舞、鶴、鵝、銀這類字中的任何一個，就算手中有了兵器，
至少是有了“寸鐵”③。寫作這類詩，其意義在於“於艱難中特出奇麗”，
也就是人爲地設置“障礙”，堅決不用熟悉和容易的字眼，在極度困難的
語言選擇中，使詩歌産生出一種奇特而新鮮的美感。

關於歐陽修和蘇軾這兩首“白戰體”詩的寫法，學界已有詳細的討
論，故本文不再贅述④。而居簡的這兩首“白戰體”詩，正是對歐、蘇作
品的次韻。因此，本文主要關注的是居簡如何模仿蘇軾創作“白戰體”。

首先，居簡在描寫手法上模擬歐、蘇，由物及人。比如第一首詩，居
簡也是從大雪降臨寫起，描寫大雪的彌漫，充塞天地，以及天明時雪的炫
目和夜燈下雪的閃爍，描畫了大雪覆路、大雪壓枝、寒水結冰等雪中景

① 歐陽修《歐陽修全集》卷五十四，李逸安點校，北京：中華書局，2001年，第764頁。
② 《蘇軾詩集》卷三十四，第1813頁。
③ 周裕鍇《白戰體與禁體物語》，《古典文學知識》2010年第3期。
④ 程千帆《被開拓的詩世界》，石家莊：河北教育出版社，2001年，第62~81頁。

象。接着寫人們不畏寒冷，在雪中的展開各種活動，刻畫了人們在聽到爆竹聲後，更期待穿上草鞋，趕快迎接春天的心理。所以作者認爲大概人們耐寒勝過耐熱，因而苦飢之人也敢在雪天行歌，慶賀豐年的到來。最後，作者由外向內，描寫自己燒水煮茶，默默地觀照外界，感慨自然萬物的變化真如游戲一般。

其次，居簡在寫作技巧上效仿蘇軾巧妙用典，以規避禁用詞語。比如第二首詩，居簡采用不少典故。譬如爲了規避雪花，他采用"六花"替代。在表現自然被大雪覆蓋的場景上，爲了不落俗套，也爲了和前詩體現出不同，他采用擬人兼用典的方法，描寫白雪覆山和大雪壓竹。更巧妙的是，居簡用車胤囊螢的典故，點化鄭谷《雪中偶題》"亂飄僧舍茶煙濕"之句、柳宗元《江雪》"孤舟蓑笠翁，獨釣寒江雪"之句等等與雪有關的典故，從而輕易規避了禁忌的詞彙。結尾處還運用鄒衍"六月飛雪"的典故，以及杜甫《茅屋爲秋風所破歌》的詩句，將粗人的豪奢和詩人的貧賤鮮明對比，展示自己對文人生活窘迫的憤憤不平，使這首本來出於游戲目的、挑戰自我智力極限的作品，在思想領域產生了升華。

再次，居簡的這兩首"白戰體"詩，不僅展現出深厚的學識，也說明南宋中後期文學僧，在知識水平及創作水平上對宋初詩僧的超越。譬如，宋初"九僧"與進士許洞賦詩，給人留下了"詩僧"知識貧乏的印象。其實，許洞要求他們的，乃是不許涉及自然界中的習見之物，並未達到"白戰體"不許用傳統巧似手段去形容自然風物的難度①。可是，他們連這種難度都無法超越，足以說明宋初詩僧的知識、創作水平低下。但是到了南宋後期，像居簡這樣的僧人，已能在規則如此複雜、難度如此之大的條件下，憑借自己深厚的學識底蘊，挑戰一般士大夫都不敢涉及的詩歌體裁。這說明經過宋代文化的百年熏陶，僧侶的創作水平已有了質的飛躍，也表明了此時的文學僧，在知識儲備上更趨"士大夫化"。

儘管寶曇和居簡在接受蘇軾詩歌的取向上各有不同，但是，二人在詩歌用典上却有個相同之處，那就是用典喜歡用切合對象身份，而這一手法也是蘇軾"元祐體"詩歌的一大特色。清人趙翼謂：

> 宋人詩與人贈答，多有切其人之姓，驅使典故爲本地風光者。如

---

① 《被開拓的詩世界》第71頁。

東坡與徐君猷、孟亨之同飮，則以徐、孟二家故事，裁對成聯；送鄭
戶曹，則以鄭太、鄭虔故事，裁對成聯；又戲張子野娶妾，專用張家
事點綴縈拂，最有生趣，……皆以切合爲能事。①

寶曇用典效仿此法，如《送王性之子仲言倅公赴泰州》"山陰故侯家，受
射幾世世。袖有換鵝經，父子固多藝。日高卧東床，吾祖得佳婿"之句，
詩題中的王性之是王銍，而仲言是其次子王明清。寶曇以東晋王羲之父子
比附王銍父子，這種用典將贈別對象與其古代同姓先賢相比擬，不僅是贊
揚其高尚的人品，還能借此説明其榮耀的家世。又如《上劉左史二首》其
一"鄴下家聲晚更高，南朝徐庾總爾曹"之句，以建安七子之一的劉楨比
附劉左史，稱贊其詩才之高，家學淵源，也是自然貼切。可見，寶曇深得
東坡用典妙處。

居簡也注重用典切合對象身份。我們不妨從以下的詩句來瞭解。如
《送陳紫薇分韻得壽字》"況復湖海豪，不在曹劉後"二句，此典出自《三
國志·魏書·陳登傳》"陳元龍湖海之士，豪氣不除"。這就是用典切合對
象身份，即以古代同姓先賢陳元龍比附贈詩對象陳紫薇（陳卓）。再如
《劉簿分賜茶》"君家阿伶兩眼花，以德頌酒不頌茶"之句，借"竹林七
賢"的劉伶比附賜茶給他的劉主簿。又如《送常德徐使君兼簡李伯達》
"孺子老蹣跚，尊前小謫仙"之句，則以東漢高士徐稺比附徐使君，以李
白比附李伯達。可見，居簡也得蘇軾詩歌用典的精髓。

三、寶曇、居簡詩歌"學蘇"原因辨析

蜀僧寶曇、居簡大力學蘇，模仿、借鑒蘇軾詩文，這固然得益於南宋
初期"最愛元祐"的政治因素影響，但是，我們以爲寶曇、居簡選擇蘇軾
作爲典範，同樣有着其他因素的作用。

首先，追慕本鄉先賢的心理，促使他們學習和繼承蘇軾詩歌的傳統。
祝尚書先生認爲宋代巴蜀作家尊重鄉邦文獻，對本鄉先賢充滿景仰之情。
尤其是蘇軾，以後學習蘇文，代有其人②。寶曇、居簡都是蜀人，他們對

---

① 《甌北詩話》第176頁。
② 祝尚書《宋代巴蜀文學通論》，成都：巴蜀書社，2005年，第524頁。

蘇軾的景仰與其他蜀士是一樣的，這在居簡的詩文中即可一見，如居簡的《東坡畫像贊》：

> 帝衰先生，爲天下忌。速反其轅，卒不憖遺。遂騎箕尾，而分天章。雲漢昭回，衣被八荒。載馳六丁，收拾文字。神京遐陬，旁羅曲致。落人間者，太山毫芒。寒者綺紈，餒者稻梁。取彼譖人，投畀豺虎。既梁其鱐，而紈其袴。褰以人爵，俾敏厥修。息公之譖，承天之休。①

我們僅從“取彼譖人，投畀豺虎”二句，就可以看出居簡對蘇軾的景仰有多麼深厚，對進讒言構陷蘇軾的小人有多麼痛恨。居簡本是僧人，似乎不該關心俗世的政治鬥爭，因此，他這種強烈的愛憎之情，就説明居簡同富有正義感的士大夫是同道的。

其次，寶曇、居簡模仿蘇詩也離不開蜀學傳統，即蘇氏蜀學的影響，因爲蜀學與文學僧雙方在思想理念上存在着共識。一方面，蜀學注意融合而不是批判佛老思想②，這是蜀學對待佛教思想不同於宋儒其他流派的地方。蜀學顯然更容易受到佛門弟子的青睞。所以，寶曇、居簡在這點上對蘇軾必大有好感，故模擬其創作。另一方面，蜀學崇尚文以明道，這與禪宗“文字禪”理念相通。因而，蘇詩獲得了寶曇、居簡等文學僧的認可與追隨。關於蜀學或蘇軾的文道觀，朱熹曾批評説：“其詞意矜豪譎詭，吾弟讀之愛其文詞之工，而不察其義理之悖。”③ 這是朱熹對蜀學的不滿之辭。美國漢學家包弼德（Peter K. Bol）却認爲：“蘇軾把寫作看作是表達對事物的看法的載體，……寫作使得那些難於瞭解和定義的觀念有可能被細膩地表達出來。”④ 這種看法與宋代禪宗流行的“文字禪”觀念非常接近。文字禪主張詩歌文字即是禪理的一種表現，或詩歌可以包容禪理，禪理就在詩歌之中⑤。因此，僧侶寫詩不但不是對禪理的危害，而是對禪理的發揚。這就打破了僧人作詩犯綺語口業的禁忌，從而爲文學僧自由寫作

---

① 《北磵文集》卷六，《景印文淵閣四庫全書》第 1183 册，第 369 頁上。

② 粟品孝《朱熹與宋代蜀學》，北京：高等教育出版社，1998 年，第 13 頁。

③ 朱熹《晦庵集》卷四十一，《景印文淵閣四庫全書》第 1143 册，第 193 頁下。

④ 包弼德《斯文：唐宋思想的轉型》，劉寧譯，南京：江蘇人民出版社，2001 年，第 308 頁。

⑤ 周裕鍇《文字禪與宋代詩學》，北京：高等教育出版社，1998 年，第 29～30 頁。

開方便之門。寶曇、居簡熱衷寫作正是"文字禪"思想的反映。所以，在思想理念上禪僧無疑與蘇氏蜀學同道。以寶曇爲例，他所結交的士大夫，有不少是蘇氏蜀學的支持者，比如李石、汪應辰。尤其是汪應辰，他曾與朱熹就蜀學展開激烈辯論，更有趣的是，汪的兩位老師呂本中、張九成，又是大慧宗杲的世俗弟子，而張九成和宗杲也是蘇軾的支持者。可見，寶曇、居簡接受蘇軾詩文，又離不開蜀學傳統及身邊認同蜀學理念的士大夫影響。

再次，蘇軾與宋代臨濟宗淵源深厚，也影響寶曇、居簡接受蘇軾爲創作的典範。就蘇軾而言，蘇軾本人就被列爲臨濟宗東林常總禪師的法嗣。而且，他又與臨濟宗的寶峰克文禪師有交情。對南宋臨濟宗而言，他們對蘇軾也是非常推崇的，比如大慧宗杲，當時就曾流傳他是"東坡後身"的傳説①。儘管傳説是離奇的、荒誕的，但宗杲對蘇軾的尊敬卻是無庸置疑的。而宗杲又是寶曇的老師，居簡的師祖。因此，兩人必然在宗杲的影響下，對蘇軾同樣生發出類似的感情，從而選擇蘇軾作爲自己的典範。

結　論

寶曇、居簡兩代臨濟宗文學僧都以蘇軾爲典範，他們在詩歌創作上模仿蘇軾，"以交際爲詩""以競技爲詩""以才學爲詩"，形成了近似蘇軾"元祐體"詩歌的風格。這爲我們當前的宋代文學僧研究，提供了一些新的體認：

首先，根據我們以往的印象，"僧詩"大都近似"晚唐體"，其風格多被形容爲"蔬笋氣"或"酸餡氣"。但是，寶曇、居簡的詩歌，無疑顛覆了我們這種傳統印象。他們的作品説明唐宋時期的"僧詩"，在風格上絕非一枝獨秀。因此，我們有必要對"僧詩"風格的界定進行修正。也就是説，中唐至晚宋時代的"僧詩"不都是近似"晚唐體"者。在此之外，還有接近蘇軾"元祐體"的"僧詩"存在。

其次，寶曇、居簡以蘇軾爲典範，對我們考察宋代詩與禪的關係，有重要價值。宋代士大夫的詩歌寫作，與其參究禪宗宗風、受其話語方式的

---

① 趙與旹《賓退録》卷四，上海：上海古籍出版社，1983 年，第 52 頁。

影響密不可分①。這是我們以往探討宋代詩與禪的關係時主要的研究方向。但是，由於過度關注這一方向，導致我們對另一方向的情況有所忽視，即禪宗僧侶參究士大夫詩歌的情況。而寶曇、居簡詩歌的存在，表明禪僧的詩歌創作，也是受到士大夫影響的，這種影響反映了士大夫詩歌對禪僧的創作，同樣發揮了巨大作用。士大夫的詩歌珍品，又回饋到禪門，成爲文學僧的文學“經典”。

最後，寶曇、居簡的詩歌創作，形象地詮釋了南宋文學僧的“士大夫化”現象。儘管海內外許多學者都曾指出宋代僧人普遍存在士大夫化的傾向，然而，過往的研究在探討該現象時，過度集中于北宋僧人，對南宋僧人較爲忽略；在談論僧侶身上的士大夫特徵時，往往注重探究僧侶對儒學經典的接受情況，而較少考慮僧侶對文學典範的選擇。但宋代僧侶閱讀儒家經典和模擬文學典範，適爲一事之兩面。這些都是士大夫化的重要表徵。透過寶曇與居簡的詩歌創作，我們瞭解到他們無論在思想傾向，還是創作取向上，與宋代士大夫的道德準則和審美趣味基本一致。因此，以後我們在研究宋代僧侶的文學創作時，還要充分地考慮到宋代禪僧與宋代士大夫精神世界的聯繫，不能忽視該群體創作所體現的士大夫化傾向。

---

① 周裕鍇《法眼與詩心：宋代佛禪語境下的詩學話語建構》，北京：中國社會科學出版社，2014 年，第 91 頁。

南宋的"小佛事"四六

——以石溪心月《語録》《雜録》爲中心

王汝娟

復旦大學出版社

摘　要：南宋禪僧的語録中，出現了不少"小佛事"四六，構成禪四六的一個重要門類，並傳播到日本。其寫作並非遵循一定程式，體制較爲寬鬆，文體面貌與一般駢文有較大差異，呈現出明顯的世俗化特徵。"小佛事"四六是儒家孝道觀念影響下的産物，而它表現出的文體特徵則是禪宗文化、禪宗文學受庶民文化、通俗文學之影響的結果。

關鍵詞："小佛事"四六；文體特徵；思想史背景；通俗文學

筆者曾在拙作《南宋禪四六論略》[①]一文中，提到在南宋的"禪四六"裏面，有一類起龕、挂真、下火、起骨、入龕、指路、入塔等禪門特有的喪葬儀式上所用的文書，即"小佛事"四六。此類文體多見於禪師語録中，譬如《無準師範禪師語録》《石田法薰禪師語録》《希叟紹曇禪師語録》等。而石溪心月[②]的《石溪心月禪師語録》卷下"小佛事"中收録了《石田和尚入祖堂》《無準和尚入塔》《昭覺土庵圭和尚起骨》《智回首座鎖龕》《吉州信上座下火》等20篇與喪葬行儀有關的四六文，《石溪心月禪師雜録》之"小佛事"中收録了《第一移龕》《第二鎖龕　仙上坐》《第三

---

① 載王水照、侯體健主編《中國古代文章學的衍化與異形》，上海：復旦大學出版社，2013年。

② 石溪心月（？—1254），眉州青神王氏子，嗣法掩室善開。歷住建康報恩、能仁、蔣山、平江虎丘，又住錢塘靈隱、徑山。理宗賜其"傳衣石溪"御書，並賜號佛海禪師。

挂真 石田和尚》《第四舉哀 無準和尚》《第五奠茶 鐵塔長老》《爲坦都莊下火》《圓覺講主起靈》等 49 篇此類四六文(其中部分僅存篇名而無正文,故實際數量爲 44 篇)。兩者合計,共有 69 篇。從整體上來看,石溪心月創作的此類四六數量最多,編排體式也最爲齊整,故而不妨以他爲例來對這種"小佛事"四六進行初步考察。

一、"小佛事"四六之文體形成與確立

在考察"小佛事"四六文之前,首先有必要簡單看看何謂"小佛事"。據筆者目前所掌握的資料,"小佛事"一語最初是出現在南宋時代的禪師語錄中,其下收錄的無一例外都是下火、起骨、秉炬、鎖龕等與喪葬行儀有關的文書。因而我們可以推測,"小佛事"或許專指這些喪葬儀式中各個環節的種種行事。

北宋長蘆宗賾所編《禪苑清規》中雖然沒有明言"小佛事",但卷七"尊宿遷化"條明確規定了高僧圓寂後喪葬行儀的具體過程,謹引長文如下:

> 如已坐化,置方丈中,香花供養。以遺誡偈頌貼牌上,挂靈筵左右。於衆尊宿中請法屬一人爲喪主,如無法屬,則請自餘住持尊宿。然後修寫遺書,報官員、檀越、僧官、鄰近尊宿、嗣法小師。親密法屬,請僧分頭下書。三日後入龕,如亡僧法。入龕時,請尊宿一人舉靈座(當有法語)。法堂上西間置龕,東間鋪設臥床衣架、隨身受用之具,法座上挂真。法堂上用素幕白花燈燭供養之物,真前鋪道場法事。小師在龕幃之後幕下,具孝服守龕。法堂上安排了,喪主已下禮真訖,然後知事、頭首、孝子、大衆與喪主相見。喪主已下次第相慰。如有外人吊慰,外知客引到堂上,内知客引於真前,燒香致禮竟,與喪主、知事、首座相看,却來幕下慰孝小師,然後却來與喪主茶湯,外知客送出。如有致祭,於真前陳設。若不將帶讀祭文人來,即本院維那、書記代讀。送葬之儀合備大龕,結飾臨時並真亭香亭法事花幡。起龕之日,本院隨力作一大齋,視施重於尋常。至時請尊宿一人舉龕(當有法語),孝子並行者圍繞龕後,次喪主已下送孝人及本院大衆等相繼中道而行,官員施主在大衆左右並行,尼師宅眷隨在

末後送葬。若焚化，即請尊宿一人舉火（當有法語）。若入塔，即請尊宿一人下龕（當有法語），又請尊宿一人撒土（當有法語）。然十念等如亡僧之禮，本院應散念佛錢。歸院，請尊宿一人挂真（當有法語），且就寢堂內安排。喪主已下禮真，相慰而散。知事、頭首、孝子等早暮赴真前燒香，及齋粥二時隨眾供養。候新住持人入院有日，則移入真堂。其入龕、舉龕、下火、下龕、撒土、挂真，並有乳藥，喪主重有酬謝。①

《禪苑清規》成書於北宋崇寧二年（1103），因此尊宿遷化後一系列隆重的喪葬儀禮應該在此之前就已經形成和存在。《禪苑清規》在一些環節中，譬如舉靈座、舉龕、舉火、下龕、撒土、挂真等，屢屢言及"當有法語"，然而我們翻閱唐代禪師的語錄及其他著作，却並沒有看到這類"法語"，它們直到北宋時代的禪師語錄中纔開始出現，至南宋時則已然蔚爲大觀。例如"下火"，下火法語最早出現在五祖法演（？—1104）的《法演禪師語錄》中，但其中收錄的這兩段法語僅有短短數句，且同其他上堂法語等被一起編錄於"次住太平語錄"，並未單獨列出②；再譬如"挂真"，挂真法語最早見於《續古尊宿語要》所收龍門清遠（1067—1120）禪師語錄，篇幅比前者稍長，但同樣也被混雜於其他法語之中③。這表明，此類與喪葬儀式有關的法語在形成之初很有可能是以即興的口頭創作來完成的，尚未形成固定的格式與體制，具有相當的隨意性。

管見所及，此類法語最早以單獨篇目的形式出現，是在圓悟克勤（1063—1135）的《圓悟佛果禪師語錄》中。其卷二十收錄了"偈頌""真贊""雜著""佛事"四類著述，其中"佛事"包括《爲智海法真和尚入龕》《爲佛眼和尚舉哀》《爲佛眼和尚下火》《爲妙禪人下火》《爲佛真大師下火》《爲範和尚下火》《爲亡僧下火》等七篇文章④。從文體來看，它們基本上可歸入駢文範疇。這一方面可以說明"小佛事"四六作爲一種專門

① 釋宗賾《禪苑清規》卷七，鄭州：中州古籍出版社，2001年，第95～96頁。
② 見釋才良等編《法演禪師語錄》，《大正藏》第47卷，臺北：佛陀教育基金會出版部，1990年。
③ 見釋師明集《續古尊宿語要》卷三《佛眼遠禪師語》，《卍續藏經》第118册，臺北：新文豐出版社公司，1993年。
④ 見釋紹隆等編《圓悟佛果禪師語錄》，《大正藏》第47卷。

和獨立的文體在此時已經形成，並且有了規定的名稱（雖然在《圓悟佛果禪師語錄》中尚被稱作"佛事"，"小佛事"之名則要待稍晚纔有）；另一方面也可説明它們已經脱離了禪師口頭創作的形態，在相當場合已經轉變爲一種書面化寫作了。

自圓悟克勤之後，此類四六文在禪師語錄中頻頻出現，一直綿延至元、明、清時代；並且在大多情況下都冠以"小佛事"之統一稱呼，是爲定例。南宋時在自己的語錄中留下這類"小佛事"四六的禪師，主要有石田法薰（1171—1245），存 18 篇；無準師範（1178—1249），存 17 篇；石溪心月（？—1254），存 69 篇；西巖了惠（1198—1262），存 20 篇；虚舟普度（1199—1280），存 12 篇；斷橋妙倫（1201—1261），存 19 篇；環溪惟一（1202—1281），存 11 篇；絶岸可湘（1206—1290），存 16 篇；希叟紹曇（？—1297），存 49 篇；月磵文明（1231—？），存 20 篇；等等。這從一個側面證明，此類四六在南宋時代（尤其是南宋中後期）是相當流行的，我們有必要把它們作爲一種專門的四六文類來進行探討。

另外值得一提的是，"小佛事"四六不僅是宋代以來中國禪僧著述的一個專門文類，同時還傳播到日本。南宋時代，中國禪宗經由渡海的兩國僧人而傳到日本，在異域生根發芽。一方面宋代的禪門清規、寺院建制等制度層面的軌則爲日本禪林所借鑒，另一方面中國尊宿所創作的語錄、詩文、筆記等禪文學也成爲日僧學習的典刑，因而"小佛事"四六亦屢屢可見於日本禪僧的語錄或文集中。譬如日僧天岸慧廣（1273—1325），其《東歸集》分爲"偈頌""讚""小佛事並序引"等部分；元初渡日禪僧清拙正澄（1274—1339），其《禪居集》分爲"諸體混""佛祖讚""自讚小佛事""題跋"等部分[①]。由此可見，他們亦是將"小佛事"四六當作一個專門和獨立的文類來對待的。

二、"小佛事"四六之文體特徵

以上簡要梳理了"小佛事"四六文體的形成和確立過程，可以肯定它作爲一種獨立文體，其存在是確鑿無疑的。但是就筆者管見，在宋代以來

---

① 二書並收於上村觀光編《五山文學全集》卷一，京都：思文閣，1992 年。

的中國文章學著作中，並未有隻言片語對之有所論及。而日本光丘文庫藏有《四六文章圖》，據其卷末所附跋語，它成書於寬文六年（1666），編撰者爲大顛梵通。這是一本分門別類講述各種四六文寫作要領的文章學著作，其卷五《禪家四六並偈頌類》中，專立"七佛事並圖"一條。所謂"七佛事"，書中説明爲："一曰鎖龕，二曰挂真，三曰起龕，四曰奠湯，五曰奠茶，六曰下炬，七曰念誦。或維那也，減鎖龕、挂真，謂五佛事；減鎖龕、挂真、起龕、念誦，謂三佛事；加取骨、安骨，謂九佛事也。"① 可見"七佛事"實際上就是本文所探討的"小佛事"。"七佛事並圖"一條詳述此類"小佛事"四六文的體制規範，並配以圖解，非常直觀。我們不妨以《四六文章圖》爲參照，來看看以石溪心月之作爲代表的南宋"小佛事"四六之文體特徵。

《四六文章圖》首先規定了各類"小佛事"四六在内容上的寫作程式，譬如其中論鎖龕之"二用三法"：

鎖龕二用

一曰放行，二曰把住。分全體於二段，而先放行，後把住。

鎖龕三法

一曰仁，二曰死，三曰活。此外加静意也。

再如論"下炬五要"：

一曰德，二曰死，三曰哀，四曰活，五曰奠。此五要必非不用之，是下炬肝要也。

諸如此類，等等。雖然我們現在已難以知曉"放行""把住""仁""死""活""德""哀""奠"等的確切要領，但很顯然這些規定了内容方面的套路，寫作者只要按照這幾個固定的方面去謀篇布局即可。

除了内容之外，《四六文章圖》還對"小佛事"四六的對仗、用韻、句式等作了詳盡的規範，並配以直觀的圖解，例如其中的"挂真式並圖"條：

先頌，次八字稱，又次隔對一連、直對一連或二連，又隔對一

---

① 大顛梵通《四六文章圖》卷五，日本光丘文庫藏。下引該書材料均自此，不再一一出注。

連、直對一連或二連，次正與麼時，如此書。而又直對一連或隔對，次隔對一連或直對，次散文或二十三四十字，用脚韻，次落句，是古語著語類也，次一字關，或指空，或段段橫樣不一樣。

略則先頌，次八字稱，又次隔對一連、直對一連或散文，次落句、一字關。

又曰，先頌，次八字稱，次散文，次落句，次一字關。

又曰，先頌，次散文，次落句，次一字關。

鎖龕、起龕、奠湯、奠茶、下炬、拈香，略則有三法，皆如此。

可見它對格式的規定非常細緻，不僅提供了“挂真”四六的一般性寫法，還提供了三種簡略性寫法；圖解部分，則主要是規定了“挂真”四六的句法與平仄。限於篇幅，這裏僅舉其中一簡略圖（按日人習慣，○表示平聲字，●表示仄聲字，◎表示可平可仄）：

```
頌      ◎◎◎●●◎◎韻◎●◎◎◎●◎韻
        ◎●◎◎◎●●　◎◎◎亦◎●●◎◎韻

夫惟某名  ◎◎◎●八字稱
          ◎●◎◎同

重隔◎◎◎◎◎◎不限重隔　◎◎◎●
句    ◎◎◎◎◎●句　◎◎◎◎同
直對◎◎◎◎◎●　◎◎◎◎同
散文   ——或二十三四十字用脚韻
落句◎◎◎◎◎◎◎◎同　是古語也
    ◎一字關
```

其他“鎖龕”“下火”“起龕”等條目亦與此類似。

以上爲《四六文章圖》對於“小佛事”四六寫作的內容和格式兩方面的理論性總結。那麼南宋時代創作的實際情況，又是如何呢？

總的來看，我們現在所能看到的南宋“小佛事”四六，無論是內容還是體制皆十分寬鬆隨意，完全循規蹈矩者少之又少。它們大部分屬於簡略式，篇幅較爲短小。其內容上的要求——譬如鎖龕“二用三法”、下炬“五要”等，往往並不遵循。相對而言，《四六文章圖》所規定的開頭“頌”的部分，南宋的“小佛事”四六基本都符合。此或許是因爲以韻語開篇，讀起來朗朗上口，正與這類四六文口頭宣讀的需要相契合。而在"對"的部分，實際上它們並不講究嚴格的對仗，對偶較爲寬鬆。此外無論是駢儷部分還是散文部分，都采用大量的白話、俗語，較少使用典故，與傳統四六文之典麗莊重、文質彬彬的面貌迥然不同。試看石溪心月的《第三挂真　石田和尚》：

> 南山片雲，西湖滴水。面目全彰，何處回避。謂是石田老人，千里對面；謂非石田老人，對面千里。是耶非耶，（乃展真云：）總在者裏。休論漚滅漚生，愛取清風匝地。①

對照上文所引的《四六文章圖》之"挂真式並圖"，很顯然這篇《第三挂真　石田和尚》大致是采用了其中的簡略性寫作法則。但它也並未完全遵循法則，結尾處並沒有所謂的"一字關"。再如其《清净燈首座撒骨》：

> 石城頂顧望鄉園，目力窮時却宛然。江國春風忽吹散，不知消息落誰邊。（舉骨云：）個是清净爐鞴裏，千煅萬煉底燈首座。一把靈骨，堅如金石，瑩若冰霜。放去則包括十虚，收來則總在者裏。平生道義，末後黌緣。落在天寧手中，且道如何安著？區中日月不及處，方外乾坤自卷舒。②

這也是一篇依照簡略法則寫作的"撒骨"四六。它以一首七言四句頌領起，韻脚爲"園""然""邊"，音韻鏗鏘，適於口頭念誦。下面駢偶句，譬如"放去則包括十虚，收來則總在者裏""區中日月不及處，方外乾坤自卷舒"二句，"包括/總在""十虚/者裏""不及處/自卷舒"這些詞語在詞性、語義或結構上對仗並不嚴格。文中還出現了不少口語詞，如"個是""底""一把靈骨""總在者裏"等。總而言之，它通篇帶給我們的是強烈的世俗化印象，而不是典雅的書卷氣息。南宋的其他"小佛事"四六亦大多類此，"破體"的特徵極爲明顯。概言之，它們或可稱爲"世俗化的四六"。

那麼造成這一現象的根本原因，究竟是禪僧學識與寫作水平的限制，還是說有更深層的思想背景？通過對南宋禪僧寫作的其他作品——詩歌、

---

① 釋心月《石溪心月禪師雜録》，《卍續藏經》第 123 册，第 145 頁。
② 釋心月《石溪心月禪師雜録》，《卍續藏經》第 123 册，第 151 頁。

古文、一般性駢文、筆記等的觀察，我們完全有理由相信，南宋禪僧的學識與文才，總體上來説遠遠超越了唐代和北宋，其水平與士大夫文人可以説難分伯仲。由此可以推斷，這種"小佛事"四六之世俗化面貌的形成，並非由於他們寫作水平的客觀因素牽制。南宋禪僧向庶民世界的融入、禪宗文學與通俗文學的互相滲透，纔是形成這一面貌的深層要因。此將在下一部分詳述。

三、"小佛事"四六之形成及文體特徵的思想史背景考察

永井政之在《中國佛教成立的一個側面——中國禪宗葬送儀禮之成立與展開》一文中指出："因親近者的死亡而感到悲傷，是超越了時代、民族和階級的一種共通情感。一個宗教如何對待死亡，在某種意義上可以説決定了它將來的走向。"① 筆者在拙作《南宋禪四六論略》中曾論及，南宋禪四六的成熟繁榮及其所表現出的文體特徵是禪宗同時走向士大夫化與世俗化的結果——一方面朝廷等世俗權力努力納禪宗於統治秩序，禪宗積極向世俗權力靠攏，另一方面禪宗與庶民世界的聯繫也越來越密切。"小佛事"四六作爲禪四六之一種，理所當然也符合這個大趨勢。具體來看，禪門種種"小佛事"喪葬行儀之本身以及"小佛事"四六文的形成是受儒家孝道觀念影響的産物，而"小佛事"四六文表現出的文體特徵則是禪宗文化、禪宗文學受庶民文化、通俗文學之影響的結果。

永井政之在另一篇論文《孝服與禪僧——圍繞〈禪苑清規〉之尊宿喪法》裏提到，禪門喪儀的成文化，即始自此《禪苑清規》；此類種種行儀規矩，顯然是受儒家葬送禮儀的影響②。成河峰雄《禪宗的喪葬儀禮》也指出，《禪苑清規》記載的入龕、舉龕、下火、挂真等葬送儀禮爲"儒家禮儀的禪宗叢林化"，它"並沒有表明佛教的或者禪宗的生死觀"③。的確，在佛家的固有觀念中，人的身體由地、水、風、火所謂"四大"構

① 永井政之《中國佛教成立の一側面——中國禪宗における葬送儀禮の成立と展開》，《駒澤大學佛教學部論集》第 26 號，1995 年。
② 永井政之《孝服と禪僧——〈禪苑清規〉尊宿喪法をめぐって》，載《禪學研究の諸相——田中良昭博士古稀紀念論集》，東京：大東出版社，2003 年。
③ 成河峰雄《禪宗の喪葬儀禮》，《禪研究所紀要》第 24 號，愛知學院大學，1996 年。

成，而"四大皆空"，人死後即進入下一個輪回。所以佛家反對厚葬以及繁瑣的喪葬禮儀，《佛說無常經》中就說僧人圓寂後，先以誦經、散花、燒香供養，"然後隨意，或安窣堵波中，或以火焚，或尸陀林乃至土下"①。由此可以看出本來的佛門喪葬雖然也有一些行儀，但這些行儀都是不成體系和極爲簡潔隨意的。儒家的喪葬則不同。正如《論語·爲政》中所說的"生，事之以禮；死，葬之以禮，祭之以禮"，無論生死皆講究一個"禮"字，而"禮"的直接外在體現即是儀式。儀式越莊重、越繁瑣，"禮"也就越高級、越周全。《禮記》之《喪服小記》《喪大記》《祭法》《祭統》《奔喪》《問喪》等篇章就記錄了儒家繁瑣的喪葬儀式。從前引《禪苑清規》可以看出，禪林舉行種種"小佛事"過程中的請喪主、具孝服、各方吊唁、讀祭文等等，顯然基本上是儒家葬送禮儀的移植。且從思想史上來看，南宋正處於"儒佛合流"的大語境下，禪門主動援用儒家行儀也是順理成章之事。因此，儒家的孝道文化是孕育"小佛事"以及"小佛事"四六文的最根本土壤。那麼這一文體形成之初及定型以後，爲什麼會以本文第二部分所描述的那種世俗化面貌呈現？筆者認爲，此乃南宋禪宗與庶民文化相融合的産物。

宋代民間的説唱藝術十分發達，有小説、説經、講史、合生等所謂的"説話四家"。其中的"説經"即僧人向市井大衆演說佛經故事，是一種專門的僧人説唱。回憶南宋臨安風華的筆記《武林舊事》記載的"説經"藝人名單中，有長嘯和尚、達理和尚、周春辯和尚等，"説諢話"名單中有蠻明和尚、陳機和尚等②。《夢粱錄》之"小説講經史"條則云"談經者，謂演說佛書。説參講者，謂賓主參禪悟道等事。有寶庵、管庵、喜然和尚等"③，等等。當然僧人從事此類説唱活動的現象並非自宋代纔開始出現，南朝梁代《高僧傳》中就有十餘位"唱導僧"之傳，敦煌文獻中也有不少與佛教有關的"俗講""變文"等；但可以肯定的是，隨着商品經濟的發達和庶民文化的繁榮，僧人的這一説唱職業及其相關活動在南宋達到空前活躍。加之南宋駐蹕臨安，我們從《武林舊事》《夢粱錄》《都城紀勝》等

---

① 釋義净譯《佛說無常經》，《大正藏》第 17 卷，第 747 頁。
② 周密《武林舊事》卷十下，北京：中華書局，1991 年。
③ 吳自牧《夢粱錄》卷二十，杭州：浙江人民出版社，1980 年，第 196 頁。

專門描寫南宋都城的筆記中就可以看出當時臨安市井文化之繁榮。湊巧的是，上文提到的南宋寫作"小佛事"四六數量較多者——石田法薰、無準師範、西巖了惠、虛舟普度、斷橋妙倫、環溪惟一、絕岸可湘、希叟紹曇、月磵文明等，均爲臨安及其周邊地區的禪宗僧人，石溪心月同樣也不例外。

雖然目前筆者尚未發現有直接的證據能證明"小佛事"四六是受到了當時民間説唱藝術的影響，但從以上揭示的"小佛事"四六的文體特徵，可看出它的形成、成熟是禪宗與庶民文化相融合的産物。首先，進行此類"小佛事"活動似乎並非是一種"正統"行爲，而多少有些"另類"的意味，《西湖游覽志餘》就記載："濟顛者，本名道濟。風狂不飭細行，飲酒食肉，與市井浮沈。人以爲顛也，故稱濟顛。始出家靈隱寺，寺僧厭之，逐居净慈寺。爲人誦經下火，累有果證。"① 道濟是南宋著名的癲狂僧，所事職業爲"爲人誦經下火"，可見此類活動頗有些離經叛道。第二是如上文所分析，它們在實際寫作時並不嚴格遵守四六文的文體規範，體制上十分寬鬆，相對而言却比較注重押韻，而且大量使用日常口語、俗語和白話，極少運用高深晦澀的典故，這些特徵皆十分符合"説唱"文學的要求。第三，從這些"小佛事"四六的文本來看，中間往往夾雜了不少提示動作（且這些動作常常帶有戲劇性）的語句，類似於戲曲表演的舞臺提示。譬如《石溪心月禪師語録》卷下收録的《吉州信上座下火》有"擲下火把云"，《遜水頭下火》有"以火劃一劃云"，《選塔主下火》有"以火打圓相云"；《石溪心月禪師雜録》收録的《第七對靈小參　爲净慈無極和尚》有"喝一喝""拈拄杖云""卓拄杖一下""良久云"等，可見禪僧在喪葬法事上念誦這些四六時伴隨有不少身體動作。第四，這些"小佛事"四六本由禪僧一人當衆念誦，但其中經常會突然出現其他人的問話，爾後念誦的禪僧往往以頗爲誇張或戲劇性的語句答之，十分類似於戲曲中的"插科打諢"。第五，因爲"小佛事"通常如《四六文章圖》所述有七個或九個環節，每個環節皆有相應的四六，從現存文獻來看每個環節相應的四六文通常由不同的禪僧分別念誦，這不難令我們在某種程度上聯想到民間的集體性歌謠活動。

---

① 田汝成《西湖游覽志餘》卷十四，杭州：浙江人民出版社，1980年，第244頁。

限於篇幅和目前所掌握的有限材料，本文難以對以上諸點展開具體論述，暫且先作簡單的概括性判斷，相關問題俟另作專文予以討論。

四、“小佛事”四六向庶民世界及通俗文學的滲透

“小佛事”四六本是僧人圓寂後，佛門中人在其喪儀的各個環節所作並加以念誦的具有一定格式的駢體文。也就是説，它產生之初的創作者是僧人，所面向的對象也是僧人。然而後來却出現了泛濫的情況，即其所針對對象逐漸擴展到了市井庶民，甚至還出現了爲動物、植物所作的此類文章，這可以説已經是一種筆墨游戲。此外宋元話本及明清小説也深受其影響，在這些通俗文學作品中往往可見其身影。

首先來看它向庶民世界泛濫的情況。《石溪心月禪師雜録》中，收録了《爲張府夫人余氏起棺並掩土》《郭公起靈掩土》《爲上海蔡府屬起靈並秉炬》《爲劉都鈐掩壙》等爲世俗在家人而作的“小佛事”四六。值得注意的是，雖然這些人可能具有官職，但從題目中“張府”“郭公”等這些稱呼來看，他們的官職可能並不高，或者亦有可能是地方鄉紳，因爲若他們官居高位的話，當會以官職稱呼之。這裏出現的“都鈐”，又稱“都鈐轄”“鈐轄”，北宋前期尚握有兵權，但隨着王安石新政中“將兵法”的實行，至南宋已經成爲一種虛職。因此，這些人與真正意義上的士大夫有一定距離，其身份中更多含有普通市民的性質。南宋筆記《中吳紀聞》卷六則有“周妓下火文”一條，載録了一篇一位姓周的名妓亡故後，名叫道川的僧人因時任當地太守的張紫微之命而作的“下火”四六①。這位周姓女子乃一位娼妓，道川却並不忌諱她的身份而爲之專門作文，由此不難想見本是佛門文書的“小佛事”四六向庶民世界的滲透程度。

《希叟紹曇禪師語録》中有《靈鷲爲猿下火》，這是一篇爲死去的猿猴作的簡短的“小佛事”四六：“紅樹棲雲，古藤挂月。捷影一飛，清吟三疊。直下息攀緣，死生心路絶。無復經行異類中，（擲火把云：）火聚何妨參勝熱。”② 陶宗儀《南村輟耕録》卷二十八則載録了一篇爲梅花作的

---

① 龔明之《中吳紀聞》卷六，上海：上海古籍出版社，1986年，第149頁。
② 釋自悟等編《希叟紹曇禪師語録》，《卍續藏經》第122冊，第184頁。

"下火"四六:"周申父之翰寒夜擁爐蓺火,見瓶内所插折枝梅花冰凍而枯,因取投火中,戲作下火文云:……"①

以上略舉了數例南宋時期"小佛事"四六的寫作對象由佛門僧人擴展至普通庶民,乃至出現爲動植物而寫的"戲作",這充分反映出它的蔓延範圍之廣。

與此同時,這一文體也滲透到了通俗文學之中。南宋話本《錢塘湖隱濟顛禪師語録》②中記載了濟顛圓寂後,衆長老爲其舉行喪儀,爲我們呈現了一系列較爲完整的各種"小佛事"四六文:

> 濟公寫畢,下目垂眉,圓寂去了。沈萬法大哭一場,衆官僧道俱來焚香。至三日,正欲入龕,時有江心寺全大同長老亦知,特來相送。會齋罷,全大同長老與濟公入龕。焚了香曰:
>
> "大衆聽著。纔過清和晝便長,蓮莟芬芳十里香。衲子心空歸净土,白蓮花下禮慈王。恭惟圓寂書記濟公覺靈,原係東浙高門,却來錢塘挂錫。參透遠老葛藤,吞盡趙州荆棘。生前憨憨癡癡,末後奇奇特特。臨行四句偈云,今日與君解釋:從前大戒不持,六十年來狼藉。囊無挑藥之金,東壁打到西壁。再睹舊日家風,依舊水連天碧。到此露出機關,末後好個消息。大衆且道:如何是末後消息?彌勒真彌勒,化身千百億。時時識世人,世人俱不識。咦!玲瓏八面起清風,大地山河無遁迹。"
>
> 全大同長老念罷,衆皆嘆賞。第二日啓建水陸道場,助修功德。選日出喪,届八月十六日百日之期,靈隱寺印鐵牛禪師與濟公起龕。禪師立於轎上,遞香云:
>
> (此處"起龕"四六文略)
>
> 印鐵牛長老念罷,衆圍頭做索起龕,扛至法陰寺山門下,請上天竺寧棘庵長老挂真。寧棘庵長老立於轎上,手持真容道:
>
> (此處"挂真"四六文略)
>
> 寧棘庵長老念罷,鼓樂喧天,迎喪入虎跑山門燒化。宣石橋長老

---

① 陶宗儀《南村輟耕録》卷二十八"蓺梅花文"條,上海:上海古籍出版社,2012年,第312頁。

② 關於《錢塘湖隱濟顛禪師語録》乃南宋話本之論斷,參朱剛《宋話本〈錢塘湖隱濟顛禪師語録〉考論》,《西南民族大學學報(人文社會科學版)》2013年第12期。

與濟公<u>下火</u>，手拿火把道：

（此處"下火"四六文略）

宣石橋長老念畢，舉火燒著，舍利如雨。衆僧拾骨，寧棘庵與濟公<u>起骨</u>道：

（此處"起骨"四六文略）

念罷，沈萬法捧了骨頭，寧長老道："貧僧一發與他送骨<u>入塔</u>。"道：

（此處"入塔"四六文略）

寧長老念罷，把骨送入塔了，回喪至净慈寺山門前。①

該段文字中囊括了入龕、起龕、挂真、下火、起骨、入塔等六種"小佛事"四六。通過這系列性的描述，各個環節的程序、人物、儀禮、動作等等一目了然；借由這樣極富戲劇性、表演性的具體語境，"小佛事"四六的世俗化特徵也呈現得極爲明顯。

明末馮夢龍編纂的白話短篇小説集"三言"中，《警世通言》卷七《陳可常端陽仙化》（又見於《京本通俗小説》，題作"菩薩蠻"）、《喻世明言》卷二十九《月明和尚度柳翠》、卷三十《明悟禪師趕五戒》（又見於《清平山堂話本》，題作"五戒禪師私紅蓮記"）裏也出現了三篇"下火"四六。關於這三種話本或擬話本，一般多傾向於認爲《陳可常端陽仙化》與《明悟禪師趕五戒》爲宋元作品，而《月明和尚度柳翠》出自明人之手②。也就是説，南宋"小佛事"四六在當時就被通俗文藝所吸收，成爲話本中的一個新鮮元素；之後它又一直在民間口耳相傳，至明代依然擁有生命力。這也恰恰表明，"小佛事"四六的形成及所具特徵是受了庶民文化、通俗文藝的影響，它形成之後又反過來影響了庶民文化、通俗文藝，因此它們之間的關係與作用是雙向的、相互的。

---

① 沈孟桦叙述《錢塘湖隱濟顛禪師語錄》，《卍續藏經》第 121 册，第 42～44 頁。
② 參小川陽一《三言二拍本事論考集成》，東京：新典社，1981 年。

《楞嚴經疏解蒙鈔》考論[①]

王彥明

周口師範學院文學院

摘　要：爲了踐行反經明教的佛教改革理念，錢謙益積十年之功，歷盡苦辛，撰成《楞嚴經疏解蒙鈔》。他在梳理已有禪宗、天台宗、華嚴宗等各宗派《楞嚴經》疏釋體系的基礎上，以長水子璿的《首楞嚴義疏注經》爲準繩，以華嚴宗思想體系爲中心，進行了系統疏釋。是書辨章學術、考鏡源流，忠於原典，謹於校勘，鈎沉輯佚，取材廣泛，揀擇異同，疏以存史，堪稱《楞嚴經》詮釋史上的一部集大成之作。

關鍵詞：《楞嚴經疏解蒙鈔》；疏解緣由；疏解過程；闡釋理念；文獻學價值

　　《楞嚴經》，全稱《大佛頂如來秘因修證了意諸菩薩萬行首楞嚴經》，又名《中印度那爛陀大道場經》，十卷，唐般剌密諦譯，現收於《大正藏》第 19 卷。關於譯者及經文之真偽，學界爭論頗多。然不論真偽若何，它在中國佛教史上的影響是毋庸置疑的。《大正藏》及《續藏經》中所收《楞嚴經》疏解之作，現存約爲五十餘種，足見其重要性。

　　《楞嚴經疏解蒙鈔》是明末清初錢謙益的晚年之作，是其"反經明教"佛教改革觀的具體踐行和代表性著作，也是《楞嚴經》詮釋史上的集大成

　　① 本文係 2015 年教育部人文社會科學研究青年項目"錢謙益佛教文獻與文學研究"（15YJCZH179）、2015 年度河南省教育廳人文社會科學研究一般項目"佛教視閾下的錢謙益研究"（2015－GH－097）的階段性成果。

之作，梁啓超先生《中國近三百年學術史》認爲錢氏雖人格極不可取，但
"他嘗親受業於釋憨山德清，人又聰明。晚年學佛，著《楞嚴蒙抄》，總算
是佛典注釋裏頭一部好書"①。因此，本文以《楞嚴經疏解蒙鈔》爲中心，
就其疏解緣由、疏解過程、闡釋理念、文獻學價值略作探討，敬請海内外
方家學者諟正。

一、疏解緣由

錢謙益（1582—1664）自幼生長於奉佛氛圍濃厚的虞山錢氏家族，與
他關係親密之父祖，皆深受佛教影響。生於斯，長於斯，熏染於斯，長而
卒業，壯而縛禪，晚年更甚。他與明末清初的高僧大德諸如云棲袾宏、憨
山德清、覺浪道盛等往來密切，對佛教各宗派思想均有深入研究。針對晚
明佛教流弊，他也有着深刻的認識。爲了救末法空疏狂易之病，他自覺擔
負起佛教復興的重任，提出了反經明教的改革觀念。

反經之説，始於孟子，《孟子・盡心下》曰："君子反經而已矣。經
正，則庶民興；庶民興，斯無邪慝矣。"② 錢謙益重提孟子的反經之論，
是有感於明代學風日下，空疏不學的積弊而發。《賴古堂文選序》云："凡
以百年以來，學問之繆種浸淫於世運，熏結於人心，襲習綸輪，醖釀發
作，以至於此極也。蓋經學之繆三：……史學之繆三：……《説文長箋》
行而字學繆，《幾何原本》行而曆學繆，冬瓜瓠子之禪行而禪學繆。"③ 簡
而言之，在他看來，明代的經學、史學、字學、曆學、禪學，無一不繆。
在《北禪寺興造募緣疏》中，牧齋針對"佛法之凌夷，可謂至於斯極"的
明代佛教敗壞之現實，提出："居今之世，而欲樹末法之津梁，救衆生之
狂易，非反經明教，遵古德之遺規，其道無由也。"④ "佛法如大地之載衆
生，從地倒者須從地起。經教爲藥草之療百病，中藥毒者還用藥攻。"⑤
"反經"者，爲明教之根本，爲救弊之藥草，唯此可救當時佛教中似是而

---

① 梁啓超《中國近三百年學術史》，北京：東方出版社，2004 年，第 196 頁。
② 趙岐注，孫奭疏《孟子注疏》卷十四下，載阮元校刻《十三經注疏》，北京：中華書局，
1980 年，第 2780 頁上。
③ 錢謙益《有學集》卷十七，上海：上海古籍出版社，2003 年，第 768~769 頁。
④ 錢謙益《初學集》卷八十一，上海：上海古籍出版社，2003 年，第 1729 頁。
⑤ 《初學集》卷八十一，第 1729 頁。

非之病。"今者狂焰少息，病根未除，正須昌明宗教，以扶元之藥，治狂易之症。"① 在《大報恩寺修補南藏法寶募緣疏》中，牧齋回顧了自釋迦雙林入滅，迦葉聞之趨來，椎搥告衆，組織第一次佛教經典結集的歷史後，強調經教於護法救弊之重要作用："護法以破邪爲宗，破邪以顯正爲本。如上所説，總屬謬因。一則罪重撥無，一則病深狂易。從地倒者還從地起，生滅不外一心；用藥毒者還用藥銷，對治必資三寶。惟兹法鏡，有照即空；斯彼邪壇，不摧自倒。"②

其實不僅錢謙益，明末清初的高僧大德也都表現出對經教的重視。紫柏真可論曰：

> 凡佛弟子，不通文字般若，即不得觀照般若；不通觀照般若，必不能契會實相般若。實相般若，即正因佛性也；觀照般若，即了因佛性也；文字般若，即緣因佛性也。今天下學佛者，心欲去其文字，一超直入如來地，志則高矣，吾恐畫餅不能充飢也。③

文字般若爲通向觀照般若與實相般若之基，在開發正因佛性過程中起着必不可少的助緣作用。若想拋棄文字般若而入如來之地，有如畫餅充飢。由袁了凡與幻余法本發起並得到真可大力支持的《嘉興藏》的刊刻，無疑爲晚明佛教義學復興提供了經典保證。在《書某禪人募刻大藏卷後》，紫柏寫道："夫大藏，佛語也；而大藏之所詮者，佛心也。佛語如薪，佛心如火。薪多則火熾，薪盡則火不可傳。火不可傳，則變生爲熟、破暗張明之用幾乎息矣。"④ 惠洪的《石門文字禪》在晚明的流行，乃至於聖嚴法師在《明末佛教研究》中所輯録出來的明末禪者、净土、唯識及居士中的大量著作，亦爲重教之風的最佳佐證。

既然要反經明教，在衆多佛教經典中，錢謙益爲何選擇《楞嚴經》，並集十餘年之力進行疏解？首先，錢謙益與《楞嚴經》淵源頗深。《與惟新和尚書》中云："少於《首楞》，薄有宿緣。"⑤ "宿緣"者，緣於他十八

---

① 《初學集》卷八十六，第 1798 頁。
② 《有學集》卷四十一，第 1396~1397 頁。
③ 紫柏《紫柏尊者全集》卷一，《新編卍續藏經》第 126 册，臺北：新文豐出版股份有限公司，1994 年，第 645 頁上。
④ 《紫柏尊者全集》卷十五，《新編卍續藏經》第 126 册，第 903 頁下。
⑤ 《有學集》卷四十，第 1371 頁。

歲時一段神奇的際遇：

> 萬曆己亥，蒙年一十有八，我神宗顯皇帝二十有七年也。貼括之
> 暇，先宮保命閱《首楞嚴經》。中秋之夕，讀眾生業果一章，忽發深
> 省，寥然如涼風振簫，晨鐘扣枕。夜夢至一空堂，世尊南面凝立，眉
> 間白毫相光，昱昱面門。佛身衣袂，皆涌現白光中。旁有人傳呼禮
> 佛，蒙趨進禮拜已，手捧經函，中貯《金剛》、《楞嚴》二經，《大學》
> 一書。世尊手取《楞嚴》，壓《金剛》上，仍面命曰：“世人知持誦
> 《金剛》福德，不知持誦《楞嚴》，福德尤大。”蒙復跪接經函，肅拜
> 而起。既寤，金口圓音，落落在耳。①

後在時文創作中，他好取經中典故，博取了“《楞嚴》秀才”的美譽。順
治七年（1650），絳雲樓失火後，唯有佛像經廚，保存完好，他“震悚良
久，矍然醒悟”，自然將《楞嚴經》作爲回向般若的首選，“刻念瘡疣，痛
求對治。刿心發願，誓盡餘年，將世間文字因緣，回向般若。憶識誦習，
緣熟是經，覽塵未忘，披文如故”②。

其次，得益於師友的指引。《楞嚴經疏解蒙鈔·緣起論》中云：

> 上黨舊游，曾遺《正脉》（交光《正脉》，友人程孟陽游澤、潞得本）；吳門
> 法侶，先贈《圓通》（幽溪《圓通疏》初出，即中兄贈我曰：“此後時閱《首楞》標
> 準也。”）……東海徵心，少依講席（指東溟管夫子）；牢山懸鏡，長侍巾瓶
> （指海印憨山大師）。③

友人中程孟陽極爲推崇《楞嚴經》。《耦耕堂詩序》云：“孟陽誦持《首楞
嚴經》，聞雞警悟，於篇什中每有省發。”④ 在其眾多師長中，憨山德清是
對錢謙益影響最大的一位。憨山對錢氏讀經多有指點，在《答錢受之太
史》書中云：“近拙述《楞嚴通義》，先已令致覽。此經廣博包含一代聖
教。……不知《法華》，則不知如來救世之苦心；不知《楞嚴》，則不知修
心迷悟之關鍵；不知《楞伽》，則不辨知見邪正之是非。此三經者，居士

---

① 錢謙益《牧齋雜著》，上海：上海古籍出版社，2003 年，第 472～473 頁。
② 《牧齋雜著》第 473 頁。
③ 錢謙益《楞嚴經疏解蒙鈔》，《新編卐續藏經》第 21 冊，第 79 頁上。
④ 《有學集》卷十八，第 783 頁。

宜深心究之，他日更有請焉。"① 故而，牧齋云："仰托師承，灌頂之大法昭然，覺迷之緒言具在。入室敢同真子，泛海終藉導師。"②

再次，《楞嚴經》以"以人法爲名，常住真心爲體，圓通妙定爲宗，返妄歸真爲用，上妙醍醐爲教"③，"無論是從華嚴的真心緣起，還是天台的止觀正定，都可以透過某種解經的策略而在該經中找到自家宗旨的認定"④。在歷代注疏中，佛教各大宗派諸如華嚴宗、天台宗（含山家與山外）、禪宗等都從中尋找經典依據與聖言量支持，也造成了異解紛呈的局面，錢謙益稱之爲"標新竪義，置毒於醍醐"⑤，"分河飲水，諍論煩興"⑥。因此，爲踐行反經明教的改革觀念，批判揀擇，以求返歸經典本意，《楞嚴經》便成爲首選。

> 竊欲甄明總別，參詳異同，搜剔本根，薙剗稂莠。務俾鈐鍵開滌，教觀分明，入三摩地門，照涅槃日，示明瞭還家之路；修三無漏學，濯奢摩水，斷輪回生死之根。庶可以上報佛恩，下酬誓願，是本心也。⑦

> 居今之世，末法倒瀾，時教凌夷，魔外蜂起。誠欲兼宗性相，和會台賢，抉摘生盲，枝柱惡覺。……斯則照萬法之智燈，燭群邪之心鏡，撈籠末劫，津筏異生者也。⑧

在與黃宗羲的信中，牧齋寫道："注《楞嚴經》，正要宣明此一部經，殺盡天下妖魔和尚。若待殺盡和尚，然後注經，孔夫子近不能殺季孫，遠不能殺陳恒，何以成《春秋》而亂臣賊子懼乎?"⑨ 正是本着"殺盡天下妖魔和尚"的雄心，爲扶弊救衰，他爲疏解此經，幾乎竭盡晚年之力。

---

① 憨山德清《答錢受之太史》其三，載憨山德清《憨山老人夢游集》，孔宏點校，北京：北京圖書館出版社，2005 年，第 327 頁。
② 《楞嚴經疏解蒙鈔》，《新編卍續藏經》第 21 冊，第 79 頁下。
③ 《楞嚴經疏解蒙鈔》，《新編卍續藏經》第 21 冊，第 741 頁上。
④ 龔雋《宋明楞嚴學與中國佛教的正統性——以華嚴、天台〈楞嚴經〉疏爲中心》，《中國哲學史》2008 年第 3 期，第 34 頁。
⑤ 《牧齋雜著》第 424 頁。
⑥ 《有學集》卷四十，第 1374 頁。
⑦ 《楞嚴經疏解蒙鈔》，《新編卍續藏經》第 21 冊，第 79 頁下。
⑧ 《楞嚴經疏解蒙鈔》，《新編卍續藏經》第 21 冊，第 80 頁上。
⑨ 黃宗羲《黃宗羲全集》，吳光校點，杭州：浙江古籍出版社，1993 年，第 390 頁。

二、疏解刊刻

　　錢謙益疏解《楞嚴經》，始於順治八年（1651）春。"披尋三載，鈔略十卷，但是筌罤，咨決十章，敢云懸叙。"①順治十一年（1654）九月，規模初具。順治十三年（1656）元月、二月間，牧齋寓居金陵丁家水閣，疏解《楞嚴經》至第十卷。《就醫秦淮寓丁家水閣絶句三十首》其七云："後夜繙經燭穗低，首楞第十重開題。數聲喔喔江天曉，紅藥階前舊養雞。"②同年秋，牧齋自云："老夫歸空門，沉心研内典。鈔解《首楞嚴》，目眵指亦繭。……今年中秋日，十軸粗告藏。"③至此，離始疏經時，"歲凡七改，稿則五易"，"削稿粗就，編排略畢"。長至日，錢謙益宿大報恩寺中，與介丘髠殘、雪藏韶師、勖伊問師及諸遺民熏塔祈願，並向教内人士求教，頗得贊許。《示藏社介丘道人兼識乩神降語》曰：

　　　　長干藏社結長期，雪柱冰棱扣擊時。横掃葛藤談滿字（匡山雪藏韶師），細尋行墨問三伊（普德勖伊問師）。並舟分月人皆見，兩鏡交光汝莫疑。珍重天宮催結集，犍錐聲已報須彌（有神降乩云：速完經疏，天堂報汝）。④

《重記》中云：

　　　　丁酉長至，遇雪藏韶師于長干，出斯鈔就正。韶師偕介丘殘師，呵凍開卷，廢寢食五晝夜。讀罷，説八偈以唱嘆。介丘告我曰："雪老教乘宿學，不妄許可一字，謂此得《楞嚴》大全，古聖師面目各在，亟宜流布，勿復疑滯。"⑤

順治十六年（1659），錢謙益覆視舊稿，發現其中若干錯誤，於是抖擻筋力，刊定繕寫，前後歷經五個多月。順治十七年（1660）春，因第二年爲錢謙益八十歲生日，在家人的勸請下，刻經流通。

---

① 《楞嚴經疏解蒙鈔》，《新編卍續藏經》第21冊，第79頁下。
② 《有學集》卷六，第281頁。
③ 《有學集》卷八，第368頁。
④ 《有學集》卷八，第408頁。
⑤ 《牧齋雜著》第478頁。

在疏解過程中，錢謙益得到了教內外眾多師友的支持與鼓勵，《後記》曰：

> 是鈔也，激贊咨決，親加標目，慫恿卒業，發願流通者，蒼雪徹師也。指決三摩，冥符古義，相期揚榷，未睹厥成者，蕅益旭師也。與聞草創，共事藍縷，采掇清涼，佽助旁論者，含光渠師也。指瑜伽之教相，考匿王之生年，搜別小宗，旁資引證者，楚松影省師也。明鏡清流，不辭披拂，霜天雪夜，共許參求者，長干社中勖伊問師、介立旦師、雪藏韶師、介丘殘師也。耳目濡染，晨夕扣擊，歡喜贊嘆，異口同音者，里中石林源師及亡友陸銑孟鳧也。敢告諸方，勿吝誨迪。凡沾法乳，敬俟續書。①

《疏解蒙鈔》的刊印，本由毛晉負責。順治十六年（1659）九月，毛晉去世後，刻資不足，錢氏只能另找他人勸募。《與侯月鷺四首》其一云：

> 村莊多暇，訂正《金剛》、《楞嚴》二疏，已付梓人矣。因毛子晉去歲捐館，家計倥傯，刻資未能相繼，不得不為勸募之計，而不能強干不相知者。席氏昆仲翩翩，能世其家，又聞頗留意法門。得吾丈與安卿昆仲出廣長舌相勸成圓滿功德，此經得流通世間，利益不淺。知必為首肯，不笑其沿門持鉢也。②

然《疏解蒙鈔》博取眾經，卷帙頗大，遠非一二人財力所能完成。限於材料，當時具體組織刊刻之詳情已難明瞭。幸《嘉興藏》中所收《疏解蒙鈔》，每於卷末詳附題記，為我們探討此經之刊刻流通，提供了珍貴的第一手資料。除個別漫漶之處外，現移錄如下：

卷首之一末云："戊戌（1658）夏，佛弟子虞山何雲校勘于武林報恩院。"③

卷首之二云："佛弟子虞山毛鳳苞發願流通。"④

---

① 《牧齋雜著》第 477 頁。
② 《牧齋雜著》第 231 頁。
③ 錢謙益《楞嚴經疏解蒙鈔》卷首之一，《嘉興藏》第 18 冊，臺北：新文豐出版股份有限公司，1987 年，第 119 頁中。
④ 《楞嚴經疏解蒙鈔》卷首之二，《嘉興藏》第 18 冊，第 127 頁中。

卷一之一云："佛弟子泰和蕭伯升開板。"①

卷一之二云："靈巖和尚弘儲、□□、草堂、僧鑒、物英、聖初、大圓、月函開板。"②

卷一之三云："張□、□邑助緣。"③

卷二之一云："張有譽、王時敏、吳偉業、陳湖、徐波、沈明倫、鄭□□、王廷璧、王挺、王揆、周雲驤、顧湄、徐開任、錢椵、葉國華、黃侃、李選之、鄭欽諭、陸獻陛助緣。"④

卷二之二云："孫朝讓、□□□、趙士春、邵燈、趙延先、陳式、陳□□、桑沃、薛維嚴、王人玄助緣。"⑤

卷二之三云："周敏、沈汝蘭、毛詩雅、席啓圖助緣"⑥

卷三之一云："蔣棻、歸起先、嚴恙、瞿玄錫、陳煌圖、許琪、戴泌、（戴）浚、（戴）洵助緣。"⑦

卷三之二云："嚴杕、陸廷保、陸廷福、王奉來、徐文蔚、陸文煥、陸輅、曾肇甲助緣。"⑧

卷四之一云："歸泓、毛宬助緣。"⑨

卷四之二云："錢祖壽、錢朝鼎、錢祖受、錢祖□、錢龍惕、錢國輔、錢陸爛、錢朝蕭、錢贊先、錢謙光、錢臣績、錢孫燕、錢裔嘉、錢萬選、錢宗龍、錢敏忠、錢思山、錢謙亨、錢謙吉、錢謙孝、錢王桓、錢孫保助緣。"⑩

卷五之一云："孫永祚、陸貽典、王俊臣、王濟臣、嚴熊、吳培昌、吳龍錫、陳鶴徵、許德璠、許德珍助緣。"⑪

卷五之二云："佛弟子泰和蕭孟昉開板。"⑫

---

① 《楞嚴經疏解蒙鈔》卷一之一，《嘉興藏》第18冊，第139頁上。
② 《楞嚴經疏解蒙鈔》卷一之二，《嘉興藏》第18冊，第147頁下。
③ 《楞嚴經疏解蒙鈔》卷一之三，《嘉興藏》第18冊，第157頁上。
④ 《楞嚴經疏解蒙鈔》卷二之一，《嘉興藏》第18冊，第166頁下。
⑤ 《楞嚴經疏解蒙鈔》卷二之二，《嘉興藏》第18冊，第177頁中。
⑥ 《楞嚴經疏解蒙鈔》卷二之三，《嘉興藏》第18冊，第181頁下。
⑦ 《楞嚴經疏解蒙鈔》卷三之一，《嘉興藏》第18冊，第191頁上。
⑧ 《楞嚴經疏解蒙鈔》卷三之二，《嘉興藏》第18冊，第200頁上。
⑨ 《楞嚴經疏解蒙鈔》卷四之一，《嘉興藏》第18冊，第215頁中。
⑩ 《楞嚴經疏解蒙鈔》卷四之二，《嘉興藏》第18冊，第226頁上。
⑪ 《楞嚴經疏解蒙鈔》卷五之一，《嘉興藏》第18冊，第231頁下。
⑫ 《楞嚴經疏解蒙鈔》卷五之二，《嘉興藏》第18冊，第242頁中。

卷六之一云：“佛弟子泰和蕭孟昉開板。”①

卷六之二云：“王曰俞、王澧、李臨助緣。”②

卷六之三云：“孫茂叔、周安仁、周長生、顧茂倫、戚左千、朱鶴齡、文秉、黄廷表、胡八水、管應律、蘇鳴皋助緣。”③

卷十之三云：“佛弟子泰和蕭孟昉開板。”④

卷末五録卷二云：“佛弟子泰和蕭孟昉開板。”⑤

卷末五録卷四云：“佛弟子泰和蕭孟昉開板。”⑥

卷末五録卷五云：“佛弟子泰和蕭孟昉開板。”⑦

卷末五録卷六云：“佛弟子泰和蕭孟昉開板。”⑧

卷末五録卷七云：“佛弟子泰和蕭孟昉開板。”⑨

卷末五録卷八云：“佛弟子泰和蕭孟昉開板。”⑩

《嘉興藏》中所收《疏解蒙鈔》，卷首刻佛陀説法圖四幅及《佛頂目録後記》，卷首爲《古今疏解品目》《咨決疑義十科》二卷。經文卷一析爲三，卷二析爲三，卷三析爲二，卷四析爲二，卷五析爲二，卷六析爲三，卷七析爲二，卷八析爲四，卷九析爲二，卷十析爲三，計經文十卷，共析爲二十六卷。卷末附《佛頂五録》，分別爲《佛頂圖録》《佛頂序録》《佛頂枝録》《佛頂通録》各一卷，《佛頂宗録》四卷，共八卷。從卷末題記來看，參與助緣者 110 餘人，其中蕭伯升出資尤多，累計助刻八卷；卷四之二爲錢氏族人助刻，計 22 人。這表明，《疏解蒙鈔》在募刻中得到了衆多親友的支持，也證明入清後的牧齋，仍具一定社會影響力。

《疏解蒙鈔》在未刻之前，“頗爲諸方所知，亦有人謂白衣説法，多出彌天指授者”⑪，在僧俗兩界已有一定的知名度。刻成後，錢謙益又廣贈

---

① 《楞嚴經疏解蒙鈔》卷六之一，《嘉興藏》第 18 册，第 250 頁下。
② 《楞嚴經疏解蒙鈔》卷六之二，《嘉興藏》第 18 册，第 259 頁上。
③ 《楞嚴經疏解蒙鈔》卷六之三，《嘉興藏》第 18 册，第 263 頁上。
④ 《楞嚴經疏解蒙鈔》卷十之三，《嘉興藏》第 18 册，第 345 頁上。
⑤ 《楞嚴經疏解蒙鈔》卷末五録卷二，《嘉興藏》第 18 册，第 355 頁上。
⑥ 《楞嚴經疏解蒙鈔》卷末五録卷四，《嘉興藏》第 18 册，第 380 頁中。
⑦ 《楞嚴經疏解蒙鈔》卷末五録卷五，《嘉興藏》第 18 册，第 392 頁下。
⑧ 《楞嚴經疏解蒙鈔》卷末五録卷六，《嘉興藏》第 18 册，第 405 頁中。
⑨ 《楞嚴經疏解蒙鈔》卷末五録卷七，《嘉興藏》第 18 册，第 411 頁中。
⑩ 《楞嚴經疏解蒙鈔》卷末五録卷八，《嘉興藏》第 18 册，第 417 頁中。
⑪ 《牧齋雜著》第 338 頁。

諸方同好，在尋求指正的同時，無疑加速了《蒙鈔》的流播。略舉數則如下。一者，通過澹歸今釋（金堡），《疏解蒙鈔》流通嶺南，得到天然函昰等人認可。《復澹歸釋公即金道隱》中云："《楞嚴蒙鈔》附上座腰包呈覽。聞嶺外讀《楞嚴》，專宗交光《正脉》，不復知長水悟後注經，爲百世心宗之祖。所望法眼重爲證明，勿令讀此經者，但作徐六擔板，亦區區一片老婆心也。"①《復天然昰和尚書》云："《楞嚴蒙鈔》是蒙童訓解之書，非没量大人所可着眼。……幸俯賜證明，重爲刊定。人天眼目，加被何已。"②二者，如《般若心經略疏小鈔》般，錢謙益以求正爲名，贈與官宦之士。蔡魁吾即爲其一。《致蔡魁吾四首》其四云："《楞嚴注》已刻就，因石台公祖便郵，附呈法眼，以求教正。石台文章品望，頭頭第一，知老祖台自能圓賞也。"③

後世《楞嚴》經疏受《蒙鈔》影響最明顯者，爲通理的《楞嚴經指掌疏懸示》。《懸示》中述《楞嚴經》傳譯注釋，將《疏解蒙鈔·古今疏解品目》中所收諸家之疏依次移録，並説："此上共六十二家。前崇福下五十五家，俱係《蒙鈔》所載。按：《蒙鈔》有正書，有附引（謂正書下雙行附引），今依灌頂疏，皆作正書，有《蒙鈔》各有評量，或抑或揚，亦自有據。"④他於"錢牧齋先生《疏解蒙鈔》"下注云：

> 先生自稱蒙叟，蓋謂取諸家疏解而以蒙義鈔之，上取崇福已下諸
> 師，以長水爲司南。仍復網羅多家，衷其得失，其搜剔之心良苦。但
> 以其筆墨不慎，奉旨撤出藏函。甚哉，筆墨一事，不可以不慎也。⑤

"筆墨不慎"諸語，正道出《蒙鈔》在後代影響不大的一個重要原因。

乾隆三十四年（1769）六月，乾隆皇帝頒布上諭：

> 錢謙益本一有才無行之人。……今閱其所著《初學集》《有學
> 集》，荒誕背謬，其中詆謗本朝之處，不一而足。……錢謙益已身死
> 骨朽，姑免追究。但此等書籍，悖理犯義，豈可聽其流傳？必當早爲

① 《有學集》卷四十，第1393頁。
② 《有學集》卷四十，第1392頁。
③ 《牧齋雜著》第202頁。
④ 通理《楞嚴經指掌疏懸示》，《新編卐續藏經》第24冊，第166頁上。
⑤ 《楞嚴經指掌疏懸示》，《新編卐續藏經》第24冊，第166頁上。

銷毀。①

於是，一場浩浩蕩蕩的全國範圍内的搜訪查禁錢謙益著述及書版的運動拉開帷幕。

錢謙益的《楞嚴經疏解蒙鈔》，雖係不夾雜任何政治觀點的佛經疏解，仍在被禁之列。據軍機處檔第 010289 號載，浙江曾曰理奏稱查獲牧齋著述："又錢謙益《尺牘》十部，《詩鈔》一本，《楞嚴經蒙鈔》一部，計十四本。……又據委員於餘杭縣化城寺内起出《楞嚴經蒙鈔》全板一副，共六百九十三塊。"② 軍機處檔第 010376 號載高晉八月十六日奏稱："又查有錢謙益撰《楞嚴經蒙鈔》一部，前後皆有錢謙益序，記閲其首卷末有校勘于武林報恩院字樣，則此板自係刻于浙省，現亦移咨浙撫。"③ 八月，浙江按察使曾曰理等奏《浙江等處提刑按察使司造送錢謙益所著書籍解京部本細數清册》中稱："又《楞言（嚴）經蒙鈔》一部，計十四本。"④ 九月二十五日，大學士尹繼善等奏稱：

> 查《續藏》内有錢謙益所著《楞嚴蒙鈔》一種，相應請旨撤出。其從前已經頒發京城及外省各寺藏經内此項經册，臣等即交該管處，令其轉行通傳，彙繳軍機處銷毀。所有板片，令該處查明，交武英殿，留爲别項之用。⑤

於是，對收於《續藏》中的《楞嚴經疏解蒙鈔》，開始了清查。各大寺院中頒有《蒙鈔》者，悉數撤出。如乾隆五年（1740）青州府大覺寺與即墨縣嶗山華嚴庵各頒《續藏》一部。大覺寺僧人查出原頒《續藏》有《楞言（嚴）蒙抄（鈔）》六套，華嚴庵藏經内有《楞嚴蒙抄經》六十册，一並撤出，呈交軍機處銷毀⑥。乾隆三十四年十二月十九日，浙江巡撫覺羅永德

---

① 《高宗實錄》，載《清實錄》，第 19 册，北京：中華書局，1986 年，第 155 頁上～156 頁上。

② 轉引自徐美文《錢謙益著述與藏書之研究》，臺北大學碩士學位論文，2007 年，第 82 頁。按：徐美文《錢謙益著述與藏書之研究》第三節《錢謙益禁毀書目》中，從軍機處檔及宮中檔硃批奏摺中，將有關錢謙益著述被禁之官方奏摺一一輯録，爲學人瞭解錢氏著述禁毀提供了許多材料。下文所據，多轉於此。

③ 《錢謙益著述與藏書之研究》第 86 頁。

④ 《錢謙益著述與藏書之研究》第 87 頁。

⑤ 《錢謙益著述與藏書之研究》第 103 頁。

⑥ 《錢謙益著述與藏書之研究》第 103～104 頁。

奏稱："臣當即依據各屬，查收《初學》《有學》二集共二百八十二部，《尺牘》十部，《詩鈔》一部，及《楞嚴經蒙鈔》一部，《蒙鈔》板片全副，已委負解京。"① 十二月二十七日，高晉奏稱："今將《續藏》內錢謙益所著《楞嚴經蒙抄》一種，及僧人圓悟之塔銘、序等傳贊之跋二項，通行查繳。臣即飭司轉行各寺院查收彙解，是錢謙益片言隻字，即頒自內府者，均應一例查銷。"② 乾隆三十五年（1770）三月初五日，江南蘇州府儒學奏呈錢謙益存局應毀之書板明細中載有《楞嚴經疏解蒙鈔》十三部，不全《楞嚴經疏解蒙鈔》五十五本，奏請軍機處銷毀。③ 在此嚴密控制下，《蒙鈔》後世影響之衰微，也就不足爲奇了。

三、理論體系

《疏解蒙鈔》積錢謙益十年之功，得衆多師友之助，取得了較大的成功，並得到梁啓超的好評。從該書《古今疏解品目》來看，《疏解蒙鈔》共收《楞嚴經》疏解類著作 63 種，除福唐沙門可度的《楞嚴經箋》未收外，將此前《楞嚴》疏解著作囊括無餘。

因《楞嚴經》思想淵深，"賢家據以解緣起，台家引以説止觀，禪者援以證頓超，密宗又取以通顯教。宋明以來，釋子談玄，儒者闢佛，蓋無不涉及《楞嚴》也"④。在錢謙益看來，具有代表性的，唯有三派："有宋詮釋，約有三科。孤山以衡台立觀，長水以賢首弘宗，温陵以禪解竪義。自兹以降，枝派繁苃，壇壝錯互。"⑤ 在《古今疏解品目》中，他在對天台宗、華嚴宗、禪宗三家疏解《楞嚴》源流得失進行考察的基礎上，提出了自己的看法。

首先，以禪解《楞嚴》者，始於長慶道巘的《楞嚴説文》。"巘師以趙州嗣孫，撰此經説文，宗門引重，義海失載。……唐人以禪宗解經者，自長慶始。於振、沇二師之外，別標一宗，即温陵諸師之祖也。"⑥ 承接道

---

① 《錢謙益著述與藏書之研究》第 105 頁。
② 《錢謙益著述與藏書之研究》第 107 頁。
③ 《錢謙益著述與藏書之研究》第 111～112 頁。
④ 吕澂《吕澂論著選集》卷一，濟南：齊魯書社，1991 年，第 370 頁。
⑤ 《楞嚴經疏解蒙鈔》，《新編卍續藏經》第 21 冊，第 102 頁下。
⑥ 《楞嚴經疏解蒙鈔》，《新編卍續藏經》第 21 冊，第 82 頁上～82 頁下。

巘的是温陵戒環的《楞嚴經要解》，是書"言約義豐，詞暢理詣，披文見經，如指諸掌"。戒環作疏時，曾受到長水子璿的影響，"闇用其義門，而巧遁其面目"①。然兩人之旨歸各有不同，"長水由禪綜教，能用文字解脱，故其宗趣深。温陵用禪判教，主於解脱文字，故其宗趣捷"②。雖同宗華嚴，然長水宗澄觀，而戒環宗李通玄。宗趣不同，遂使戒環的《楞嚴説文》，走上了以禪解經的道路。宋代以禪解經的，尚有惠洪覺範的《尊頂法輪》。元代中峰明本的《楞嚴徵心辨見或問》，明末憨山德清的《楞嚴懸鏡》《楞嚴通議》，紫柏真可的《楞嚴解》，湛然圓澄的《楞嚴經臆見》，也都是以禪解《楞嚴》之作。

天台宗與《楞嚴經》的關係，最早可追溯到智者大師的"懸記"。唐時資中弘沇的《楞嚴經疏》，"其解奢摩他三法，云大意與一心三觀相應，此則原本止觀，即孤山諸師，用台觀解經之祖也"③。真正以天台教義解經且影響昭著者，則屬天台山外之孤山智圓。智圓號稱"十部疏主"，有《楞嚴經疏》及《楞嚴經谷響鈔》各十卷。吳興仁岳繼之而起，有《楞嚴經集解》十卷、《楞嚴經熏聞記》五卷。對此兩家之經疏，牧齋評之曰："自智者大師遥禮《楞嚴》，入滅遺記。於是孤山圓師，首先奮筆，思應肉身比丘之讖，用三止三觀貼釋此經。吳興岳師，力扶孤山，張皇其説。自時厥後，講席師承，咸以台觀部屬楞嚴，無餘説矣。"④ 宋室南渡後，以天台解《楞嚴》者，層出不窮：

> 竹庵可觀得法於車溪，大慧稱爲教海老龍。雖其搜剔苦心，未免葛藤滿紙。觀之嗣爲北峰印，印之後爲桐洲坦、無極度，各有詮釋。桐洲《集注》，收集神智《補注》、竹庵《補遺》、北峰《解題》諸家，皆以敷演教觀，輔翼圓、岳，開張本宗，顯揚父祖而已。元皇慶中，北峰孫我庵本無重爲修治，附以《私議》，亦山家一家之書也。柏庭善菩月，嗣法月堂。竹庵常命分講，著《玄覽》二卷，疏通大意，謂一家借位，未始定論，斯亦山家之錚錚者矣。⑤

① 《楞嚴經疏解蒙鈔》，《新編卍續藏經》第 21 册，第 84 頁上。
② 《楞嚴經疏解蒙鈔》，《新編卍續藏經》第 21 册，第 84 頁上。
③ 《楞嚴經疏解蒙鈔》，《新編卍續藏經》第 21 册，第 82 頁上。
④ 《楞嚴經疏解蒙鈔》，《新編卍續藏經》第 21 册，第 83 頁上。
⑤ 《楞嚴經疏解蒙鈔》，《新編卍續藏經》第 21 册，第 83 頁上。

天如惟則的《楞嚴會解》，對後世影響極大。惟則之師中峰明本爲元代臨濟宗大師，曾以《楞嚴》小本付囑惟則："當發明全經，以終吾事。"① 然牧齋將其歸入天台一系，評之曰："其宗印雖本原天目，而教眼則專屬天台。孤山、吳興，主伯亞旅，收溫陵爲眷屬，置長水爲附庸。宗趣一成，取捨碩異，宜其傳久而敝也。"② 明代天台弘傳《楞嚴》者，有盤陰沙門洪闊的《冥樞會解》、檇李幻居真界的《楞嚴纂注》、燕中講師如相的《古今合解》，"皆是會解枝流"③。在幽溪傳燈的帶領下，晚明天台宗呈現中興，解《楞嚴經》者亦不乏其人。錢謙益《疏解蒙鈔·古今疏解品目》所收，有傳燈之師百松法師的《楞嚴百問》、幽溪傳燈的《楞嚴玄義》二卷、《楞嚴會解圓通疏》十卷，蕅益智旭的《楞嚴經玄義》二卷、《楞嚴經文句》十卷。

與天台宗解《楞嚴》並駕齊驅者爲華嚴宗。此系疏解之最早者，可追溯至惟慤法師的《楞嚴經玄贊》。《古今疏解品目》云："《高僧傳》云：'慤公撰疏，……在乎華嚴宗中文殊智也。'永明《宗鏡》引慤公論楞嚴六十聖位，深契華嚴圓融法界之旨。人知長水釋《楞嚴》用華嚴宗旨，而不知其原本於慤公也。"④ 永明延壽的《宗鏡錄》，以"一心"爲基礎，廣泛采集各家之説，以《楞嚴經》經文爲據者，爲數不少，並爲長水子璿所本，"長水疏經，裁決要義，用《宗鏡》爲詮準"⑤。長水子璿爲宋代華嚴宗中興者，他的思想以華嚴宗爲本，同時受禪宗與天台宗的影響。《古今疏解品目》曰："長水初依靈光敏師學賢首教觀，尤精於《楞嚴》。已而得悟于琅琊，受扶宗之付囑。"⑥ 靈光洪敏爲慈光昭恩法嗣，後被四明知禮斥爲天台宗山外系。山外系對華嚴思想有所涉獵，長水跟他學"賢首教觀"，也不足爲奇。他的《首楞嚴義疏注經》，"受扶宗之付囑，乃依賢首五教，馬鳴五重，詳定館陶《科判》，采集慤、沇、敏、節諸家之解，釋

① 《楞嚴經疏解蒙鈔》，《新編卐續藏經》第 21 冊，第 84 頁下。
② 《楞嚴經疏解蒙鈔》，《新編卐續藏經》第 21 冊，第 84 頁下。
③ 《楞嚴經疏解蒙鈔》，《新編卐續藏經》第 21 冊，第 84 頁下。
④ 《楞嚴經疏解蒙鈔》，《新編卐續藏經》第 21 冊，第 82 頁上。
⑤ 《楞嚴經疏解蒙鈔》，《新編卐續藏經》第 21 冊，第 82 頁下。
⑥ 《楞嚴經疏解蒙鈔》，《新編卐續藏經》第 21 冊，第 82 頁下。

通此經，勒定一家"①，被紫柏尊者稱爲"百代心宗之祖"②。秉承長水之學者，有蘇臺元約的《疏鈔》，道歲法師的《手鑒》《釋要》等。然隨着天台經解的盛行，華嚴系經疏一度不被人重視。直到明初，吳江融室法師净行撰《楞嚴廣注》十卷，在"台家諦觀，詮旨紛如，長水心宗，等閑抹撥久矣"的情況下，"獨歸宗長水，一燈再焰"。晚明華嚴宗中興，可分南北兩系。北方以五台山爲中心，空印鎮澄爲代表，"空印爲萬曆中五師之一，北方法席最盛"。他的《楞嚴正觀疏》，"博引大小乘諸經論，證明《首楞》行位，破斥天台借別名圓之説"③。交光真鑒的《楞嚴正脉》，"掃拂台觀，排抵《會解》，流傳幽朔，驚動江左"④，並引發了與無盡傳燈間的論争。華嚴南方一系以雪浪及門下弟子爲代表，他們的《楞嚴經》注釋亦有多種。錢謙益於故友篋中發現的《雪浪楞嚴解》，"枝經理解，要言爲煩，《科判》一章，尤爲孤迥"⑤。一雨通潤有《楞嚴合轍》，"盛談師門講授，顧其開演宗指，略而不傳。……又復雜拈公案，多引機緣，借禪門棒喝之談，資講筵排演之口"⑥。

佛教經典與經典詮釋間的關係，正如龔雋先生引 Donald S. Lopez 所云："大乘佛教經典與解經的不同學派之間存在着一種辯證關係，即一面是經典的權威爲這些學派成立提供了合法性的根據，另一方面，經典中的許多思想又是透過不同學派思想家的解釋而被系統化。"⑦ 這一點，在《楞嚴經》上表現得尤爲突出。《楞嚴經》疏解宗派不一，取捨各異，各融一己之思想體系於經疏中，以達到揚宗之目的。《楞嚴解叙》云：

是經自唐、宋以來，義疏煩多，天如之《會解》，諸家悉庋高閣矣。自台宗據梵僧之懸記，映望三觀，而《楞嚴》遂爲山家之《楞嚴》。自吳興倚孤山以扶宗，克定三止，而《楞嚴》遂爲山外之《楞嚴》。自天如推中峰之徵心，附台宗之立觀，旁收温陵，力簡長水，而《楞嚴》又爲天如之《楞嚴》。……交光鑒師奮筆孤起，掃除台觀，

① 《楞嚴經疏解蒙鈔》，《新編卍續藏經》第21册，第82頁下。
② 《楞嚴經疏解蒙鈔》，《新編卍續藏經》第21册，第82頁下。
③ 《楞嚴經疏解蒙鈔》，《新編卍續藏經》第21册，第86頁上。
④ 《楞嚴經疏解蒙鈔》，《新編卍續藏經》第21册，第86頁下。
⑤ 《楞嚴經疏解蒙鈔》，《新編卍續藏經》第21册，第85頁下。
⑥ 《楞嚴經疏解蒙鈔》，《新編卍續藏經》第21册，第85頁下。
⑦ 《宋明楞嚴學與中國佛教的正統性》，《中國哲學史》2008年第3期，第33頁。

刊訂《會解》，欲使後五百年，重見《首楞》真面目，而有智者以謂
主張太過，總攝未審，鬥諍良堅，墮負猶在。①

不難看出，錢謙益極力反對者，爲天台系《楞嚴》經疏。他對古注和華嚴
宗系經疏，還是頗爲認同的。首先，對所謂"古注"，《疏解蒙鈔·咨決疑
義》中説："然崇福弘贊《雜華》，館陶創始科段，資中廣演義門，命古作
家，唯兹三匠。"②"古師解釋，異見同歸，隨人淺深，咸趣智海。"③ 錢謙
益《疏解蒙鈔》，表現出濃厚的崇古傾向："古師弘法，確有淵源。今人習
而不察，間有采剟，徒取駢偶之詞，資爲旁義而已。蒙之鈔略，披文揀
集，廣引證明，零義單詞，罔敢遺闕。欲使學者，知古義有所從來，勿尋
枝而失幹也。"④ 其次，對華嚴系經疏，尤其是長水子璿的《首楞嚴義疏
注經》，《疏解蒙鈔》"奉爲準繩"⑤。因此，華嚴系思想成爲《疏解蒙鈔》
的主綫。如王紅蕾所言："錢謙益《蒙鈔》是站在華嚴一系的立場上，依
據華嚴宗旨對楞嚴學史進行的評判與總結。"⑥

以華嚴體系爲宗，有意無意間便確立了《蒙鈔》的宗派立場，自然與
錢謙益"自命調人，違順相成，遮表互攝""不主張一法，不偏贊一門，
解禪、講二席之交綏，息台、賢兩宗之接刃"⑦ 的疏經宗旨是自相矛盾
的。爲了變"異"爲"同"，使自己的宗派立場模糊化，他極力宣揚長水
子璿《首楞嚴義疏注經》的融攝性。《古今疏解品目》中説：

> 長水初依靈光敏師，學賢首教觀，尤精於《楞嚴》。已而得悟於
> 琅琊，受扶宗之付囑，乃依賢首五教，馬鳴五重，詳定館陶《科判》，
> 采集愨、沈、敏、節諸家之解，釋通此經，勒定一家。是中修治止
> 觀，參合天台，揀辨心識，圓收《宗鏡》。理該教觀，又通經論，性
> 相審諦，悟解詳明。⑧

---

① 《牧齋雜著》第 424 頁。
② 《楞嚴經疏解蒙鈔》，《新編卍續藏經》第 21 冊，第 102 頁上～102 頁下。
③ 《楞嚴經疏解蒙鈔》，《新編卍續藏經》第 21 冊，第 102 頁下。
④ 《楞嚴經疏解蒙鈔》，《新編卍續藏經》第 21 冊，第 82 頁下。
⑤ 《楞嚴經疏解蒙鈔》，《新編卍續藏經》第 21 冊，第 82 頁下。
⑥ 王紅蕾《錢謙益〈大佛頂首楞嚴疏解蒙鈔〉考論》，《世界宗教研究》2010 年第 1 期，第
74 頁。
⑦ 《楞嚴經疏解蒙鈔》，《新編卍續藏經》第 21 冊，第 106 頁上。
⑧ 《楞嚴經疏解蒙鈔》，《新編卍續藏經》第 21 冊，第 82 頁下。

《楞嚴志略序》中載:

> 余博觀諸家箋疏,平心而論之。長水初參瑯瑯覺禪師,問清净本
> 然,云何忽生山河大地?覺依其言,抗聲而答。遂領旨於言下,歸而
> 詮解此經。……長水既問道瑯瑯,又從靈光敏傳賢首教。靈光,天台
> 之人也,清涼大士咨《雜華》於大㲹,習《止觀》《法華》等疏於荆
> 溪,參决南宗於牛頭、徑山。古人學無常師,群機盡攝,類如此也。
> 長水於台、衡之宗,豈不了然?其注經則以《楞嚴》還《楞嚴》,未
> 嘗執泥三觀,私爲家珍。斯非所謂毁相泯心,開前疑而决後滯
> 者乎?①

從參學經歷來看,瑯瑯慧覺爲禪宗中人②,靈光洪敏爲天台宗人,長水便
兼有天台與禪兩家背景,同時他本人又確確實實爲宋代華嚴學一大宗匠。
此種對長水疏"集大成"般的宣説,意在消彌《蒙鈔》的宗派界限,達到
調解宗派矛盾的目的。

四、文獻學價值

從傳統文獻學角度來看,《楞嚴經疏解蒙鈔》也有它獨特的價值,主
要表現在四個方面:辨章學術,考鏡源流;忠於原典,謹於校勘;鉤沉輯
佚,取材廣泛;揀擇異同,疏以存史。③

一爲辨章學術,考鏡源流。探源討流,爲錢謙益一貫的學術特色,觀
其全集,其經學、史學及詩文批評之論,大都循此套路展開。錢氏的《楞
嚴經疏解蒙鈔》,亦體現此種治學特點。該書《古今疏解品目·永明寺智
覺壽禪師〈宗鏡録〉》解題中云:"古師弘法,確有淵源。今人習而不察,
間有采剟,徒取駢偶之詞,資爲旁義而已。蒙之鈔略,披文揀集,廣引證

---

① 《有學集》卷二十一,第 866 頁。
② 子璿是否真的參訪瑯瑯慧覺,尚存疑問。王頌認爲,禪宗語録中稱"汝宗不振久矣,宜
勵志扶持"這種"先知式的口吻反倒讓人感到有造作的痕迹","禪宗把他當作一個典型人物編入
公案,客觀上也起到了貶抑教門的作用"。見王頌《宋代華嚴思想研究》,北京:宗教文化出版
社,2008 年,第 5～6 頁。
③ 按:關於《楞嚴經疏解蒙鈔》的文獻學價值,詳參拙文《〈楞嚴經疏解蒙鈔〉的文獻學
價值》(《江蘇廣播電視大學學報》2012 年第 1 期)。爲更好地考察《楞嚴經疏解蒙鈔》,故不避
繁瑣,擇要贅述於此。

明，零義單詞，罔敢遺闕。欲使學者知古義有所從來，勿尋枝而失幹也。"① 《古今疏解品目》按唐、五代吳越、宋、勝國蒙古（元）、皇朝（明）五個時期，依次而列，於諸多《楞嚴》疏解中，從探源角度，考察出"此經疏解之祖""此經科判之祖""台觀解經之祖""唐人以禪宗解經者，自長慶一宗，即溫陵諸師之祖也"，將後人解經科分所據之慧振的《科判》、華嚴解經所據之惟愨法師之疏、天台解經所據弘沇法師疏及禪家解經所據的道巘禪師的《楞嚴説文》，條列無餘。在書目的解題中，若爲疏解之祖者則標其源，並略述後世疏解之傳承情況；若爲後世之疏，則標其所本，以明其源，如後世有本之而作疏者，則簡而述之，以見其流。

《古今疏解品目》在編排體例上，也顯現出探源討流的特點。清初通理作《楞嚴經指掌疏懸示》，在言及《蒙鈔》體例時云："按《蒙鈔》有正書，有附引（謂正書下雙行附引）。今依灌頂疏，皆作正書。"② 所謂"正書"，即《蒙鈔》在排列歷代疏解時，將其重要者單行列出，而"附引"則分二種情況：一爲正書經題下的解題，二爲受正書疏解著作影響而作的屬於同一疏解體系的疏解之作。如長水的《首楞嚴義疏注經》下附引："稟長水之學者，有蘇臺元約《疏鈔》，宋時盛行於世，今不傳。又有道歡法師《手鑒》及《釋要》等，皆鈔類也。今略見海眼《補注》及桐洲《集注》。"③ 天如惟則《會解》下附引云："洪武中盤陰沙門洪闊稟承天如，輯《冥樞會解》十卷。萬曆中檇李幻居真界，輯《楞嚴纂注》，燕中講師如相兼采《合論》《管見》等，輯《古今合解》，皆是《會解》枝流，故不別開。"④ 雲棲袾宏《楞嚴摸象記》下附引云："一時講師由雲棲而出者，柴紫乘時有《講録》十卷，雲棲廣莫撰《直解》，虞山鶴林大寂撰《文義》，各十卷。消文貼釋，咸有可采。"⑤ 通過附引，將一派疏解之源流影響所及，揭示無餘。通理所作《楞嚴經指掌疏懸示》，將此附引打散，全部改爲正書，則未見錢氏之用心，亦使目録探源討流的功能淹没無聞，實爲可惜。

---

① 《楞嚴經疏解蒙鈔》，《新編卍續藏經》第 21 册，第 82 頁下。
② 《楞嚴經指掌疏懸示》，《新編卍續藏經》第 24 册，第 166 頁上。
③ 《楞嚴經疏解蒙鈔》，《新編卍續藏經》第 21 册，第 82 頁下。
④ 《楞嚴經疏解蒙鈔》，《新編卍續藏經》第 21 册，第 84 頁下。
⑤ 《楞嚴經疏解蒙鈔》，《新編卍續藏經》第 21 册，第 86 頁上。

　　除《古今疏解品目》外，尤可注意者爲卷末五録之二《佛頂序録》，
其中輯録自長水而下諸家疏解之序録，或可視爲目録著録輯録體之體現。
在目録著録中收存諸家序録，最早始於梁僧佑《出三藏記集》，其後南宋
末王應麟《玉海・藝文志》、元馬端臨《文獻通考・經籍考》輯録衆説，
列於原文後，可視爲輯録體成熟之作。朱彝尊《經義考》、謝啓昆《小學
考》、張金吾《愛日精廬藏書志》皆沿用其體，成爲目録著録之重要體式。
《佛頂序録》共收歷代《楞嚴》疏解題跋文字 21 篇，從中可看出《楞嚴
經》天台、華嚴、禪宗等諸家疏注重心所在。其序云："肇表三空，叡贊
二匠，圓覺宗通，弘傳神唱。隨具宗眼，宿承台嗣，義海互騰，藻火交
熾。都爲序録，庸表正令，展卷歷然，交網懸鏡。輯佛頂序録。"① 此序
與《古今疏解品目》前後對應，對讀之後，自有相得益彰之效，也爲錢氏
佛教目録學成就之體現。

　　二爲忠於原典，謹於校勘。忠於原典，努力探尋並試圖恢復經典的原
貌，是一個文獻整理者所必須具備的最基礎的素質。明代書籍之刊刻，多
有改動原文的弊端，朱元璋實開此種風氣之先。在有明一代諸家書刻中，
毛晉汲古閣本則相對而言，較爲可信，尤其影宋之刻，則達到以假亂真之
境界。在現存錢謙益與毛晉往來書信中，多見二人間商討校書之作，錢氏
校書之嚴謹，可見一二。《蒙鈔》一書，亦反映出此種特點。

　　宋代閣臣中疏解《楞嚴》的爲王安石與張無盡諸人，張氏的《楞嚴海
眼經》，則多有按己意而改動經文之處，錢氏在其解題中云：

　　　　無盡刪修《楞嚴》，竄易緣起，移置前後，芟除重複，改定聖
　　位。……全經面目，抹搬殆盡。……推無盡之本病，蓋有兩端。一則
　　禪人習氣，高抬宗眼，脱略教宗。觀其論太極邪因，料簡清涼，數行
　　之中，引疏而遺鈔，則於他經可知。一則有宋儒者，學粗心大。廬陵
　　敢非《十翼》，河南擅更《戴記》，繆妄成風，無盡遂衡加於教典也。
　　吾爲此懼，普告來者。妙喜復起，不易斯言。②

張無盡之改動《楞嚴》，主要集中在以下幾個方面。一爲改換經名，並認
爲是據梵本而改，此爲錢氏所駁："張無盡不依唐譯，改題爲《清净海眼

①　《楞嚴經疏解蒙鈔》，《新編卍續藏經》第 21 册，第 729 頁上。
②　《楞嚴經疏解蒙鈔》，《新編卍續藏經》第 21 册，第 84 頁上。

經》。輒云'房融不見古本，今依梵本改正'。房筆受竺文，何云未見古本？張所據梵夾，豈是極量重來？無稽之言，良所不取。"① 其二爲根據己意删改經文。如卷一"阿難已知"句下錢氏云："張無盡《海眼經》删'如來下'十三字，補十八字，云：'曾於毗耶離城揀擇行乞，悲心不善，被長者訶。'雷庵受師彈駁甚厲。以改竄經文，其過易見，標以示戒。"② 卷五"佛問圓通，如我所證，返息循空，斯爲第一"句下引張無盡語云："今删廿六字，添二十字，庶與經論無違。又二十五門闕思而剩鼻，減息入思，觀門具足。下文文殊偈，亦修三句。"③ 對此，錢氏按以"私謂"云："無盡删修，敢於變亂經文，改竄偈頌，非聖用罔，莫此爲甚。"④ 卷九"上歷菩薩六十聖位，得意生身，隨往無礙"句下"今删去能成就下經文二十四字"，錢氏云："姑仍其舊文，以戒妄作。"⑤ 其三爲隨意調整經文次序。如卷八"斯亦輪回，妄想流轉，不修三昧，報盡還來散入諸趣"句，張無盡將此段論仙趣之文，移於第九卷論阿修羅趣下，已遭東吳雷庵正受的批駁，認爲"仙趣優於人而劣於天，合次於人之後，天之前"⑥。卷十"阿難，是五受因五妄想成"句下云："張無盡《海眼經》移此文'妄本無因'下至此三十五行，入第三卷十四紙'第一義諦'句下。無盡不了如來重叙五陰、叮嚀教戒深意，拘牽文勢，妄率改修。其過不小，故特明之。"⑦

錢謙益對張無盡删改經文之舉，繼雷庵正受之後，大加批判，並以此希望發揮警世的作用。但經文在流傳過程中，因版本不同，傳抄者水準不一，出現異文情況亦屬難免。針對經文中的異文，錢氏一一校出，並在卷末出校記，注明經文異文。若兩可通者，則注出各本異文情況，不予取捨；若可明斷爲誤者，則注明取捨。如卷第一之三卷末校記云：

> 經文"皆由不知真際所指"，乾道、紹興及海眼、溫陵並云"真際所詣"，惟長水本作所指。……"既無我眼，不成我見"句下，長

① 《楞嚴經疏解蒙鈔》，《新編卐續藏經》第 21 册，第 748 頁下~749 頁上。
② 《楞嚴經疏解蒙鈔》，《新編卐續藏經》第 21 册，第 135 頁下。
③ 《楞嚴經疏解蒙鈔》，《新編卐續藏經》第 21 册，第 405 頁下。
④ 《楞嚴經疏解蒙鈔》，《新編卐續藏經》第 21 册，第 405 頁下。
⑤ 《楞嚴經疏解蒙鈔》，《新編卐續藏經》第 21 册，第 644 頁下。
⑥ 《楞嚴經疏解蒙鈔》，《新編卐續藏經》第 21 册，第 593 頁下。
⑦ 《楞嚴經疏解蒙鈔》，《新編卐續藏經》第 21 册，第 694 頁下。

水、温陵及乾道、紹興二本，俱無"以我眼根"四字，《會解》添出，流俗本仍其誤耳。定本却注云"藏本闕此四字，應補"，其陋如此。長水本"非我見性，自開自合"，諸本作"有開有合"，乾道、紹興及温陵等並同，今且從長水。①

三爲鈎沉輯佚，取材廣泛。自唐惟愨法師疏解開始，歷代諸家疏解之作繁多，其中有得以弘傳者，亦有散失亡佚者。錢謙益疏解此經時，正值其以藏書而雄踞一時的絳雲樓化爲灰燼之後。雖往日藏書盛況已不可睹，半生辛苦都爲祝融取去，但從《蒙鈔》中，亦可反映出其取材之廣與疏注之精。錢謙益《蒙解疏鈔》，於諸家舊疏，廣泛鈎沉，搜羅頗豐。清初通理所作《楞嚴經指掌疏懸示》，即是在錢謙益《古今疏解品目》基礎上擴充而成，其云："先生自稱蒙叟，蓋謂取諸家疏解而以蒙義鈔之。上取崇福已下諸師，以長水爲司南。仍復網羅多家，衷其得失，其搜剔之心良苦。"② 可見取材之廣與用力之勤。其書除福唐沙門可度的《楞嚴經箋》未收外，將此前《楞嚴》疏解著作囊括無餘。

當然，《古今疏解品目》中所著錄之書，當時並非全部見存，也有部分亡佚之作。有書雖不存，但其隻言片語僅存於諸家疏注之中，錢氏將其輯出。此類則有真際崇節法師《刪補疏》、檇李靈光洪敏法師的《證真鈔》，"未見全文，略見《義海》諸錄"③，"蘇臺元約《疏鈔》，宋時盛行於世，今不傳。又有道歡法師《手鑒》及《釋要》等，皆鈔類也，今略見海眼《補注》及桐洲《集注》"④。又有從通行本中單獨輯爲一書的，如元天目中峰幻住明本的《楞嚴徵心辨見或問》一卷係從"《中峰廣録》別出"，天如惟則的《楞嚴會解》有高麗麻穀將惟則補注之語別出，紫柏達觀的《楞嚴解》係從《紫柏全集》中別出，等等。

四爲揀擇異同，疏以存史。錢謙益曾任史官，具有強烈的史官意識與存史意識，明亡後，此一意識顯得更爲強烈和突出。八十卷之《列朝詩集》，以詩存史，爲保存明代之詩有意而作；二十卷之《錢注杜詩》，以詩證史，詩史互證；二百餘卷之《明史》，雖毀於絳雲樓火災之中，而存以

---

① 《楞嚴經疏解蒙鈔》，《新編卐續藏經》第21册，第187頁上。
② 《楞嚴經指掌疏懸示》，《新編卐續藏經》第24册，第166頁上。
③ 《楞嚴經疏解蒙鈔》，《新編卐續藏經》第21册，第82頁下。
④ 《楞嚴經疏解蒙鈔》，《新編卐續藏經》第21册，第82頁下。

至今的《國初群雄事略》《明史斷略》《太宗實録辨證》，亦見其史識史才與史學考據之功力。

《疏解蒙鈔》中的史學意識，前論《古今疏解品目》已見一端。其後之《佛頂五録》，共分《佛頂圖録》《佛頂序録》《佛頂枝録》《佛頂通録》《佛頂宗録》五部分，可視爲《楞嚴經》之傳譯、疏解、流傳、授受之史的概述。

《佛頂圖録》共收圖 19 幅，如序所云："目雖在面，假鏡以尋，圖像引目，可此鏡心。心如畫師，巧幻遷改，茫茫七趣，填設繪彩。道場法界，天宫地獄，觀網交織，燦然尺幅。"① 其中前兩幅圖爲楞嚴持咒結壇圖，第三至第六幅爲涉及佛教宇宙觀念的大千世界、須彌山、忉利天宫諸圖，第七至第十五幅爲關涉此經具體内容的諸如二十五有、楞嚴聖位等圖解，第十六至十八幅爲台家關涉楞嚴觀法之圖，其中第十八幅《總會楞嚴十義之圖》，錢氏注云："後一圖所謂《總會十義》者，未知出於何宗。以古人立此觀法，師資相承，必有來自。今既未能根尋原委，對決是非，則寧過而存之，庶後之君子，或參考而有得焉。"② 表現出濃厚的史料輯存意識。《佛頂枝録》爲錢氏輯《楞嚴》疏解序跋之作，或可視爲輯録體目録著録之作。《佛頂枝録》分傳譯、證本、藏教、弘法、義解、悟解、隨喜七個部分，搜集歷代目録史傳資料中關於《楞嚴經》的史料，分門别類，加以輯録，可視爲一部《楞嚴》之接受史。"傳譯"部分輯《結古今譯經圖記》《宋高僧傳》《釋氏稽古略》《佛祖通載》等史料，對《楞嚴經》的傳譯過程予以揭示，並對房融潤文之疑提出回應，從章法、文法、句法、字法四個方面分析了《楞嚴經》的潤文之妙，充分肯定了《楞嚴經》獨具文學色彩的一面。"證本"一節，引《經律異相》《佛國記》《法苑珠林》《高僧傳》等記載，考察了《楞嚴經》經本持誦流傳情況，考證了唐前流傳之《首楞嚴經》爲《首楞嚴三昧經》，"王舍城閣崛山所説，非舍衛國祇垣精舍所説之《首楞嚴》也"③，對晉宋已有持誦而智者大師不見於隋的質疑予以解釋。"藏教"節中則通過大小乘諸經，對阿難與摩登伽的

① 《楞嚴經疏解蒙鈔》，《新編卐續藏經》第 21 册，第 703 頁上～下。
② 《楞嚴經疏解蒙鈔》，《新編卐續藏經》第 21 册，第 703 頁下。
③ 《楞嚴經疏解蒙鈔》，《新編卐續藏經》第 21 册，第 748 頁下。

宿世歷劫因緣進行考察，"未可以爲人天小教，概從鑴削也。今通會諸經，節而録之，亦證本之餘耳"①。"弘法"專載歷代《楞嚴經》弘傳之事；"義解"則記《楞嚴經》義理參究之事，其中多爲《古今疏解品目》諸師解經之餘事，以天台、華嚴二家爲主；"悟解"載因《楞嚴》而開悟之事，以禪家爲主，以教外諸人開悟之事附之於後。《佛頂通録》與《佛頂宗録》分別從教家與宗家入手，借以説明説通與宗通"橫竪自在"，有調和二家迹象。其中《佛頂宗録》從垂示宗旨、參會公案、舉拈偈頌三個方面入手，從二土初祖開始，通過禪宗諸師歷史的考察，對當下禪宗内部出現的種種弊病給予史實的回應，企圖以此爲禪林中人建立一標的，使似盛而衰的禪家諸派走上發展振興之路。

---

① 《楞嚴經疏解蒙鈔》，《新編卐續藏經》第 21 册，第 749 頁下。

《晏子賦》寫本源流考論[①]

羅　鷺

四川大學中國俗文化研究所

摘　要：目前發現的敦煌寫本《晏子賦》共有十四號，其中七種寫本內容較爲完整，分別是甲卷（P. 2564 號）、乙卷（P. 3716V 號）、丙卷（S. 6332 號）、丁卷（P. 3460 號）、戊卷（P. 3821 號）、己卷（BD207 號背＼北 4773＼宇 007）、庚卷（ДХ. 925…ДХ. 5174…ДХ. 10740＋ДХ. 5565 號）。根據文本校勘所得異文進行比較分析，甲、己、庚三卷屬於同一寫本系統，乙、丙、戊三卷具有相近的淵源關係，丁卷是獨立的寫本系統。這一結論可與前賢對甲、乙、戊、己、庚五個寫卷抄寫年代的考訂相印證，可見版本學界考訂版本源流的方法同樣適用於寫本研究。

關鍵詞：《晏子賦》；敦煌寫本；版本源流

《晏子賦》的敦煌寫本，目前已發現的共有十四號，分別是：P. 2564 號、P. 3716V 號、S. 6332 號、P. 3460 號、P. 3821 號、BD207 號背（北 4773＼宇 007）、P. 2647V 號、ДХ. 925 號、ДХ. 5174 號、ДХ. 10740 號、ДХ. 5565 號、ДХ. 6013 號、P. 2439V 號、S. 5752 號。

學術界對《晏子賦》的整理與研究主要集中在兩方面。首先是文本校錄整理，以劉復《敦煌掇瑣》（中央研究院史語所專刊之一，1925 年）爲最早，但僅據 P. 2564 號予以移錄；其後，王重民等《敦煌變文集》（人

① 本文爲國家社會科學基金重大項目"敦煌變文全集"（14ZDB095）子課題階段性成果。

民文學出版社 1957 年版)，陳世福《敦煌賦研究》(中國文化大學 1978 年碩士論文)，潘重規《敦煌變文集新書》(中國文化大學中文研究所 1983 年初版、臺北文津出版社 1994 年版)，張鴻勛《敦煌講唱文學作品選注》(甘肅人民出版社 1987 年版)，伏俊璉《敦煌賦校注》(甘肅人民出版社 1994 年版)，張錫厚《敦煌賦彙》(江蘇古籍出版社 1996 年版)，黄徵、張涌泉《敦煌變文校注》(中華書局 1997 年版)，項楚《敦煌變文選注》(中華書局 2006 年增訂本) 等先後進行了校勘注釋。以上各種整理本，主要利用的是 P.2564 號、P.3716V 號、S.6332 號、P.3460 號、P.3821 號、P.2647V 號等六種寫本，而張新朋《敦煌詩賦殘片拾遺》對 ДХ.925 號、ДХ.5174 號、ДХ.10740 號、ДХ.5565 號四種俄藏殘片進行了綴合整理，并將原未擬題的 ДХ.6013 號定名爲《晏子賦》殘片①。其次是抄寫年代和書寫情況的研究，顔廷亮《關於〈晏子賦〉寫本的抄寫年代問題》一文對 P.2564 號、P.3716V 號、P.3821 號、S.5752 號等四件《晏子賦》寫本的抄寫年代進行了考辨②；李文潔《敦煌寫本〈晏子賦〉的同卷書寫情況》對九件《晏子賦》寫本的書寫情況進行考察，從文獻完整程度、格式統一程度、書寫工整程度等方面加以評價，并對同卷書寫的其他文獻內容進行分析，指出《晏子賦》往往與俗賦、詞曲、童蒙讀物等文獻共同傳播，爲普通民衆所喜聞樂見，并對國家圖書館所藏 BD207 號背進行校錄③。

　　由於寫本文獻的複雜性與特殊性，《晏子賦》寫卷的文本質量參差不齊，文字歧異與訛誤現象觸目皆是。從版本學的角度來看，很多敦煌寫本雖然年代久遠，具有很高的文物價值，但并非校勘精良的"善本"。對不同版本的文本優劣進行比較分析，梳理版本之間的源流關係，爲進一步整理和研究提供可靠的版本依據，這一方法已經廣泛應用於印本文獻的研究，但是否也適用於寫本文獻的研究呢? 本文以文本校勘爲主要依據，嘗試對《晏子賦》的寫本源流加以考察，以期突破版本學與寫本學的藩籬，爲進一步整理和研究《晏子賦》提供可靠的版本依據。

---

① 張新朋《敦煌詩賦殘片拾遺》，《敦煌研究》2011 年第 5 期，第 79~80 頁。
② 顔廷亮《關於〈晏子賦〉寫本的抄寫年代問題》，《敦煌研究》1997 年第 2 期，第 134~139 頁。
③ 李文潔《敦煌寫本·〈晏子賦〉的同卷書寫情況》，《文獻》2006 年第 1 期，第 55~63 頁。

一

在目前已發現的十四號《晏子賦》敦煌寫卷中，P.2439 號背面雜抄"晏子賦一首"及卷首二行："昔者程晏子使於梁國爲使，梁王問左右曰：'其人何［似］?'左右對曰：'使者晏子。'"① 間隔六行又雜抄正文四行：

> 井水須心（深）裏無魚。五尺大蛇怯蜘蛛，三寸車［轄制］車輪。得長何［益］，德（得）［短］何嫌？梁王曰："不道卿［短］小，何如（以）［黑］色?"［晏］子［對］王曰："［黑］者，天地［之］性也。［黑］羊之肉，［豈］可不食？［黑］牛［駕］車，［豈］可無力?"

P.2647V 號雜抄《晏子賦》卷首六行，訖"國內無人，遣"，且文句多有不同，潘重規《敦煌變文集新書》認爲"疑是寫者憑記憶信手塗鴉，非抄文也"②。S.5752 號雜寫《百鳥名》《醜婦賦》間空白處寫有"晏子賦一首"五字，未抄録正文。以上三件寫卷皆屬習字雜寫性質，篇幅節略太甚，不能視爲正式的寫本。此外，ДХ.6013 號碎片僅殘存正文十字，文獻價值也非常有限。因此，本文重點討論其餘七種寫卷，茲將各本情況簡述如下③。

甲卷（P.2564 號）

本卷正面抄本篇、"齖䶗新婦文一本"、"太公家教壹卷"，背面抄《佛頂尊勝陀羅尼經略抄》、《百行章疏》、白畫鬼神及屬習字性質的"乙酉年五月八日立契"、"辛巳年二月十日"（倒寫）雜賬。本篇首尾皆題"晏子賦一首"，內容完整，正文二十七行，行二十一至二十七字不等，有烏絲欄。

乙卷（P.3716V 號）

本卷正面爲《瑜伽師地論手記》三十一卷和三十二卷，後一卷首題下

---

① 標點爲筆者所加，下同。
② 潘重規《敦煌變文集新書》，臺北：文津出版社，1994 年，第 1137 頁。
③ 以下對各本的敘録參考了浙江大學張涌泉教授對筆者的《敦煌變文全集·晏子賦》題解草稿的修改意見，特此致謝！

署"沙門洪真"，該文卷背的騎縫處亦有多處"沙門洪真"的朱筆簽名；背面前抄"新集書儀一卷"（末署"天成五年庚寅歲五月十五日燉煌伎術院禮生張儒通"），空數行抄"王梵志詩一卷"及本篇，後抄"趙冷醜婦賦一首""白鳥名"。本篇首尾皆題"晏子賦一首"，內容完整。

丙卷（S. 6332 號）

本卷首尾基本完整，首題存"晏子賦"三字（該行下缺），正文存三十六行，行約十五至十九字，前二十行存上部四至九字，後十六行存下部四至六字（前一部分末行上部"此言見白"四字與後一部分首行行末四殘字實爲同一行的上下部分，可以上下遙綴）。

丁卷（P. 3460 號）

本卷爲殘紙一張，首全尾缺，存二十一行，首題"晏子賦一首"，訖"不道卿黑色"句"卿黑"二殘字，後殘泐。本卷抄於正面（背面空白），且書法較佳，文句也有佳勝之處，可惜後部殘缺。

戊卷（P. 3821 號）

此本爲册葉裝，前抄《緇門百歲篇》《丈夫百歲篇》《女人百歲篇》《百歲詩拾首》《十二時行孝文》《曲子感皇恩》等；後抄本篇，首全尾缺，首題"晏子賦一首"，訖"方之此言見大何益。梁"，後有缺文。

己卷（BD207 號背＼北 4773＼字 007）

本卷正面爲《妙法蓮華經》卷二；背面前爲雜抄，第四行有"乙酉年十二月十八日安永興自手寫已"字樣，第十行至第二十九行抄本篇，首全尾缺，首題"晏子賦壹首"，訖"方之此言"句前二字，未抄完即接抄"之""而""人""見"等習字及其他雜抄，其中有"丙戌年五月廿一日立契，赤心鄉"字樣，書法不佳，蓋皆屬習書文字。

庚卷（ДХ. 925 號…ДХ. 5174 號…ДХ. 10740 號＋ДХ. 5565號）

本卷四號皆殘片，其中前一號《孟目》及《俄藏》擬題"晏子賦"，後三號《俄藏》未定名。張新朋《敦煌詩賦殘片拾遺》謂此四號皆爲《晏子賦》殘片，且其內容前後相承，可以綴合，其中後二號可以直接綴合，ДХ. 925 號與 ДХ. 5174 號之間約缺一行，ДХ. 5174 號與 ДХ. 10740 號間約缺四五字①。綴合後始首題"晏子▨（賦）"，訖"見大何意（益）。▨□□□（梁王問曰）"。

<h1 style="text-align:center">二</h1>

上文所述七種《晏子賦》寫卷，甲、乙兩卷內容完整，歷來受到研究者的重視。王重民《敦煌變文集》，潘重規《敦煌變文集新書》，黃徵、張涌泉《敦煌變文校注》，項楚《敦煌變文選注（增訂本）》等具有里程碑意義的敦煌變文整理本無一例外地選取甲卷作爲底本進行校錄，說明大家公認甲卷的質量最高。但不容忽視的是，參考各種校本，并反復核對，我們意外地發現，甲、乙二卷的異文多達 57 處，且互有優劣，說明二者分屬不同的寫本系統，其版本源流和版本優劣值得重新探究。而其他五個寫卷，儘管多有殘缺，但各本與甲、乙二卷是何關係？各本之間有何關聯？有無獨特的版本校勘價值？何本更接近作者的原稿？這些問題，在作者、抄寫者、紙卷年代等信息都模糊不清的情況下，只能憑借文本校勘這一途徑加以考察。對上述七種寫卷進行彙校，共得異文 72 處。爲免繁瑣，本文不逐一羅列原文語句，僅將異文制成表格（表 1），以便閱讀和討論。

表 1　敦煌本《晏子賦》七種寫卷異文對照表②

甲卷	乙卷	丙卷	丁卷	戊卷	己卷	庚卷
者	者	者	有	有	者	▨
左右對	左右人	▨	左右	左右	左右對	▨
何似	何似	何似	似誰	似	何似	似誰
對曰	對王曰	對王曰	對曰	對王曰	對曰	對曰
使	其	▨	使	其	使	使
醜陋	醜陋	▨	醜	醜陋	醜陋	醜陋
附齒	附齒	覆▨	附齒	附齒	附齒	附齒
踝	踝	▨	踝	跨	踝	▨

---

① 《敦煌詩賦殘片拾遺》，《敦煌研究》2011 年第 5 期，第 79~80 頁。
② 本表所列異文主要參考黃徵、張涌泉《敦煌變文校注》，并核對原卷彩色圖片。表中的▨代表殘闕文字。

甲卷	乙卷	丙卷	丁卷	戊卷	己卷	庚卷
既貌	面貌	既貌	既貌	既貌	既貌	▨
唤	小	▨	唤	喚	唤	▨
從小門	即從小門	▨	從門	即從小門	從小門	▨
問曰	問晏子曰	問曰	問曰	問曰	問曰	▨
王若	若	王若	王若	王若	王若	▨
造作	造	▨	造	造	造乍	▨
梁王曰	梁王問晏子曰	［梁王問晏］子曰	梁王曰	梁王問晏子曰	梁王曰	▨
遣卿	遣卿	遣卿▨	遣卿到	遣卿	遣卿	▨
來	來也	▨	來也	來也	來也	▨
晏子對曰	晏子對王曰	▨	晏子對曰	晏子對王曰	晏子對曰	▨對王曰
聰明志惠	聰明智惠	▨	聰明智惠	聰明智惠	明去志惠	▨
智梁	智量	▨	智量	智量	知梁	▨
去	去	▨	去	去也	去	▨
無志	無志	無智	無志	無智	無志	▨
無志國	無智國	▨	無智國	無志國	無志國	▨
來	來也	▨	來	來也	來	▨
不道卿無智	不道卿無志	▨智	不道卿無智	不道卿無智	不來道卿智	▨
矩小	短小	矩小	矩小	短小	矩小	▨
樹須	雖	▨	樹	樹	樹須	▨
大	大	▨	長	大	大	▨
須深	雖深	雖深	雖深	深	須深	▨
怯	恨	▨	怕	怕	怯	怕
蛛	蛛	▨	跦	蛛	蛛	脱"蛛"字
轄	輕	轄	轄	轄	轄	▨
製	制	製	政	制	脱"製"字	▨

續表1

甲卷	乙卷	丙卷	丁卷	戊卷	己卷	庚卷
五尺、三寸二句	二句互乙	╱	二句不乙	二句互乙	二句不乙	二句不乙
天地之性	天地之姓	天地之性	天地之姓	天地之姓	天之生	天地之姓
趁兔	趁兔	╱	趁兔	趁兔	起土	╱
鶴	鸖	╱	鶴	鸖	雟	╱
漆	漆	╱	漆	膝	漆	╱
嚮	向	╱	嚮	向	嚮	╱
其前	其前	╱	其人前	其前	其前	╱
挺	掟	╱	╱	定	挺	╱
王邊	王前	╱	╱	王邊	王邊	╱
桑椹	桑甚	╱	□嗽椹	桑椹	桑甚	╱
先嘗	嘗	╱	先╱	常（嘗）	先嘗	先嘗
之此言	方知此言	╱此言	╱	方之此言	此言	
見大	見	見白	╱	見大	見大	╱
"晏子對王曰"一段	有此段	有此段	無此段	有此段	有此段	有此段
晏子對王曰	又，晏子對王曰	╱	無此句	又，晏子對王曰	晏子對王曰	╱
能定四方	能定四方	╱	無此句	定四方	能定四方	定四方
麒麟	鶀鱗	╱	無此句	麒麟	"麒麟"二字脱	麒麟
小鎚能鳴	小鳴	╱	無此句	小鳴	小皷能鳴	╱
何意	何益	何益	無此句	何益	╱	何意
梁王問曰	梁王曰	梁王曰	╱	梁╱	╱	梁╱
卿黑色	卿短小	卿短小	卿黑╱	╱	╱	╱
體有於	有橄	有╱	╱	╱	╱	╱
稻米	稻桑	╱	╱	╱	╱	╱
論功	論金（今）	╱	╱	╱	╱	╱
停	嬃	╱	╱	╱	╱	╱

續表1

甲卷	乙卷	丙卷	丁卷	戊卷	己卷	庚卷
説苦	論説古	☑	☑	☑	☑	☑
今臣共其王言	臣今共王言論	☑	☑	☑	☑	☑
問其先祖	問我先祖	問我先祖	☑	☑	☑	☑
王乃	梁王	☑	☑	☑	☑	☑
何者爲公	何者爲父	☑	☑			
何者爲左?何者爲右?何者爲夫?何者爲婦?	何者爲夫?何者爲婦?何者爲左?何者爲右?	☑夫? 何者爲婦? ☑	☑	☑	☑	☑
風從何處出? 雨從何處來? 霜從何處下? 露從何處生?	風從何處來? 雨從何處下? 霜從何處出? 露從何處起?	處 下? 露 從何☑	☑	☑	☑	☑
幾千萬里	幾萬里	☑	☑	☑	☑	☑
何者是小人? 何者是君子?	何者是君子? 何者是小人?	何者是君子? 何[者是小人?]	☑	☑	☑	☑
陰陽之性	陰陽之本性	☑	☑	☑	☑	☑
天爲公	天爲翁	☑	☑	☑	☑	☑
南爲表,北爲裏,東爲左,西爲右	東爲左,西爲右,南爲表,北爲裏	[東爲左,西爲右,南爲表,北]爲裏	☑	☑	☑	☑
富貴	富者	☑	☑	☑	☑	☑
是名晏子	是名君子也	☑	☑	☑	☑	☑

　　從上表可以看出，這七種寫卷共有異文 72 處，以甲卷作爲參照，如果其他各卷與甲卷的異文越少，也就越接近甲卷；反之，異文越多，與甲卷的關係就越疏遠。考慮到其餘五種寫卷均有闕佚，我們只能以異文與殘存部分的比例進行比較。以下是統計結果：

乙卷與甲卷相比，有異文 57 處，占全部 72 處異文的 79％；

丙卷與甲卷相比，有異文 12 處，占殘存部分 25 處異文的 48％；

丁卷與甲卷相比，有異文 27 處，占殘存部分 49 處異文的 55％；

戊卷與甲卷相比，有異文 35 處，占殘存部分 52 處異文的 67％；

己卷與甲卷相比，有異文 14 處，占殘存部分 51 處異文的 27％；

庚卷與甲卷相比，有異文 6 處，占殘存部分 15 處異文的 40％。

根據以上數據，相比於其他寫卷，乙卷與甲卷的文字差異最大，戊卷次之；己卷與甲卷的差異最小，庚卷次之；丙、丁兩卷居中。這一統計結果粗略地反映了各本之間的關係，即甲、己、庚三卷屬於同一寫本系統，乙、戊二卷屬於同一寫本系統，丙、丁兩卷比較特殊，還需深入考察。現結合文本校勘的細節進一步加以驗證。

（一）甲、己、庚三卷的同源關係

寫本文獻因書寫者粗心大意，形近而誤或者抄脫的現象非常普遍。己卷是習書之作，其文本訛誤主要是出於抄寫者的馬虎草率，因此很容易發現訛誤的由來，并恢復底本的原貌。己卷是所有敦煌卷子中最接近甲卷的寫本，不僅是因爲二者的異文只有 14 處，而且是由於己卷的訛誤均有迹可尋。例如，"王若置造〔作〕人家之門"一句，乙、丁、戊各卷皆無"作"字，而己卷作"乍"，明顯是甲卷的"作"字缺失部首而產生的訛字；又如，"故使向智梁（量）之國去"一句的"智梁"，乙、丁、戊各卷皆作"智量"，己卷作"知梁"，可見"梁"字沿襲甲卷之誤，"知"則與"智"相通。除去形近字 6 處、脫文 5 處，與甲卷相比，己卷真正具有校勘意義的異文只有 3 處，占殘存部分 51 處異文的 6％。因此，己卷的底本很可能是甲卷或者與甲卷同源的寫本。

庚卷是由俄藏四殘片綴合而成，殘存文字較少，但以其殘存部分與甲卷比較，文字多有雷同之處。例如，"見大何意（益）"的"意"字，乙、丙、戊各卷皆作"益"，唯有庚卷沿襲甲卷之誤。除去形近字 1 處、脫文 2 處，與甲卷相比，庚卷有資於校勘的異文只有 3 處，占殘存部分 15 處異文的 20％，可見庚卷與甲卷的文本差異也很小，二者屬於同一寫本系統。

（二）乙、戊二卷的同源關係

由於乙卷、戊卷與甲卷的異文較多，我們有理由推斷乙、戊二者的親源關係更近。但戊卷與甲卷的異文有 35 處，占殘存部分 52 處異文的 67％；與乙卷的異文也有 25 處，異文比例約爲 48％，乙卷與戊卷的關係似乎既不疏遠，也不親近。不過仔細分析戊卷與乙卷 25 處異文的具體情況，其中有 16 處是無關緊要的形近字、同音字或脱文，而某些具有標志性的文本特徵則爲乙、戊二卷所共有。例如，"五尺大蛇怯蜘蛛，三寸車轄制車輪"二句，丁、庚二卷與甲卷順序相同，唯獨乙、戊二卷互乙，恰好"蛛"字與"虚""魚"押韻，説明二句互乙更爲合理。又如，"晏子對王曰：'劍雖三尺……'"一段，應當在"梁王曰：'不道卿矩（短）小，何以黑色？'"一段之前，補充説明"長短大小"之問，但甲、乙、戊、己四卷皆錯簡或誤補在該段之後；爲了文意相連，乙、戊二卷在"晏子"之前加了"又"字，爲甲、己二卷所無。又如，"小鎚能鳴大鼓"一句，乙、戊二卷皆脱"鎚能"二字作"小鳴大鼓"，説明二者的底本都缺失了二字；可以作爲佐證的是，己卷與甲卷具有同源關係，由於"鎚"字難寫，初學者訛作"皷"，但"能"字未脱。此外，如"製車輪"之"製"字作"制"，"嚮其前"之"嚮"字作"向"，"從小門而入"之"從"字前有"即"字，皆是乙、戊二卷所共有。

乙、戊二卷還保留了不少珍貴的異文，可以校證其他諸本的訛誤。例如，"腰不附踝（胯）"之"踝"字，各本皆誤，唯有戊卷作"跨（胯）"；"既（面）貌觀占"之"既"字，唯有乙卷作"面"，等等。可見乙、戊二卷與甲、己、庚卷不同，屬於另一寫本系統，具有重要的校勘價值。

（三）丙卷與乙卷、戊卷具有同源關係

丙卷雖然首尾基本完整，但由於每行中間殘闕嚴重，故存留的文字不多。丙卷與甲卷相比，異文有 12 處，占殘存部分 25 處異文的 48％；丙卷與乙卷相比，異文也有 12 處，占殘存部分 24 處異文的 50％。因此，丙卷似乎是介於甲卷與乙卷之間的過渡性文本。但去除一些無關緊要的異文，着眼於關鍵性的文本特徵，丙卷與乙卷的關係更爲密切。例如，"左右對曰"一句，甲、丁、己、庚卷文字相同，丙卷與乙、戊卷相同，即"對"下有"王"字；"梁王曰：'齊國無人'"一句，甲、丁、己卷相同，丙卷有殘闕，存"子曰"二字，可據乙、戊二卷添補爲"［梁王問晏］子曰"；"見大何意（益）"一句之"意"字，甲、庚卷相同，丙卷與乙、戊卷同作"益"；"不道卿黑色"一句，甲、丁卷相同，但因上段錯簡，故書手或改"黑色"爲"短小"以弭縫，丙卷與乙卷皆作"短小"，應當具有共同的淵源關係；"問我先祖"一句，丙卷與乙卷相同，而甲卷"我"字作"其"；"何者是君子？何者是小人？"二句，丙卷與乙卷同，而甲卷互乙；"東爲左，西爲右，南爲表，北爲裏"四句，丙卷與乙卷同，而甲卷南、北二句在東、西二句前，等等。由此可見，丙卷與乙卷、戊卷具有同源關係。不僅如此，丙卷還與乙、戊二卷有相似之處，即保存了不少具有校勘價值的異文。如"脣不附（覆）齒"一句，諸本皆作"附"，只有丙卷作"覆"；"見大（白）何益"一句，甲、戊、己三卷皆誤作"大"，而丙卷作"白"，正與該段討論的"黑色"相應。異本之所以可貴，正在於保存了有價值的異文。丙卷無論是對於甲卷系統而言，還是對具有同源關係的乙卷、戊卷，都有一定的校勘價值，這是不容忽視的。

（四）丁卷是獨立於甲卷、乙卷之外的寫本系統

在所有的《晏子賦》寫本中，丁卷無論是外在物質形態還是內在文本特徵都具有相當的獨特性。丁卷殘存一紙，首全尾殘，約少三分之一篇幅，書法工整，背面空白，原卷似乎是專爲抄寫《晏子賦》而存在的。更重要的是，文本校勘的結果表明，丁卷與其餘六種寫本的文字差異都很大，現將校勘情況羅列於下：

丁卷與甲卷相比，有異文 27 處，占殘存部分 49 處異文的 55%；

丁卷與乙卷相比，有異文 37 處，占殘存部分 49 處異文的 76%；

丁卷與丙卷相比，有異文 12 處，占殘存部分 19 處異文的 63%；

丁卷與戊卷相比，有異文 32 處，占殘存部分 48 處異文的 67%；

丁卷與己卷相比，有異文 27 處，占殘存部分 47 處異文的 57%；

丁卷與庚卷相比，有異文 8 處，占殘存部分 15 處異文的 53%。

以上數據表明，丁卷與任何其他寫卷的異文比例都大於 50%，我們很難將它歸入甲卷或乙卷系統中的任何一個。丁卷在文本內容方面最爲獨特的是沒有"劍雖三尺"一段，"黑者先"以下闕十五字接"［不道］卿黑（後缺）"，能夠糾正諸本錯簡之誤。《敦煌變文集》在校證該段時曾引用啓功的觀點：

> 實是錯簡，應在"得長何益，得短何嫌"句後。蓋梁王諷晏子短小，晏子駁完短小，然後梁王又提出色黑的譏諷。這一段駁小，應在

提出色黑之前甚明。可是三卷俱如此作，可知都是根據錯簡本鈔來的。①

在現存較爲完整的七個寫卷中，除了丁卷，其餘六卷均有錯簡。丁卷沒有該段，可證原文提出"黑色"的譏諷後緊接着問"先祖"，而不是補充回答"短小"的問題。如果沒有丁卷，有關該段的校勘就只能是理校，而缺少必要的版本依據。由此可見，丁卷具有重要的校勘價值，如果沒有殘闕，很可能是《晏子賦》的現存最佳寫本，也可能最接近作者的原稿。

三

根據文本校勘，我們已經清楚《晏子賦》各本之間的關係：甲、己、庚三卷屬於同一寫本系統，乙、丙、戊三卷具有相近的淵源關係，丁卷屬於獨立的寫本系統。這一結論能否通過其他途徑得到驗證呢？是否與學者們對各卷抄寫年代的研究相矛盾呢？

首先，關於甲卷的抄寫年代，學者們多根據同卷雜書"乙酉年五月八日立契"一行來推斷。張錫厚依據吐蕃統治敦煌時期只用干支紀年之例，認爲乙酉年爲 805 年，由此推斷底卷抄寫於 805 年之前②；顔廷亮指出干支紀年并不限於蕃占時期，他根據其他敦煌寫本中《太公家教》《㜑嫜新婦文》均抄於歸義軍時期，因而推斷乙酉年應當是歸義軍時期的 865 或925、985 年，很可能是 925 年前後③。顔説更爲合理。

與甲卷屬於同一版本系統的己卷，《晏子賦》抄寫於背面，《國家圖書館藏敦煌遺書》稱正面部分爲 7—8 世紀唐寫本，背面部分爲 9—10 世紀歸義軍時期寫本④，這就與甲卷抄寫年代相近。尤其是背面雜抄第四行有"乙酉年十二月十八日安永興自手寫已"字樣，與甲卷的乙酉年應當是同一年。可以作爲佐證的是，P. 2439 號背面雜書"乙酉年十月廿日徐再興"

① 王重民等《敦煌變文集》，北京：人民文學出版社，1957 年，第 247 頁。

② 張錫厚《關於整理〈敦煌賦集〉的幾個問題》，載《敦煌語言文學論文集》，杭州：浙江古籍出版社，1988 年，第 239 頁。

③ 《關於〈晏子賦〉寫本的抄寫年代問題》，《敦煌研究》1997 年第 2 期，第 135~137 頁。

④ 中國國家圖書館編、任繼愈主編《國家圖書館藏敦煌遺書》第 4 册條記目録，北京：北京圖書館出版社，2005 年，第 4~5 頁。

字樣，又有"囗月十六日卯於永安寺門"字樣，而甲卷"乙酉年五月八日立契"之下隱約可見"永安寺"三字，旁邊又有"甲申年八月三日永安寺"字樣，不僅年代相近，抄寫地點也相同，應當是同時同地的抄本。

至於庚卷，由於只剩殘片，無法推斷準確的抄寫年代。《孟目》推定其中的ДХ.925號爲9—11世紀寫本①，可供參考。但無論如何，文本校勘的結果與甲、己、庚三卷的抄寫年代是一致的，也證明上述研究方法的可行性。

其次，關於乙卷的抄寫年代，由於該卷正面的《瑜伽師地論手記》係沙門洪真聽高僧法成講《瑜伽師地論》所做筆記，據前賢研究，法成在敦煌開元寺講解《瑜伽師地論》，約在大中九年（855）至大中十二年（858）年前後②，而本卷正面所抄卷三十一、三十二的講解時間應在大中十一年（857）六至八月間，那麼，背面所抄文字也應當在大中十一年之後③。本卷背面右邊抄"新集書儀一卷"，末有"天成五年"題記，左側依次抄"王梵志詩一卷""晏子賦一首""趙冶醜婦賦一首""白鳥名"四種文獻，據李文潔研究，後者是出於另一人手筆④。由於"王梵志詩"與"新集書儀"之間有空白，很難斷定孰先孰後，因此，《晏子賦》等詩賦作品的抄寫年代應當在天成五年（930）前後，其上限不早於大中十一年，下限則不詳。

與乙卷淵源相近的戊卷，同卷前面所抄《百歲詩拾首》出於唐河西都僧統悟真之手，大約撰作於唐僖宗廣明元年（880）⑤，顏廷亮據以推斷同卷的《晏子賦》寫本亦必在此年之後⑥。與乙卷一樣，雖然下限都不清楚，但上限分別爲857年和880年，二者的抄寫年代非常接近。

綜上所述，學術界對《晏子賦》甲、乙、戊、己、庚五卷抄寫年代的考訂，與本文通過異文比較歸納的寫本系統可以相互印證。這就說明，版

---

① 孟列夫主編《俄藏敦煌漢文寫卷敘錄》，上海：上海古籍出版社，1999年，上册，第593頁。

② 參看張涌泉、徐鍵《〈瑜伽師地論〉系列敦煌殘卷綴合研究》，《安徽大學學報（哲學社會科學版）》2015年第3期，第86~87頁。

③ 此爲張涌泉教授賜告，特此致謝。

④ 《敦煌寫本〈晏子賦〉的同卷書寫情況》，《文獻》2006年第1期，第57頁。

⑤ 參看鄭炳林《敦煌碑銘贊輯釋》，蘭州：甘肅教育出版社，1992年，第128頁。

⑥ 《關於〈晏子賦〉寫本的抄寫年代問題》，《敦煌研究》1997年第2期，第137頁。

本學界考訂版本源流的方法同樣適用於寫本研究。只不過由於寫本文獻的
抄寫年代大多模糊不清，很難像版刻研究那樣精確地梳理版本刊刻年代以
及先後次序；而且由於輾轉傳抄產生大量訛誤，即使是同一版本系統的兩
個寫本，其文本歧異也遠遠大於不同刻本之間的差距。本文只是爲進一步
校勘整理《敦煌變文全集·晏子賦》作出的初步嘗試，不足之處，敬請方
家不吝賜教。

唐人寫本《靈飛經》與《上清素奏丹符靈飛六甲》的復原

許　蔚

上海社會科學院文學研究所

摘　要：《靈飛經》是流傳至今的唐人書迹，其内容摘抄自古上清經《上清素奏丹符靈飛六甲》。以《靈飛經》爲基礎，結合《道藏》所見三種殘篇以及其他道經的引文，能够較全面地瞭解《上清素奏丹符靈飛六甲》的結構與内容，並恢復其大體面貌。

關鍵詞：寫本；《靈飛經》；上清經；《上清素奏丹符靈飛六甲》

唐人寫本《靈飛經》是明清時代以來頗爲流行的著名唐人書迹。該寫本所展現的唐代小楷書法技藝雖然廣受書家重視，但該寫本的文本内容則幾乎無人關注①，甚至中古道教特别是上清經或者敦煌道經的研究者也幾乎未注意該寫本及其内容②。但該寫本内容與東晉古上清經《上清素奏丹符靈飛六甲》關係密切。今《道藏》所收該經已非全帙，而該寫卷亦非全文抄録，但仍可據以瞭解並恢復該經的基本格局與大體内容。

---

① 儘管對内容没有涉及，但張雷曾舉《上清瓊宫靈飛六甲左右上符》、《上清瓊宫靈飛六甲籙》，認爲是該經全名，見張雷《從〈靈飛經〉到唐人的經文書法》，《上海文博》2004 年第 1 期，第 41 頁。陸一襲其説，並引《真誥》卷五"仙道有素奏丹符以召六甲"及《上清大洞真經目》"上清素奏丹符靈飛六甲一卷"，認爲就是該經，見陸一《〈靈飛經〉與〈轉輪聖王經〉研究》，中國美術學院碩士學位論文，2013 年，第 20 頁。

② 目力所及，唯有土屋昌明在介紹玉真公主的道術時曾涉及"靈飛六甲"，並提到袁桷的題跋和大都會博物館所藏寫本，但也並未作進一步的討論。見土屋昌明《神仙幻想：道教的生活》，東京：春秋社，2002 年，第 156 頁。

一、《上清素奏丹符靈飛六甲》的源流與授受

關於靈飛六甲，據法藏編號 P. 2337 敦煌寫卷《三洞奉道科誡經》卷五《法次儀》所列"正一法位"，洞真法師所受法籙中見有《上清太上瓊宮靈飛六甲錄》[①]；無上洞真法師所受《上清大洞真經目》著錄王君授南真三十四卷真經，其中見有《上清素奏丹符靈飛六甲》一卷[②]。前者應爲配合後者所用之法籙。《通志·藝文略》亦按經、符籙兩類分別著錄《靈飛六甲經》一卷[③]和《靈飛六甲左右內名玉符》一卷、《上清洞真瓊宮五帝靈飛六甲內文》三卷、《上清瓊宮靈飛六甲錄》一卷[④]。後者則爲記述靈飛六甲法之經。據《真誥》卷十八《握真輔第二》載"掾泰和元年八月服六甲符"，注謂"此靈飛六甲法，別有經"[⑤]，可以得到證明。

《真誥》卷五《甄命授第一》述清靈裴君所授"仙道有《素奏丹符》，以召六甲"[⑥]。此《素奏丹符》用來召六甲，似乎應該就是靈飛六甲經。另據《無上秘要》卷三十《經文出所品》引《龍景九文紫鳳赤書》稱"《瓊宮五帝靈飛六甲內文》《太上六甲素奏丹符》《五帝內真通靈之文》《靈飛左右六十上符》，右並生於九玄之中，結清陽之炁，以成玉文"[⑦]，又《雲笈七籤》卷九《三洞經教部·經釋》中"釋靈飛六甲"曰"《瓊宮

---

① 李德範輯《敦煌道藏》，北京：全國圖書館文獻縮微複製中心，1999 年，第 4 冊，第 1703 頁；《洞玄靈寶三洞奉道科戒營始》卷四，《道藏》，北京：文物出版社等，1988 年，第 24 冊，第 759 頁。一般根據該卷首所題，稱作《三洞奉道科誡儀範》，但該卷末題作《三洞奉道科誡經》，而 P. 3682 卷末也題作《三洞奉道科誡經》，故本文稱作《三洞奉道科誡經》。關於《三洞奉道科誡經》的時代與文本形成過程的最新研究，參見趙益《六朝隋唐道教文獻研究》，南京：鳳凰出版社，2012 年，第 178～224 頁。另，洞真法師所受法籙中還有《上清太上素奏丹符籙》，似亦當爲配合《上清素奏丹符靈飛六甲》所用之法籙。

② 《敦煌道藏》第 4 冊，第 1704 頁。《洞玄靈寶三洞奉道科戒營始》卷五，《道藏》第 24 冊，第 759 頁。

③ 鄭樵《通志二十略》，王樹民點校，北京：中華書局，1995 年，第 1620 頁。同卷另著錄《老君說六丁六甲玉女真神秘經》一卷、《三甲經》一卷，尤以前者應與《六甲靈飛經》有關。

④ 《通志二十略》第 1623～1624 頁。同卷另著錄《老子六甲秘符妙籙》一卷、《六丁通應玉女真籙手訣》一卷、《黃帝六甲符訣》一卷等。以上亦見《崇文總目》。另外，《茅山志》也以經、籙分別列入《上清大洞寶經篇目》和《上清大洞寶籙篇目》。

⑤ 陶弘景編《真誥》卷十八，趙益點校，北京：中華書局，2011 年，第 325 頁；吉川忠夫、麥谷邦夫編《真誥研究（譯注篇）》，京都：京都大學人文科學研究所，2000 年，第 658 頁。

⑥ 《真誥》卷五，第 82 頁；《真誥研究（譯注篇）》第 186 頁。

⑦ 《道藏》第 25 冊，第 97 頁。

五帝靈飛六甲内文》，一名《太上六甲素奏丹符》，一名《五帝内真通靈之文》，一名《玉精真訣》，一名《景中之道》，一名《白羽黑翮隱玄上經靈飛左右六十上符》，並生於九玄之中，結清陽之氣以成玉文"①，則《素奏丹符》可能就是《太上六甲素奏丹符》的略稱，亦即《靈飛六甲》同經異名。而《真誥》卷十四《稽神樞第四》又見有許謐從《靈飛六甲經》中抄出之文字。因此，可以確信《上清素奏丹符靈飛六甲》爲東晉古上清經無疑。

今《正統道藏》中見有《上清瓊宫靈飛六甲左右上符》一卷、《上清瓊宫靈飛六甲錄》一卷，二者内容基本一致，文字略有出入。其中，二者卷首所述"《左右靈飛六甲符》，一名《玉精真訣》，一名《景中之道》，一名《白羽黑翮隱游上經靈飛六甲神道》也"②，與前舉《雲笈七籤》基本一致。又《無上秘要》卷三十《經文出所品》見引《洞真瓊宫左右靈飛六甲上符》曰"《洞真瓊宫左右靈飛六甲上符》，一名《玉精真訣》，一名《景中之道》，一名《白羽鳥翮》"③，除内容基本一致外，題名也與《上清瓊宫靈飛六甲左右上符》幾乎完全一致。又，二者卷末所述"九疑真人韓偉遠昔受此方"至"一旦失所在"云云，見於《真誥》卷十四《稽神樞第四》，注謂"此事乃出《靈飛六甲經》中。長史鈔出之"④。由此，似可認爲二者即《上清素奏丹符靈飛六甲》，《道藏提要》即作如是觀⑤。而賀碧來則指出《無上秘要》與《太平御覽》的部分引文並不見於二者，進而判斷二者均屬殘篇⑥。此看法應可同意。

值得注意的是，《上清瓊宫靈飛六甲錄》與《上清太上瓊宫靈飛六甲錄》的題名幾乎一致，僅就此而言，似乎應偏指法錄。而《道藏闕經目錄》卷上著錄《洞真上清瓊宫五帝靈飛六甲内文經（有符）》《上清靈飛六甲符》《上清靈飛六甲真文經（有符）》等三種⑦。其中，《洞真上清瓊宫

---

① 《道藏》第22冊，第55頁。
② 《道藏》第2冊，第169頁；《道藏》第34冊，第161頁。
③ 《道藏》第25冊，第99頁。
④ 《真誥》卷十四，第258頁。
⑤ 任繼愈、鍾肇鵬主編《道藏提要（第三次修訂）》，北京：中國社會科學出版社，2005年，第37頁。
⑥ Kristofer Schipper& Franciscus Verellen, ed. *The Taoist Canon: A Historical Companion to the Daozang*, Vol. 1, The University of Chicago Press, 2004, p. 174.
⑦ 《道藏》第34冊，第502~503頁。

五帝靈飛六甲内文經》與前擧《無上秘要》所述《瓊宮五帝靈飛六甲内文》題名相近，當即《上清素奏丹符靈飛六甲》。而内文即真文，則《上清靈飛六甲真文經》可能也是同經異名。至於《上清靈飛六甲符》，應與前擧《真誥》所述"六甲符"有關，可能是六甲符的抄録，也可能是《上清太上瓊宮靈飛六甲録》的同經異名。而如果是同經異名，則就應該是包括六甲符以及玉女名姓、服色甚至圖像等内容的靈飛六甲法録。因而此處似乎也可以看作是以經、録分別著録，則尚與《三洞奉道科誡經》所載法位傳授程序相合。

今《正統道藏》中另見有《洞玄靈寶六甲玉女上宮歌章》一卷。賀碧來認爲該經雖題"靈寶"，但並非靈寶經，而屬於上清經群，並指出該經可析爲對應於《上清瓊宮靈飛六甲左右上符》中六甲符的六個部分，而其所提及的玉女名姓也與《上清瓊宮靈飛六甲左右上符》完全相同，應是服用六甲符時所唱誦的歌章，進而認爲該經與《上清瓊宮靈飛六甲左右上符》《上清瓊宮靈飛六甲録》一樣，同屬《上清素奏丹符靈飛六甲》之殘片①。

據《無上秘要》卷四十三《誦經品》引《洞真素奏丹靈六甲符經》曰"上清瓊宮玉女皆以金簡刻書上宮歌章，各聲合唱，逸朗玉清，上慶神真，解滯常陽。有得此文，六甲降形。能常清齋咏誦靈音，克垂白鸞，上昇瓊宮。學失此道，徒損形神，天真不降，無由成仙"，又"凡修六甲之道，每以甲日入室，服符，誦咏六宮歌章。六年，通感玉女降房，與兆面言，運龍飛霄，上昇兆身，秘則靈降，泄則受殃"②，《洞真素奏丹靈六甲符經》若非異名，則不過略有傳抄之訛，似可認爲就是《上清素奏丹符靈飛六甲》，可證《洞玄靈寶六甲玉女上宮歌章》確屬《上清素奏丹符靈飛六甲》，爲服符時所唱誦。

如前所述，《上清素奏丹符靈飛六甲》多有異名。其中，異名《靈飛左右六十上符》《玉精真訣》，相關内容見於《上清瓊宮靈飛六甲左右上符》《上清瓊宮靈飛六甲録》，即六十玉女符及太極玉精真訣上符，可見或偏指六十玉女，或偏指玉精真訣。那麼，可以認爲異名《五帝内真通靈之

---

① *The Taoist Canon: A Historical Companion to the Daozang*, Vol. 1, p. 175.
② 《道藏》第 25 册，第 148 頁。

文》當偏指與五帝相關之內容，異名《瓊宮五帝靈飛六甲內文》則包含五帝與六甲。而無論是《上清瓊宮靈飛六甲左右上符》《上清瓊宮靈飛六甲錄》，還是《洞玄靈寶六甲玉女上宮歌章》，均僅述六甲，而不包含五帝。可見，確如賀碧來所言，三者均屬殘篇。

六甲符來源甚古，《抱朴子內篇》卷十九《遐覽》著錄鄭隱所有道經中即有《六甲通靈符》十卷①（另有《六甲秘奏》等），則至少魏晉間即已流傳，但以卷帙較大，不知與《上清素奏丹符靈飛六甲》有何關係。

而《上清大洞真經目》著錄《上清素奏丹符靈飛六甲》爲王君所授南真之經，此點也可由《上清瓊宮靈飛六甲左右上符》及《上清瓊宮靈飛六甲錄》中引及南真解説之辭得到佐證。據二者所載，該經源出太上玉晨高聖道君，而其授受則爲宋德玄授韓偉遠，又傳郭芍藥、趙愛兒及王魯連等，據南真解説，則郭、趙及王等已是漢魏間人。而宋德玄從老君受《靈飛六甲素奏丹符》，見於《雲笈七籤》卷一百四《太清真人傳》，老君且稱該經爲"景中之道、通真之經"②，與《上清素奏丹符靈飛六甲》又名《景中之道》相合，表明《太清真人傳》的問世大約與《上清素奏丹符靈飛六甲》同時，蓋爲傳經而造出。至於南真受經則已入晋，其事難考，其時是否已實有其經，或爲後來追附，亦難以確定。而據《上清太上八素真經》所列四品經目"中真之道"著錄《方諸洞房玉字上經六甲靈飛符》（亦見《雲笈七籤》卷六《三洞品格》引《八素真經》)③，又前舉許謐見抄《靈飛六甲經》，則尚可確認至少在楊、許降真之時，該經已實際存在，唯題名似乎尚未最終確定，而由於該經異名與內容緊密相關，也可能是該經內容尚未最終定型。

另據華僑《紫陽真人內傳》載，周紫陽登王屋山，遇黃先生，受《黃素神方五帝六甲左右靈飛之書》《四十四訣》④；登桐柏山，遇王喬，受《素奏丹符》；傳末《周君所受道書目錄》且著錄"王先生《黃素神方五帝六甲左右靈飛之書》及《二十四訣》，在王屋山中""王子喬《素奏丹符》，

① 葛洪撰，王明校釋《抱朴子內篇校釋》卷十九，北京：中華書局，1985年，第335頁。
② 《道藏》第22冊，第706頁。
③ 《道藏》第6冊，第650頁；《道藏》第22冊，第33頁。
④ 《道藏》第5冊，第544頁。

在桐柏山中"①。王喬《素奏丹符》與黃先生《黃素神方五帝六甲左右靈飛之書》之間不知有何關係。就二者的授受關係來看，與楊、許降經的授受不同；就二者的題名來看，却又與《上清素奏丹符靈飛六甲》及其異名接近。那麼，似乎可以認爲這是靈飛六甲相關的數種經典初出世時，尚未加以整合的説法。

另外，值得注意的是，"靈飛六甲符"也見於《漢武帝内傳》及《漢武帝外傳》，爲"漢武帝"所受道法。據《漢武帝内傳》載，西王母授漢武帝《五嶽真形圖》；上元夫人請青真小童傳漢武帝十二事，首爲《五帝六甲左右靈飛之符》，稱是"太虛群文，真人赤童所出"②；其後，漢武帝以《五嶽真形圖》傳董仲舒，"又承上元夫人言，以元封四年七月齋戒，以《五帝六甲靈飛》十二事授李少君，登寫受。此書得傳行於世者，先傳此二君以存矣"③。此所謂《五帝六甲左右靈飛之符》雖與《上清素奏丹符靈飛六甲》及其異名接近，並且與今日所見靈飛六甲經實際包含五帝與六甲相合，但其記述授受却以靈飛六甲源出"真人赤童"，與上清經所主張的"太上玉晨高聖道君"顯然不同。那麼，無論《五帝六甲左右靈飛之符》與《上清素奏丹符靈飛六甲》在内容上是否相同或者相關，就其關於傳經源流與授受關係的描述看來，似乎不能在上清經特别是靈飛六甲經問世及得到系統整理之後造出④。

至於《漢武帝外傳》，内容雖然駁雜，却可分爲兩個部分，其一爲與漢武帝事迹關係密切，而未能融入《漢武帝内傳》傳經故事的漢武帝故事及相關神仙傳説；其二則爲與《漢武帝内傳》中所述傳經董仲舒、李少君之事有承繼關係，旨在記錄《五嶽真形圖》及《五帝六甲左右靈飛之符》

① 《道藏》第 5 册，第 547 頁。
② 《道藏》第 5 册，第 52 頁。
③ 《道藏》第 5 册，第 56 頁。
④ 李豐楙認爲《漢武帝内傳》爲王靈期等一類熟悉上清經的文士所造，似不能成立，見李豐楙《六朝隋唐仙道類小説研究》，臺北：學生書局，1986 年，第 84 頁。小南一郎認爲六甲靈飛等十二事與形成期的上清經典有密切關係，應可同意，但他認爲是按照《真誥》卷五、《紫陽真人内傳》、《漢武帝内傳》的順序發展的，似不能成立，見小南一郎《中國的神話傳説與古小説》，孫昌武譯，北京：中華書局，1993 年，第 323 頁。趙益指出上元夫人不見於上清降經，而《漢武帝内傳》對六甲靈飛等十二事的定義也與上清經不同，因而不可能在王靈期之後問世，只能與古上清經同時或稍前，見《六朝隋唐道教文獻研究》第 65 頁。

等十二事的傳授譜系的仙眞傳記①。據第二部分的仙傳所述，《五嶽眞形圖》的傳授有兩個譜系，其一爲《漢武帝内傳》所述西王母傳漢武帝，再傳董仲舒，而復傳欒巴；其二爲太上授魯女生（與西王母所傳相同），再傳薊子訓，復傳封君達，復傳左慈，最後傳葛玄。而《五帝六甲左右靈飛之符》等十二事的傳授譜系爲上元夫人通過青眞小童傳漢武帝，再傳李少君，復傳東郭延，復傳尹軌，復傳薊子訓，最後傳劉京。此一傳承亦在漢魏之際，與《上清素奏丹符靈飛六甲》本經所述郭芍藥等漢魏間傳承有否聯繫，難以確定②。而如前所述，就標舉"太上玉晨高聖道君""宋德玄""南嶽魏華存"等而言，即使上清經法中的"六甲靈飛"與"漢武帝"所受經法確有共同的淵源，也不可能認同其傳承。

綜上所述，《上清素奏丹符靈飛六甲》是古上清經的一種，並且擁有衆多的異名。根據這些異名，不僅可以知道該經在内容上是由六甲符、五帝符、玉精眞訣、素奏丹符等許多不同的符、經構成的，也可以推測該經在文本形成過程上可能也是以某一内容比如六甲符爲核心，漸次增補相關符、經融合而成，也就是説，實際上可能是由某符或經（較可能是六甲符）逐漸擴展爲與六甲符及相關符法爲核心的經群，進而最終形成一個上清經化的靈飛六甲文本③。其中，六甲符淵源古老，在葛氏傳統中擁有超過十卷的龐大文本群。而在上清經降世的前後，出現多個六甲符法的傳承，這些傳承各自有不同的授受關係，但其文本内容就題名而言似乎均以五帝符、六甲符爲核心，反映了靈飛六甲經群初出世時，其衆多相關文本尚未整備爲一經，而其經法源出"太上玉晨高聖道君"的神聖地位也尚未確立時的文本實況。

---

① 趙益認爲《外傳》與《内傳》文體風格不類，可以同意；但他認爲二者性質不相統屬，似不能成立，見《六朝隋唐道教文獻研究》第60頁。不論《外傳》是否存在增删，如上所述，《内傳》《外傳》都是以傳經爲中心，就此而言，二者似不可分割。

② 以上傳授譜系，賀碧來業已列表標示；此外，她在根據《眞誥》《漢武帝外傳》《神仙傳》《後漢書》以及《云笈七籤》所繪製的"曹操時代"人物傳法表中，以虛綫將楊羲上接山世遠，從而與尹軌相連，似乎是想説明上清經之"靈飛六甲"可能即來自漢武帝所受，見 Isabelle Robinet，*La Révélation du Shangqing dans L'Historie du Taoisme*，vol. 1，EFEO，1984，p. 22.

③ 本文初步完成後，曾先後向多位師友及同事求教。關於文本形成過程中的"經群"觀念，承趙益老師提示並解説，謹致謝忱。

二、《靈飛經》與《上清素奏丹符靈飛六甲》的關係

《靈飛經》寫本雖然晚至明萬曆年間才重新出世，刻帖傳拓，從而得到書家的重視與臨習，實際却是從宋徽宗內府流出，元明之際遞有收藏，爲流傳有序的唐人真迹。該寫卷首原有宋徽宗所書標題及大觀、政和小璽①；卷末原有倪瓚、虞集跋②。元人袁桷、鄭元祐亦曾見過。入明以後，王直得諸宜興吳埜③。而從美國大都會博物館藏翁氏家族舊藏四十三行寫本真迹，尚可見到"子京之印""墨林"等印，可知又曾經項元汴收藏。後入歙縣吳廷之手，轉爲董其昌所得。董其昌又曾質與海寧陳氏，遂得刻入《渤海藏真》。該寫本現除殘存四十三行寫本真迹以外，主要還有《渤海藏真》本、《滋惠堂墨寶》本及《望雲樓集帖》本等三種拓本。其中，《渤海藏真》據全卷寫本真迹上石，而未刻徽宗標題及璽印等，亦未刻倪瓚、虞集跋，但有董其昌跋，正文則遺漏十二行。《滋惠堂墨寶》據《渤海藏真》翻刻，加大觀、政和璽，又僞加趙孟頫跋。《望雲樓集帖》則據四十三行寫本真迹上石④。諸本內容雖然有所出入，但綜合各本仍可完整瞭解該寫卷文本全文。

關於該寫卷之書者，袁桷以來大都以爲是鍾紹京，但均屬蠡測而無實據；今以之與鍾紹京所書《昇仙太子碑》碑陰題名相較，書風近似，有個別字幾乎一致，但多數字並不相同，實際上難以認定爲鍾紹京所書。又因該寫卷末署"大唐開元廿六年太歲戊寅二月己亥朔一日，大洞三景弟子玉真長公主奉敕檢校寫"，也曾引起個別人的疑心，猜度是否存在玉真公主

---

① 此據董其昌《跋》，見《明拓渤海藏真本靈飛經》，成都：成都古籍書店，1990 年。

② 張丑從海寧陳氏所見原卷如此，見張丑《真迹日録》卷三，《景印文淵閣四庫全書》，臺北：商務印書館，1986 年，第 817 册，第 564 頁。

③ 王直《題鍾紹京墨迹後》，《抑庵文集》後集卷三十六，《景印文淵閣四庫全書》第 1242 册，第 371 頁。

④ 關於該寫卷的流傳等情況的簡單介紹，可參見張雷前舉文及啓功《記〈靈飛經〉四十三行本》，《藝苑掇英》第 34 期，1987 年，第 47 頁（此文的獲取承師妹王琳妮女士協助，謹致謝忱）。較爲詳細的討論，可參見胡迪軍《唐人小楷〈靈飛經〉的前世今生》，http://blog. sina. cn/s/blog _ 9886f93e0100z3l6. html，2011 年 11 月 27 日。田振宇《從楓涇到無爲——〈望雲樓集帖〉及〈靈飛經〉的流傳》；http://blog. sina. com. cn/s/blog _ 53dc8f2c010164ei. html，2012 年 9 月 28 日。

親書的可能，但以之與玉真公主所書《大唐故金仙長公主志石銘並序》相較，書風明顯不一致，則也同樣不能認定爲玉真公主所書。那麼，就書迹而言，認爲書者爲某位書風與鍾紹京相近的經生應無問題，而《藝苑掇英》影印該卷時仍署唐佚名書，則是比較合適的。另外，關於玉真公主與該寫卷的關係，袁桷只是稱作"唐玉真公主《六甲經》"①；鄭元祐則指出是"監書此經"②，與寫卷所署一致；而王直徑以爲即"玉真觀道藏遺文"③，則顯屬過揣。

《靈飛經》寫本內容以小標題分爲《瓊宮五帝內思上法》《靈飛六甲內思通靈上法》及《上清瓊宮陰陽通真秘符》等三個部分。其中，前者述存思五帝法，後二者述存思六甲玉女法及六甲陰陽符，與《上清素奏丹符靈飛六甲》內容兼及五帝與六甲一致。

《瓊宮五帝內思上法》以十二月分爲五份，按五行日，依次向五方存思五帝，服符、祝頌，但未錄符形。其中，五帝名姓依次爲東方東極玉真青帝君諱雲拘字上伯、南方南極玉真赤帝君諱丹容字洞玄、西方西極玉真白帝君諱浩庭字素羅、北方北極玉真黑帝君諱玄子字上歸、中央中極玉真黃帝君諱文梁字摠歸，又見於《上清衆經諸真聖秘》卷八引《上清瓊宮五帝靈飛六甲內文經》"瓊宮五帝內真玉名"④，二者幾乎完全一致，唯後者赤帝字洞云、黃帝字總元，略有出入，當是傳抄之訛。另外，五帝冠服僅謂"衣服如法"而未詳載，《無上秘要》卷十七《衆聖冠服品上》引《洞真瓊宮靈飛六甲經》則見有詳細的五極帝君冠服⑤，可補《靈飛經》寫本之闕。值得注意的是，《無上秘要》卷九二《昇上清品》引《洞真素奏丹符靈文》載佩、服五帝通靈玉符⑥，同文亦分別見於《上清佩符文青券訣》《上清佩符文白券訣》《上清佩符文絳券訣》《上清佩符文黑券訣》《上清佩符文黃券訣》，注出《靈飛六甲經》⑦，可見《洞真素奏丹符靈文》當

① 袁桷《題唐玉真公主六甲經》，《清容居士集》卷四十七，第 1 葉，《四部叢刊初編》第 1425 冊，上海：商務印書館，1922 年。
② 鄭元祐《題鍾紹京書靈飛經》，《鄭元祐集》卷五，鄧瑞全、陳鶴校點，長春：吉林文史出版社，2010 年，第 75 頁。
③ 《抑庵文集》後集卷三十六，第 370 頁。
④ 《道藏》第 6 冊，第 807 頁。
⑤ 《道藏》第 25 冊，第 39 頁。
⑥ 《道藏》第 25 冊，第 263 頁。
⑦ 《道藏》第 6 冊，第 572、575、577、578、580 頁。文字幾乎完全相同，小有傳訛。

是《上清素奏丹符靈飛六甲》異名；而引文所述佩、服五帝符法，與《靈飛經》寫本所述存思五帝法及其表述十分接近，但不述存神，其所涉佩符、書符程式及服符年效等內容均不見於《靈飛經》寫本，並且也未收錄五帝符形，可見《靈飛經》寫本相關部分同樣也並非完整抄錄。

《靈飛六甲內思通靈上法》可分兩部分內容：其一，以六十玉女分屬左、右靈飛，又各分屬甲子太玄宮、甲戌黃素宮、甲申太素宮及甲午絳宮、甲辰拜精宮、甲寅青要宮，依六甲日，一次性服當旬符十枚，存思、祝頌，但未錄符形；其二，述存思六甲法之禁忌、授受仙真源流以及傳法科禁。前一部分中，太玄祝文及玉女冠服見於《上清瓊宮靈飛六甲左右上符》及《上清瓊宮靈飛六甲籙》，文字則有不少訛變。玉女冠服亦見於《無上秘要》卷二十七《上清神符品》"靈飛六甲左右玉女內名玉符"所述二部六宮玉女冠服①，二者基本一致。後一部分，起"行此道忌淹汙，經死喪之家"訖"死爲下鬼"，凡四十三行（即美國大都會博物館所藏四十三行寫本真迹之內容），全見於《上清瓊宮靈飛六甲左右上符》及《上清瓊宮靈飛六甲籙》卷末，但文字有不少刪改；其中，科禁部分又見《太真玉帝四極明科經》卷三引《太玄都四極明科》②，但二者差異較大，特別是後者述傳經年限分爲七千年三傳、七百年三傳，以及違犯科禁分初犯、三犯，受惡果者且包括七祖和己身，顯然都較《靈飛經》寫本及《上清瓊宮靈飛六甲左右上符》《上清瓊宮靈飛六甲籙》所述更爲完備③。另外，此四十三行中包含韓偉遠等授受仙真事迹，如前所舉，又見於許謐所抄《靈飛六甲經》，文字則幾乎完全一致，而略有傳抄之訛。

就上述而言，可以認爲《靈飛經》寫本應抄自《上清素奏丹符靈飛六

---

① 《道藏》第25冊，第86頁。

② 《道藏》第3冊，第431頁。尾崎正治指出《太真玉帝四極明科經》卷二、三分別條述的諸經，實際上形成兩個上清經的經目，參見尾崎正治《上清經類》，載《講座敦煌4：敦煌と中国道教》，東京：大東出版社，1983年，第141頁。李靜推測這兩個經目爲《上清源統經目》所據藍本。另外，《洞真太上太霄琅書》卷三《四極明科旨訣第三》所舉玄都左宮明科律文云云對應《太真玉帝四極明科經》相應內容，小字注所謂《靈飛六甲》即《素奏丹符靈飛六甲左右玉符》。而從《九真明科》及《神州七轉七變舞天經》與《太真玉帝四極明科經》經目對照表，也可以知道《九真明科》及《神州七轉七變舞天經》所見《靈飛六甲》及《靈飛》即《素奏丹符靈飛六甲左右上符》。見李靜《〈太真玉帝四極明科經〉的來源及版本問題》，《漢學研究》2013年第3期，第329～361頁。

③ 這一差異或許反映了不同時期的文本情況，即經典初降之時與系統整理之後的文本差異，當然也可能是傳抄中出現的簡省或改易。

甲》。但該寫本内容既與前述《正統道藏》所收三種殘片内容互有多寡，不完全重合，亦未包含《無上秘要》等書的部分引文，可見亦非完整抄録，也只是一種殘片，並不能等同於《上清素奏丹符靈飛六甲》。

《上清瓊宮陰陽通真秘符》述服六甲陰陽符法及禁忌，逢甲日服太陰符、太陽符各十枚，其陽符對應甲子"太玄玉女靈珠，字承翼"，陰符對應乙丑"太玄玉女蘭修，字清明"。據《真誥》卷十三《稽神樞第三》注謂許邁在永昌元年二十三歲時從李東受《六甲陰陽行厨符》①，又《真胄世譜》載許邁"手書授《六甲陰陽符》云：永昌元年，年二十三歲"②，《六甲陰陽行厨符》似應即《六甲陰陽符》，可能就是指太陰符、太陽符③。不過，六甲陰陽符不見於《上清瓊宮靈飛六甲左右上符》及《上清瓊宮靈飛六甲録》，而甲子、乙丑玉女名姓則與《上清瓊宮靈飛六甲左右上符》《上清瓊宮靈飛六甲録》以及《上清衆經諸真聖秘》卷八引《上清瓊宮五帝靈飛六甲内文經》"上清瓊宮靈飛六甲左右玉女内名"④幾乎完全一致，略有傳抄之訛。至於相應之甲子、乙丑二符形，儘管與《上清瓊宮靈飛六甲左右上符》及《上清瓊宮靈飛六甲録》所載存在較爲顯著的差異，但二者之間尚有一定關聯，大體可以辨認出演變的痕迹。因而，似可認爲六甲陰陽符的陽、陰二符即六甲符中甲子太玄宮玉女符的首二符，即甲子、乙丑玉女符，也就是説六甲陰陽符與六甲玉女諸符合計爲六十符，即"六十上符"，則與前述《上清素奏丹符靈飛六甲》的異名之一《靈飛左右六十上符》相合。

問題在於，《上清瓊宮靈飛六甲左右上符》及《上清瓊宮靈飛六甲録》中，又見有太極玉精真訣上符，與《上清素奏丹符靈飛六甲》異名《玉精真訣》相合。另外，《無上秘要》卷二十七《上清神符品》見録"太上六甲素奏丹符""靈飛六甲左右玉女内名玉符"（後者又包含太極玉精真訣上

---

① 《真誥》卷十三，第225頁；日譯標引號，見《真誥研究（譯注篇）》，第466頁。
② 《真誥》卷二十，第352頁；日譯標引號，見《真誥研究（譯注篇）》，第705頁。
③ 《上清瓊宮陰陽通真秘符》未提及行厨，但《靈飛六甲内思通靈上法》（以及《上清瓊宮靈飛六甲左右上符》《上清瓊宮靈飛六甲録》）提到服六甲符可坐致行厨，《六甲陰陽行厨符》或與此有關。
④ 《道藏》第6册，第807頁。此六十玉女名字亦見《上清道寶經》卷三《死生品第五》，與《上清瓊宮靈飛六甲左右上符》《上清瓊宮靈飛六甲録》基本一致，但未著出處，見《道藏》第33册，第718頁。

符），謂出《洞真七聖元紀經》①，但相關引文却不見於《正統道藏》所收《上清七聖玄紀經》及《上清玉帝七聖玄紀迴天九霄經》；而"太上六甲素奏丹符"之前所錄高聖帝君云云則見於《上清玉帝七聖玄紀迴天九霄經》②，且"太上六甲素奏丹符"見於《上清佩符文白券訣》引《靈飛六甲經》，"靈飛六甲左右玉女內名玉符"見於《上清瓊宮靈飛六甲左右上符》及《上清瓊宮靈飛六甲籙》，可以認爲是將兩部經書之內容混雜在了一起。而"靈飛六甲左右玉女內名玉符"當屬"太上六甲素奏丹符"，"太上六甲素奏丹符"即《上清素奏丹符靈飛六甲》，其中所列六甲日"素奏丹符"的書符、佩符程式以及年效，與《上清素奏丹符靈飛六甲》異名相合。而"靈飛六甲左右玉女內名玉符"中既含"太極玉精真訣上符"，可以認爲屬六朝古本所有，至少在北周所能見到的《上清素奏丹符靈飛六甲》中已經存在，而並非唐以後所新增之內容。

　　但此"太極玉精真訣上符"依男、女，分別於甲子及八節日日中、乙丑及八節日夜服用，並且據稱是"靈飛六甲之符宗也"，"此二符招神開靈，通達萬精，長服不廢，飛仙長生"，須先服此二符，才可服六十玉女符③。而六甲陰陽符既對應於甲子、乙丑玉女，且分別於陰、陽日配合六甲符服用，其祝語又稱"五帝上真，六甲玄靈。陰陽二炁，元始所生。揔統萬道，檢滅游精"云云，因而不能不令人懷疑"太極玉精真訣上符"與"六甲陰陽符"之間可能存在演變關係。不過，前舉《無上秘要》卷二十七《上清神符品》引述"太極玉精真訣上符"之後，又載服太陰符、太陽符事，文字雖簡省，但與《靈飛經》寫本幾乎完全一致，那麼，可以認爲《上清素奏丹符靈飛六甲》中應該同時包含有"太極玉精真訣上符"與"六甲陰陽符"。

三、《上清素奏丹符靈飛六甲》的復原

　　今日能够見到的《上清素奏丹符靈飛六甲》殘篇，凡有唐人寫本《靈

---

① 《道藏》第 25 册，第 86 頁。
② 《道藏》第 34 册，第 62～72 頁。
③ 《道藏》第 2 册，第 176 頁；《道藏》第 34 册，第 167 頁。

飛經》一種和《正統道藏》所收《上清瓊宮靈飛六甲左右上符》《上清瓊宮靈飛六甲錄》及《洞玄靈寶六甲玉女上宮歌章》等三種，此外尚有一些殘文見引於《真誥》《無上秘要》等書。至於《上清素奏丹符靈飛六甲》與《上清太上瓊宮靈飛六甲録》之關係，二者雖按位階逐次承受，且書志亦予分別著録，但内容既互有關聯，《上清瓊宮靈飛六甲左右上符》《上清瓊宮靈飛六甲錄》又文同名異，實際是混而爲一，難以强作區分。

　　唯需明白，《上清素奏丹符靈飛六甲》作爲六甲經未必不包含玉符等内容，但《上清太上瓊宮靈飛六甲録》作爲六甲録似應僅包括玉女名姓、服色、靈符及相關圖像，可能也包括五帝名姓、服色、靈符及相關圖像。

　　另外，《太上求仙定録尺素真訣玉文》[①] 見有甲乙、丙丁、庚辛、壬癸、戊己通靈玉符真訣，甲子、甲午、甲戌、甲寅、甲申素奏丹符真訣，以及靈飛六甲符真訣，雖未著出處，與《上清素奏丹符靈飛六甲》及《上清太上瓊宮靈飛六甲録》的相關内容可一一對應，即便非二者所原有，亦當是同時代或稍晚産生，爲配合二者使用之符訣，也可以看作靈飛六甲經群的組成部分。

　　無論如何，根據以上諸殘篇，對《上清素奏丹符靈飛六甲》的基本結構與大致内容可得到較爲完整的把握，對一些佩録、存神等法術細節也可得到較爲具體的瞭解。由於諸殘篇在抄録過程中都存在簡省去取甚至改寫的現象，且爲不同時代所抄録或編輯的文本，文字上的直接綴合無疑存在操作上的爭議與困難。以下僅以《靈飛經》寫本的基本結構與文字内容爲參照，將有關文字分別依照五帝符、六甲符、科禁、陰陽符及玉精真訣等五個部分，予以對照式的復原。

---

　　① 《道藏提要》認爲該書屬六朝上清派，見《道藏提要（第三次修訂）》第 57 頁。施舟人認爲該書是一個上清、靈寶經的混合文本，時代則在唐以前，見 *The Taoist Canon: A Historical Companion to the Daozang*, Vol. 1, p. 209.

	《靈飛經》寫本	《道藏》殘篇三種	《無上秘要》等其他道書
瓊宮五帝內思上法	①常以正月、二月甲乙之日平旦，<u>沐浴齋戒</u>，入室，東向，叩齒九通，平坐，思東方東極玉真青帝君，諱雲拘，字上伯，<u>衣服如法</u>，乘<u>青雲飛輿</u>，從青要玉女十二人，下降齋室之內，<u>手執通靈青精玉符</u>，授與兆身，兆便服符一枚，微祝曰：青上帝君，厥諱雲拘。錦帔青裙，游回虛無。上晏常陽，洛景九隅。下降我室，授我玉符。通靈致真，五帝齊輈。三靈翼景，太玄扶輿。乘龍駕雲，何慮何憂。逍遙太極，與天同休。畢，咽炁九咽，止。		①上清瓊宮東極玉真青帝君，頭建九氣通精之冠，衣青錦帔、碧羅飛裙，腰帶流進鳳章，<u>手執甲乙通靈青精玉符</u>。（以下冠見見《無上秘要》卷十七《眾聖冠服品上》） ①青帝甲乙通靈玉符，空青書絳繒，佩身。又以甲乙日，青書絳繒上，東向，服一枚。三年，甲乙青腰玉女降見，兆身通靈，知東方萬里之事，致東嶽仙官送自然之廚。九年，青帝自降於寢房，迎以<u>青霞飛輪</u>，上昇上清宮。（以下通靈符見《無上秘要》卷九十二《昇上清品》） ①九天玉虛，化生東木，九氣自然，制上明星木宮，玄元正氣。右甲乙通靈（玉）符二十二字。（以下符訣見《太上求仙定錄尺素真訣玉文》）
	②四月、五月丙丁之日平旦，入室，南向，叩齒九通，平坐，思南方南極玉真赤帝君，諱丹容，字洞玄，<u>衣服如法</u>，乘<u>赤雲飛輿</u>，從<u>絳宮玉女</u>十二人，下降齋室之內，<u>手執通靈赤精玉符</u>，授與兆身，兆便服符一枚，微祝曰：赤帝玉真，厥諱丹容。丹錦緋羅，法服洋洋。出清入玄，晏景常陽。回降我廬，授我丹章。通靈致真，變化萬方。玉女翼真，五帝齊雙。駕乘朱鳳，游戲太空。永保五靈，日月齊光。畢，咽炁八過，止。		②上清瓊宮南極玉真赤帝君，頭建三氣進賢之冠，衣丹錦帔、緋羅飛裙，腰帶火精鍊身之劍，<u>手執丙丁通靈赤精玉符</u>。 ②赤帝丙丁通靈玉符，朱書黃繒，佩身。又以丙丁日，朱書黃紙上，南向，服一枚。三年，丙丁<u>赤素玉女</u>降見，兆身通靈，知南方萬里之事，致南嶽仙官送自然之廚。九年，赤帝自降於寢房，迎以絳霞飛輪，上昇上清宮。 ②三氣出命，天化生三，元光青火日元精，三五九一，玄上司氣。右丙丁通靈（玉）符二十三字。
	③七月、八月庚辛之日平旦，入室，西向，叩齒九通，平坐，思西方西極玉真白帝君，諱浩庭，字素羅，<u>衣服如法</u>，乘素雲飛輿，從<u>太素玉女</u>十二人，下降齋室之內，<u>手執通靈白精玉符</u>，授與兆身，兆便服符一枚，		③上清瓊宮西極玉真白帝君，頭建七氣通天寶冠，衣白錦帔、素羅飛裙，腰帶金光日延之劍，<u>手執庚辛通靈白精玉符</u>。 ③白帝庚辛通靈玉符，白書黑繒，佩身。又以庚辛日，白書黑紙上，西向，服一枚。

《靈飛經》寫本	《道藏》殘篇三種	《無上秘要》等其他道書
微祝曰：白帝玉真，號曰浩庭。素羅飛裙，羽蓋鬱青。晏景常陽，回駕上清。流真曲降，下鑒我形。授我玉符，爲我致靈。玉女扶輿，五帝降軿。飛雲羽翠，昇入華庭。三光同暉，八景長并。畢，咽炁六過，止。		三年，庚辛白素①玉女降見，兆身通靈，知西方萬里之事，致西嶽仙官送自然之廚。九年，白帝自降於寢房，迎以素霞飛輪，上昇上清宮。③七氣素玄，金氣坤兌，障白王，明命土，坤山生天。右庚辛通靈玉符十八字。
④十月、十一月壬癸之日平旦，入室，北向，叩齒九通，平坐，思北方北極玉真黑帝君，諱玄子，字上歸，衣服如法，乘玄雲飛輿，從太玄玉女十二人，下降齋室之內，手執通靈黑精玉符，授與兆身，兆便服符一枚，微祝曰：北帝黑真，號曰玄子。錦帔羅裙，百和交起。徘徊上清，瓊宮之裏。回真下降，華光煥彩。授我靈符，百關通理。玉女侍衛，年同劫紀。五帝齊景，永保不死。畢，咽炁五過，止。		④上清瓊宮北極玉真玄帝君，頭建五氣玄寶之冠，衣玄錦帔、玄羅飛裙，腰帶七元丹章，手執壬癸通靈玄精玉符。④黑帝壬癸通靈玉符，黑書青繒，佩身。又以壬癸日，黑書青紙上，北向，服（之）一枚。三年，壬癸玄素②玉女降見，兆身通靈，知北方萬里之事，致北嶽仙官送自然之廚。九年，黑帝自降於寢房，迎以玄霞飛輪，上昇上清宮。④五氣黑帝，化生玄虛，次水飛行，水生光氣。右壬癸通靈符十六字。
⑤三月、六月、九月、十二月戊己之日平旦，入室，向太歲，叩齒九通，平坐，思中央中極玉真黃帝君，諱文梁，字摠歸，衣服如法，乘黃雲飛輿，從黃素玉女十二人，下降齋室之內，手執通靈黃精玉符，授與兆身，兆便服符一枚，微祝曰：黃帝玉真，摠御四方。周流無極，號曰文梁。五彩交煥，錦帔羅裳。上游玉清，徘徊常陽。九曲華關，流看瓊堂。乘雲馳轡，下降我房。授我玉符，玉女扶將。通靈致真，洞達無方。八景同輿，五帝齊光。畢，咽炁十二過，止。		⑤上清瓊宮中極玉真黃帝君，頭建通元五炁之冠，衣黃錦帔、黃羅飛裙，腰帶中元命神之章，手執戊己通靈黃精玉符。⑤黃帝戊己通靈玉符，黃書白繒，佩身。又以戊己日，黃書白紙上，向太歲，服一枚。三年，戊己黃素玉女降見，兆身通靈，知中央萬里之事，致中央仙官送自然之廚。九年，黃帝自降於寢房，迎以黃霞飛輪，上昇上清宮矣。⑤皇土金命，戊己五土，正六玄己，五成元氣。右戊己通靈符十六字。

左側豎排：瓊宮五帝內思上法

---

① "白素"，《上清佩符文黑券訣》作 "太素"。
② "玄素"，《上清佩符文青券訣》作 "太玄"。

《靈飛經》寫本	《道藏》殘篇三種	《無上秘要》等其他道書
		上清瓊宮玉女皆以金簡刻書上宮歌章，各聲合唱，逸朗玉清，上慶神真，解滯常陽。有得此文，六甲降形。能常清齋咏誦靈音，克垂白鷥，上昇瓊宮。學失此道，徒損形神，天真不降，無由成仙。凡修六甲之道，每以甲日，入室，服符，誦咏六宮歌章。六年，通感玉女降房，與兆面言，運龍飛霄，上昇兆身，秘則靈降，泄則受殃。（以上見《無上秘要》卷四十三《誦經品》）
靈飛六甲內思通靈上法 ①凡修六甲上道，當以甲子之日平旦，墨書白紙太玄宮玉女左靈飛一旬上符，沐浴清齋，入室，北向六拜，叩齒十二通，頓服十枚，祝如上法。畢，平坐，閉目，思太玄玉女十真人，同服玄錦帔、青羅飛華之裙，頭并頹雲、三角髻，餘髮散垂之至腰，手執玉精神虎之符，共乘黑翮之鳳、白鷥之車，飛行上清，晏景常陽，回真下降入兆身中。兆便心念甲子一旬玉女，諱字如上，十真玉女悉降兆形，仍叩齒六十通，咽液六十過。畢，微祝曰：右飛左靈，八景華清。上植琳房，下秀丹瓊。合度八紀，攝御萬靈。神通積感，六氣鍊精。雲宮玉華，乘虛順生。錦帔羅裙，霞映紫庭。腰帶虎書，絡羽建青。手執神符，流金火鈴。揮邪却魔，保我利貞。制敕衆妖，萬惡泯平。同游三元，回老反嬰。坐在立亡，侍我六丁。猛獸衛身，從以朱兵。呼吸江河，山岳頹傾。	①甲子太玄宮左靈飛玉女歌章曰：太玄洞清虛，玉氣映高靈。員華翳九象，綠梵曜飛青。益落雲回際，流香燔丹瓊。碧鳳策朱轡，匡駕宴雲營。任我無色內，懽我天地生。回輪三素朗，乃拯不窮齡。歷運順化會，氣與四常并。空洞中有真，誰測太玄名。虛映有懷子，回真降爾形。取契同默念，棄累慎外營。積感入太虛，太虛降綠軿。游宴常陽宮，飛步登玉清。徘徊九崖際，進禮玉皇庭。左噏朱月華，右引嶰落星。三景齊大暉，豈覺天地傾。①甲子太玄玉女，名靈珠，字承翼。乙丑太玄玉女，名蘭脩，字青萌。丙寅太玄玉女，名定華，字鬱陵。丁卯太玄玉女，名須臺，字馥猷。戊辰太玄玉女，名愛淳①，字衆梨。己巳太玄玉女，名四浮②，字華寧③。庚午太玄玉女，名會容，字流南。辛未太玄玉女，名澄華，字抱珠。壬申太玄玉女，	①甲子素奏丹符，朱書白繒，佩之。以甲子日平旦，朱書白紙，東向服之，願祝悉目存真甲玉女，執符在前。（以下見《上清佩符文白券訣》、《無上秘要》卷二十七《上清神符品》）①天有六甲命玉宮，三生自然五帝氣。右甲子素奏丹符十四字。（以下符訣見《太上求仙定錄尺素真訣玉文》）

---

① "淳"原作"浮"，據《上清瓊宮靈飛六甲左右上符》（以下簡稱《上符》）《上清衆經諸真聖秘》（以下簡稱《聖秘》）改。
② "浮"，《上符》作"淳"。
③ "華寧"，《聖秘》作"寧華"。

	《靈飛經》寫本	《道藏》殘篇三種	《無上秘要》等其他道書
靈飛六甲內思通靈上法	立致行厨，金醴玉漿。收束虎豹，叱吒幽冥。役使鬼神，朝伏千精。所願從心，萬事刻成。分道散軀，恣意化形。上補真人，天地同生。耳聰目鏡，徹視黃寧。六甲玉女，為我使令。畢，乃開目。初存思之時，當平坐，接手於膝上，勿令人見；見則真光不一，思慮傷散，戒之。	名雙皇，字鳳文。癸酉太玄玉女，名龍要，字歠生。	
	②甲戌日平旦，黃書黃素宮玉女左靈飛一旬上符，沐浴，入室，向太歲六拜，叩齒十二通，頓服一旬十符，祝如上法。畢，平坐，閉目，思黃素玉女十真，同服黃錦帔、紫羅飛羽裙，頭并頹雲、三角髻，餘髮散之至腰，手執神虎之符，乘九色之鳳、白鸞之車，飛行上清，晏景常陽，回真下降，入兆身中。兆便心念甲戌一旬玉女，諱字如上，十真玉女悉降兆形，仍叩齒六通，咽液六十過。畢，祝如前太玄之文。	②甲戌黃素宮左靈飛玉女歌章曰：黃素洞幽虛，神光煥太空。蕫廉太元一，勢契十真雙。靈運自天紀，玄記故有明。玉虛曜瓊室，金暉發丹容。朱鳳策神轡，徘徊上清宮。玄映無色內，解衿宴常陽。五帝啓靈途，妙訣歸黃房。神暢感寂庭，默思徹九重。靈歌理冥運，百和結成章。高韻通妙趣，以啓不窮方。有得無上道，項負圓寶光。玄玄歸妙門，入一萬真通。體我自然道，乘虛不待龍。三元降飛軿，流雲回紫黃。騰景空霄上，宴讌朝玉皇。②甲戌黃素玉女，名神元①，字非②廉。乙亥黃素玉女，名紫春，字飛芝。丙子黃素玉女，名寄③風，字參盈。丁丑黃素玉女，名鳳鑣，字鬱娥。戊寅黃素玉女，名叔華④，字上容。己卯黃素玉女，名英玄，字羽珠⑤。庚辰黃素玉女，名正齡，字香林⑥。辛巳黃素玉女，名蔚騰⑦，字彫羅。壬	②甲戌素奏丹符，朱書白繒，佩之。以甲戌日平旦，朱書白紙，東向服之，願祝悉目存真甲玉女，執符在前。②戊己化生，玄元三炁，出明王，三五正。右甲戌素奏丹符十四字。

① "元"，《上符》作"光"。
② "非"，《上符》作"飛"。
③ "寄"，《聖秘》作"奇"。
④ "叔華"，《聖秘》作"淑英"。
⑤ "珠"原作"林"，據《上符》《聖秘》改。
⑥ "林"，《上符》作"香"，《聖秘》作"真"。
⑦ "騰"，《聖秘》作"勝"。

《靈飛經》寫本	《道藏》殘篇三種	《無上秘要》等其他道書
	午黃素玉女，名琬御①，字千成。癸未黃素玉女，名良營，字娥昌。	
③甲申之日平旦，白書黃紙太素宮玉女左靈飛一旬上符，沐浴，入室，向西六拜，叩齒十二通，頓服一旬十符，祝如上法。畢，平坐，閉目，思太素玉女十真，同服白錦帔、丹羅華裙，頭并頹雲、三角髻，餘髮散之至腰，手執神虎之符，乘朱鳳、白鸞之車，飛行上清，晏景常陽，回真下降，入兆身中。兆便心念甲申一旬玉女，諱字如上，十真玉女悉降兆形，仍叩齒六通，咽液六十過。畢，祝如太玄之文。	③甲申太素宮左靈飛玉女歌章曰：太素澄清漢，浩靈分九旒。道生太元一，化爲天地珠。虛映高上報，顧下忽云無。五嶽自可舍，未若九天衢。時宴常陽宮，策雲御鳳驅。飛輪翳空洞，紫烟玄相扶。逍遙重虛上，回目眄八周。億椿在俄頃，豈覺萬劫游。階樂隨運遷，保真無終休。聊各有志道，靜寂思相求。積微感自然，克得御丹符。身入無患津，體懂心自娛。乘空迅飛雲，仰結高仙儔。③甲申太素玉女，名真元，字瓊石。乙酉太素玉女，名蘭蕭，字玉英。丙戌太素玉女，名娥玄，字和明。丁亥太素玉女，名興②房，字綠華。戊子太素玉女，名翔峰，字定暉。己丑太素玉女，名烟童，字偎殊③。庚寅太素玉女，名七翰，字靈飛。辛卯太素玉女，名肇臺，字篇敷。壬辰太素玉女，名蔚金，字丹旗。癸巳太素玉女，名安夫，字沙風。	③甲申素奏丹符，朱書白繒，佩之。以甲申日平旦，朱書白紙，東向服之，願祝悉目存直甲玉女，執符在前。③六甲光天，三五元命，大化自然明天。右甲申素奏丹符十四字。
④甲午之日平旦，朱書絳宮玉女右靈飛一旬上符，沐浴，入室，向南六拜，叩齒十二通，頓服一旬十符，祝如上法。畢，平坐，閉目，思絳宮玉女十真，同服丹錦帔、素羅飛裙，頭并頹雲、三角髻，餘髮散之至腰，手執玉精金虎之符，乘朱鳳、白鸞之車，飛行上清，晏景	④甲午絳宮右靈飛玉女歌章曰：絳宮玄上道，洞陽煥太真。丹靈映瓊室，交風回紫烟。八氣翳重虛，流香拂飛塵。龍鳳矯雲翩，神騁有無間。游朗眄十方，乘虛樂九玄。靈運本非我，道由高上人。冥化自有數，我真法自然。妙曲發空洞，宮商結成仙。靈飛演道源，以悟後學	④甲午素奏丹符，朱書白繒，佩之。以甲午日平旦，朱書白紙，東向服之，願祝悉目存直甲玉女，執符在前。④昊天火山，明光世玄，同太上令氣。右甲午素奏丹符十三字。

靈飛六甲內思通靈上法

① "御"，《聖秘》作"瓮"。
② "興"，《聖秘》作"與"。
③ "殊"，《聖秘》作"珠"。

	《靈飛經》寫本	《道藏》殘篇三種	《無上秘要》等其他道書
靈飛六甲內思通靈上法	常陽，回真下降，入兆身中。兆便心念甲午一旬玉女，諱字如上，十真玉女悉降兆身，仍叩齒六通，咽液六十過。畢，<u>祝如太玄之文</u>。	身。虛映至清寂，默思自入神。我降自有由，且令停華年。道滿運飛輿，騰身昇九天。 ④甲午絳宮玉女，名丹淳①，字雲齡。乙未絳宮玉女，名散陽，字靈華。丙申絳宮玉女，名遂精，字玄珠。丁酉絳宮玉女，名抱雲，字綠間②。戊戌絳宮玉女，名房賓，字石香。己亥絳宮玉女，名清嬰③，字南靈。庚子絳宮玉女，名靈群，字曲澄④。辛丑絳宮玉女，名素姜⑤，字啓清。壬寅絳宮玉女，名紛華，字蔚芝。癸卯絳宮玉女，名曜英，字西安。	
	⑤甲辰之日平旦，丹書拜精宮玉女右靈飛一旬上符，沐浴，入室，向本命六拜，叩齒十二通，頓服一旬十符，<u>祝如上法</u>。畢，平坐，閉目，思拜精玉女十真，同服紫錦帔、碧羅飛華裙，頭并頹雲、三角髻，餘髮散之至腰，手執金虎之符，乘黃翩之鳳、白鸞之車，飛行上清，晏景常陽，回真下降，入兆身中。兆便心念甲辰一旬玉女，諱字如上，十真玉女悉降兆身，仍叩齒六通，咽液六十過。畢，<u>祝如太玄之文</u>。	⑤甲辰拜精宮右靈飛玉女歌章曰：拜精隱重虛，靈素降清陽。右部齊真景，錦帔飛羅裳。頹雲映華衿，朱采透玉容。策鳳御玄轡，冥真常陽宮。游徊慶雲上，流眄六合房。曲降修我者，啓靈悟童蒙。運得應自然，道成非我功。精思虛映真，克得朝玉皇。 ⑤甲辰拜精宮中玉女，名龍源⑥，字靈素。乙巳拜精宮玉女，名歡庭，字逸臺。丙午拜精宮玉女，名營芝⑦，字玉生。丁未拜精宮玉女，名招風，字娥始⑧。戊申拜精宮玉女，名夜華，字雲嬰。己酉拜精宮玉女，名密明，字勝非。庚戌拜精宮玉女，名紫虛，字容鑷。辛亥	⑤甲辰素奏丹符，朱書白繒，佩之。以甲辰日平旦，朱書白紙，東向服之，願祝悉目存直甲玉女，執符在前。

---

① “淳”，《聖秘》作“淳”。
② “間”，《上符》《聖秘》作“開”。
③ “嬰”，《上符》《聖秘》作“英”。
④ “澄”，《上符》作“登”。
⑤ “素姜”，《上符》作“素美”，《聖秘》作“南姜”。
⑥ “源”，《上符》作“願”。
⑦ “芝”原作“生”，據《上符》《聖秘》改。
⑧ “娥始”，《上符》作“常娥”，《聖秘》作“始娥”。

《靈飛經》寫本	《道藏》殘篇三種	《無上秘要》等其他道書
	拜精宮玉女，名鳳華，字綠①安。壬子拜精宮玉女，名儀房，字上晋②。癸丑拜精宮玉女，名寶華，字壹昭③。	

靈飛六甲內思通靈上法

《靈飛經》寫本	《道藏》殘篇三種	《無上秘要》等其他道書
⑥甲寅之日平旦，青書青要宮玉女右靈飛一旬上符，沐浴，入室，向東六拜，叩齒十二通，頓服一旬十符，祝如上法。畢，平坐閉目，思青要玉女十真，同服紫錦帔、丹青飛裙、頭并頹雲、三角髻，餘髮散之至腰，手執金虎之符，乘青翮之鳳、白鷥之車，飛行上清，晏景常陽，回真下降，入兆身中。兆便心念甲寅一旬玉女，諱字如上，十真玉女悉降兆身，仍叩齒六通，咽液六十過。畢，祝如太玄之文。	⑥甲寅青腰宮右靈飛玉女歌章曰：青腰生道根，陽始號惠精。總鑒玄上氣，右部統三靈。離合八景運，游化無滯停。微微極洞元，翳翳九虛清。中有妙靈女，上錦下飛青。乘虛策朱鳳，迅駕奔五星。迴風流香華，紫霄翼飛瓊。携契上仙客，解衿九鳳城。妙曲空中唱，玉音互自鳴。宮商玄相和，玄化無際生。有能究此章，一誦懽萬齡。西宮結元錄，東華記仙名。率我常陽友，曲真降爾形。積修感玄會，三元降綠軿。騰景飛霞上，進禮太帝庭。⑥甲寅青要宮中玉女，名啓元④，字惠精。乙卯青要玉女，名慶翔，字娥生。丙辰青要玉女，名幽昌，字晨暉。丁巳青要玉女，名伏華，字廣敷。戊午青要玉女，名綠雲，字安昌⑤。己未青要玉女，名金聲，字曲臺⑥。庚申青要玉女，名飀游，字雲飛。辛酉青要玉女，名親賢，字高英。壬戌青要玉女，名神珠，字貫衆。癸亥青要玉女，名雲徊，字抱生。	⑥甲寅素奏丹符，朱書白繒，佩之。以甲寅日平旦，朱書白紙，東向服之，願祝悉目存直甲玉女，執符在前。 六甲丹書符文，依甲子日醮受而佩身，命神召靈，攝海封山，游行五嶽，萬神敬迎，役使六甲上天入淵，分形散景，七十四方所願立得，所向立成。修之九年，除致三元，乘空飛行，上造瓊宮。 ⑥玄生九上原皇君，三五六合始青天。右甲寅素奏丹符十四字。

---

① "綠"，《聖秘》作"緣"。
② "晋"，《上符》作"奇"，《聖秘》作"音"。
③ "壹昭"，《聖秘》作"素明"。
④ "元"，《上符》作"先"。
⑤ "昌"，《聖秘》作"君"。
⑥ "臺"，《聖秘》作"素"。

	《靈飛經》寫本	《道藏》殘篇三種	《無上秘要》等其他道書
科禁等	行此道，忌淹汙、經死喪之家，不得與人同床寢，衣服不借人，禁食五辛及一切肉。又對近婦人尤禁之甚，令人神喪魂亡，生邪失性，災及三世，死爲下鬼。常當燒香於寢床之首也。 ①上清瓊宮玉符，乃是太極上宮四真人所受於太上之道。當須精誠潔心，澡除五累，遣穢汙之塵濁，杜淫欲之失正。目存六精，凝思玉真，香煙散室，孤身幽房，積毫累著，和魂保中，仿佛五神，游生三宮。豁空競於常輦，守寂默以感通者，六甲之神不逾年而降已也。子能精修此道，必破券登仙矣。信而奉者爲靈人，不信者將身没九泉矣。上清六甲虛映之道，當得至精至真之人，乃得行之。行之既速致通降，而靈氣易發。久勤修之，坐在立亡，長生久視，變化萬端，行厨卒致也。九疑真人韓偉遠，昔受此方於中岳宋德玄。德玄者，周宣王時人，服此靈飛六甲得道，能一日行三千里，數變形爲鳥獸，得真靈之道，今在嵩高。偉遠久隨之，乃得受法，行之道成，今處九疑山。其女子有郭芍藥、趙愛兒、王魯連等，并受此法而得道者，復數十人，或游玄洲，或處東華，方諸臺今見在也。南岳魏夫人言此。云郭芍藥者，漢度遼將軍陽平郭騫女也，少好道精誠，真人因授其六甲。趙愛兒者，幽州刺史劉虞別駕漁陽趙該婦也，好道，得尸解，後又受此符。王魯連者，魏明帝城門校尉范陵王伯綱女也，亦學道，一旦忽委壻李子期，入陸渾山中，真人又授此法。子期者，司州魏人，清河王傳者也，其常言此婦狂走云，一旦失所在。	①上清瓊官靈飛六甲玉女六十人，諱字并左右上符，太真九都上皇太極四真人，受之於太上玉晨高聖道君。《左右靈飛六甲符》，一名《玉精真訣》，一名《景中之道》，一名《白羽黑翮隱游上經靈飛六甲神道》也。六甲之神，時乘六龍，以宴慶雲，盼看六合，回降服符者寢房也。其八節日，又乘白鸞之車，駕黑翮之鳳，以宴常陽倒景，看游八方之神嶽也。回降服符者身，和合魂魄，通靈達形，三炁合香，五藏生華，坐在立亡，役召萬魔，履鋒蹈險，萬神來和，涉山入水，沿海步河，不劬津梁，不畏巔危，變化隱遁，招風召雷，立起雲雨，坐致行厨，入兵不傷，入水不濡，山神奉衛，玉女來迎。服之六年，六甲見軀，與人語言，授子真書，長生天地，二象同符。別寢勿雜，遣淫忘慾，寂心鏡形，乃可見求。太極四真人曰：六炁順運於十天，六甲巡行於幽冥，有其符則隱化無方，聞其名則上補天真，行其道則飛虛駕景，佩其文則玉女執巾。用之六年，方諸青宮書名玉簡。行之九年，萬神奉衛，真人造房。行之十四年，太素三元君迎以三晨之羽節，衣以紫華之雲帔，夕駕八景，朝登崐崘，揮虎旟以招節，吹鳳樂以唱玄，萬神扶軒，攝風召雲，太一參響，白日登晨。	

	《靈飛經》寫本	《道藏》殘篇三種	《無上秘要》等其他道書
科禁等	②上清六甲靈飛隱道，服此真符，游行八方，行此真書，當得其人。按《四極明科》，傳上清內書者，皆列盟，奉賕，啓誓，乃宣之。七百年得付六人。過年限足，不得復出洩也。其受符，皆對齋七日，賕有經之師，上金六兩、白素六十尺、金鐶六雙、青絲六兩、五色繒各廿二尺，以代翦髮歃血、登壇之誓，以盟奉行靈符、玉名不洩之信矣。違盟負信，三祖、父母獲風刀之考，詣積夜之河，捷蒙山巨石填之水津。有經之師受賕，當施散於山林之寒棲，或投東流之清源，不得私用，割損以贍己利。不遵科法，三官考察，死爲下鬼。		②《太玄都四極明科》曰：《素奏丹符靈飛六甲左右玉符》與天地同生，玉帝所受，傳於太上大道君，秘在瓊宮之內，七千年聽三傳。若有金名東華、緑字上清之人，七百年聽三傳。盟用白絹四十尺，金鈕三雙，盟青繒三十二尺以代割誓之信。師弟子對齋六十日，北向而傳有此文，通靈致真，飛行太空，白日昇天。違科恣盟，一犯，伐功斷事，萬不得仙；三犯，七祖、己身並充被風刀之考，死入地獄，萬劫長充下鬼負石填河之役。玄都左宮女青律文，受者明慎奉行。（《太真玉帝四極明科經》卷三）
太極玉精真訣上符		（符）太極玉精真訣上符，以甲子日始日，二服①，一以平旦，男服；以八節日日中又服。（符）太極玉精真訣上符，以乙丑日始日，二服②，一以平旦，女服；以八節日夜半又服。 右二符，是靈飛六甲之符宗也。欲服符，先齋六日，乃服之。六十日，乃得服六十玉女符也。此二符招神開靈，通達萬精。長服不廢，飛仙長生。既服六十玉女符，故當用此符也，兼修之也。男女各符，隨名而用之也。	木命玄元水西映成田丙丑君用四名旦月符王而人車東君王有田示係余非易行東明弓星司川翟忠王左丙井上明天山東乙六里衣出青丘臣未力易戊石玄山大王門係田明人兩軍邑西司文日四生龍人川安男心王日尸王人明佳康弓四分士西可子大易由天命係北長明尸王出二係月夫蕭君月水山出山昌明己日大丑四于同上王一明丘止明幽月帀王小田夫專火已田昌生四分北火山禺系之象上止王日星不四係同慧大玄天明天日天。右靈飛六甲符一百八十字。（《太上求仙定録尺素真訣玉文》）

	《靈飛經》寫本	《道藏》殘篇三種	《無上秘要》等其他道書
上清瓊宮陰陽通真秘符	每至甲子及餘甲日，服上清太陰符十枚，又服太陽符十枚。先服太陰符也，勿令人見之。寧與人千金，不與人六甲陰，正此之謂。服二符，當叩齒十二通，微祝曰：五帝上真，六甲玄靈。陰陽二炁，元始所生。摠統萬道，檢滅游精。鎮魂固魄，五内華榮。常使六甲，運役六丁。爲我降真，飛雲紫軿。乘空駕浮，上入玉庭。畢，服符，咽液十二過，止。 （陽符） 朱書。太玄玉女靈珠，字承翼。 （陰符） 墨書。太玄玉女蘭修，字清明。 右此六甲陰陽符，當與六甲符具服。陽曰朱書符，陰曰墨書符①，祝如上法。 欲令人恒齋戒，忌血穢。若汙慢所奉、不尊道法者，殞爲下鬼。敬護之者，長生。替泄之者，凋零。吞符咀嚼，取朱字之津液，而吐出滓著香火中，勿符紙内胃中也。		

---

① "陽曰朱書符，陰曰墨書符"，《無上秘要》作"陽符朱書，陰符黑書"。

《宋人小説類編》考述

師蒙麗

西南交通大學人文學院

摘　要：《宋人小説類編》是清代吳爲楫據《宋人百家小説》編撰的一部小説類類書。爲便於尋檢，其内容按照類書的體例編排，分爲天文、地理、帝王、官職等三十二個類目，並以求實的態度對文中的許多條目作了考辨。另外書前附有其所依據的《宋人百家小説》目録，據此可以將其視爲《五朝小説》之《宋人百家小説》版本的一種，對《五朝小説》的考證有一定的文獻價值。

關鍵詞：《宋人小説類編》；吳爲楫；類書；《宋人百家小説》

　　《宋人小説類編》四卷、《補鈔》一卷，原書題"餘叟"撰，經考察作者實爲晚清時杭州人吳爲楫。這是一部根據《宋人百家小説》重新分類編撰的小説選本，也可看作是小説方面的類書，内容比較豐富，有一定的閱讀和文獻價值。但此書除了幾種今人所編的小説書目略有介紹外，尚未有專門研究者，本文嘗試對其作者和文獻來源作一研究。

一、作者及版本情况

　　《宋人小説類編》原題"餘叟"撰，寧稼雨先生根據《杭詩三輯》所載，認定此書編者是清代吳爲楫：

　　　　《宋人小説類編》，清代雜俎小説集，吳爲楫編。現有同治八年(1869) 自序本，四卷，《補鈔》一卷。題晚翠軒餘叟編。1985 年北京中國書店據以影印，題餘叟編，蓋未詳其人。考《杭詩三輯》載是書爲吳爲楫編，謂四卷，《續編》一卷。除"補鈔"外，書名卷帙均能吻合。爲楫原名爾梅，字和甫，號嘯雲，仁和（今浙江杭州）人。諸生，官四川大竹縣丞（據《杭詩三輯》）。其書從《五朝小説·宋人百家小説》中取一百五十二種，摘録而成，共分三十二類，前除自序外，又引《宋人百家小説目録》及本書類目。雖其文獻價值有限，亦可爲談柄之助。[①]

石昌渝主編《中國古代小説總目·文言卷》和朱一玄、寧稼雨、陳桂聲主編《中國古代小説總目提要》關於此書的提要所述大體相同。上文提到的《杭詩三輯》爲《國朝杭郡詩三輯》，是一部收録杭州地方文人詩歌的詩歌總集，清代丁申、丁丙撰，上接《國朝杭郡詩輯》（吳顥編）及《國朝杭郡詩續輯》（吳振棫編），下迄光緒，共收録杭籍詩人 4700 餘家。該詩集除了載録詩歌外，還對入選作者皆附小傳和評論。《國朝杭郡詩三輯》卷三十八吳爲楫條載："吳爲楫，原名爾梅，字和甫，又字濟之，號嘯雲，晚號嘯翁。經世子，仁和諸生，官四川大竹縣丞，有《大能寒軒詩鈔》。"又：

> 吳慶坻[②]曰："先叔祖少游蜀中，後得微官，非其志也。晚年就養於秦，復僑寓於蜀，日課諸孫爲文，有《大能寒軒文鈔》之刻。又好讀宋人説部書，瀏覽裒輯爲《宋人小説類編》，大者可以資考訂，助博聞，至碎事瑣言，亦足爲譚柄之助。"[③]

這是現所能見關於《宋人小説類編》及其編者吳爲楫的論述較早的材料。丁申、丁丙兄弟爲清道光至光緒時人，與吳爲楫同時，丁、吳兩家都是杭郡大族，又是世交，所記當比較可信[④]。清潘衍桐《兩浙輶軒續録》卷二

---

① 寧稼雨《中國文言小説總目提要》，濟南：齊魯書社，1996 年，第 398 頁。

② 吳慶坻（1848—1924）生平參見梁淑安主編《中國文學家大辭典·近代卷》，北京：中華書局，1997 年，170 頁。他是吳爲楫堂兄吳振棫之孫，即吳爲楫的侄孫。

③ 丁申、丁丙《國朝杭郡詩三輯》卷三十八，錢塘：丁氏，清光緒十九年（1893）。

④ 另，錢塘吳氏與《杭郡詩輯》有着很深的淵源：吳顥編纂《國朝杭郡詩輯》，吳顥之孫吳振棫重編《國朝杭郡詩初輯》，並編纂《國朝杭郡詩續集》，吳振棫之孫吳慶坻爲丁申、丁丙編纂的《國朝杭郡詩三輯》作序，並與丁氏一同重刊《初輯》與《續輯》。《杭詩三輯》記吳爲楫之事轉述自吳慶坻，其可信度更加一層。參考周敏《〈國朝杭郡詩輯〉研究》，南京大學碩士學位論文，2013 年，第 6 頁。

十一、民國徐世昌《晚晴簃詩彙》卷一百三十四也有類似記載，或是因襲《杭郡詩三輯》的説法。

此外，《宋人小説類編》書中的批注也偶爾透露出其編者的個人信息。如卷三之八"攢宫"條下注曰："吾杭未葬者，因城中多火患，每出殯于湖干。"① 可見其爲杭州人。卷三之三"張天帝"條下注："先大父《游仙詩》三百首中有曰：'面方一尺張天帝，教唱無爲大道來。'今乃知出於此也。"這與《國朝杭郡詩續輯》卷十三吳顥的小傳稱吳顥有"《睫巢詩鈔》三卷，《游仙詩》三百首"② 相吻合，而吳顥正是吳爲楫的祖父③。

綜上，《宋人小説類編》爲錢塘吳爲楫所編，是可以肯定的。由於吳爲楫其人名氣不大，生平事迹不顯，尚需作一番考證。

考吳振棫《花宜館詩鈔》有幾首詩提及吳爲楫。卷十三《嘯雲弟至綿州相迓》一首："容鬢看如故，年來夢見曾。喜心生酒琖，遠道累行縢。才豈難爲弟，官應不負丞。蝸髻吾最憶，風雨共書燈。"④ 其"官應不負丞"句下注曰："弟爲大竹丞。"吳振棫《花宜館詩鈔》在每卷前都注有該卷詩歌的寫作時間，卷十三寫作時間注曰"起戊申，盡己酉"，即道光二十八到二十九年（1848—1849），可知此時吳爲楫正在四川大竹縣丞任上。卷十五《天涯話別圖》詩前序曰："余同祖弟兄七人，今惟余與嘯雲、大雲兩弟在耳。嘯雲寓蜀久，道光己酉（即道光二十九年，1849）余官蜀藩，大雲亦由山左入蜀，聚處譚笑，忽忽遂三年餘。咸豐壬子（即咸豐二年，1852），余將往撫滇，大雲歸杭州，嘯雲則猶留蜀也。"其中"每經舊館思前事，仿佛書聲燭影中"句下注曰："余童年侍先大夫居成都之内姜街，嘯雲亦奉叔父同寓焉，今門巷猶可指識。"由此可知，嘯雲吳爲楫是吳振棫的堂弟，二人幼年時曾隨父輩寓居成都。吳振棫所記吳爲楫久寓蜀、任大竹縣丞的説法與《杭郡詩三輯》所説都能相合。《杭郡詩三輯》所收吳爲楫詩亦有三首《天涯話別圖》奉和之作。另外，吳振棫詞集《無腔村笛》卷下《陌上花·寄懷嘯雲弟重游蜀中》"同騎竹馬，門前難忘，

———————————

① 餘叟《宋人小説類編》卷三，影印本，北京：中國書店出版社，1985 年。本文所引該書内容，除有特殊説明外，皆以此版本爲據，以下不再一一注釋。

② 吳振棫《國朝杭郡詩續輯》卷十三，錢塘：丁氏，清同治十三年（1874）。

③ 吳顥，乾隆二十四年（1759）舉人，曾官遂昌（屬浙江）訓導，生平簡介參見錢仲聯主編《中國文學家大辭典·清代卷》，北京：中華書局，1996 年，第 326 頁。

④ 吳振棫《花宜館詩鈔》卷十三，刻本，清同治四年（1865）。

小時時序"句下注曰："初至蜀時，余年十一，弟八齡耳。"① 可知吳振棫較吳爲楫大三歲。據《中國文學家大辭典》，吳振棫生卒年爲 1792—1870 年②，推測吳爲楫生年當在 1795 年，即乾隆六十年。

又考《增修崇慶州志》卷六有吳爲楫道光十四年（1834）任崇慶（今四川崇州）州同的記載③。《四川省大竹縣志》卷七《職官志·縣丞》載吳爲楫曾任大竹縣丞："吳爲極（按，'極'字當爲'楫'字之誤），廩貢生，擅長詩文。"④ 然惜乎此志記載簡略，没有吳爲楫具體的任職時間，在其前後的官員任職時間亦不詳，無法加以推斷⑤。但據前吳振棫《嘯雲弟至綿州相迓》一詩，吳爲楫任大竹縣丞應在崇慶州同之後，道光二十九年（1849）尚在大竹縣丞任上，只是其體始任和離任的時間不詳。

綜上可知，吳爲楫是清嘉慶至同治時人，爲錢塘吳氏子孫，字和甫，又字濟之，號嘯雲。長期寓居蜀中，曾做過四川崇慶州州同、大竹縣縣丞，長於詩文⑥，有詩集《大能寒軒詩鈔》十卷（存同治四年［1865］刻本），《國朝杭郡詩三輯》收録其詩作《劍關》《漳河銅鴨爐歌》《明成都教授何公雙忠墓詩》《吳船竹枝詞》等二十餘首。另編有《宋人小説類編》四卷，補抄一卷。

關於《宋人小説類編》的著録，丁仁《八千卷樓書目》卷十四"子部"載："《宋人小説類編》四卷，《補鈔》一卷，不著編輯者名氏，抄本。"⑦《杭州府志》卷八十九載："《宋人小説類編》四卷，《續編》一卷。

---

① 吳振棫《無腔村笛》卷下，刻本，清同治四年（1865）。
② 《中國文學家大辭典·近代卷》："吳振棫（1792—1870），字宜甫，號仲雲，晚號再翁。浙江錢塘（今杭州）人。祖吳顥，舉人，官遂昌縣學訓導……二十八年，擢山西布政使，調四川。旋擢雲南巡撫，兼署雲貴總督。"（第 176 頁）
③ 沈恩培《增修崇慶州志》卷六，刻本，清光緒十年（1884）。
④ 陳步武、江三乘纂《四川省大竹縣志》卷七，影印本，《中國方志叢書》"華中地方"第 380 號，臺北：成文出版社，1976 年，第 551 頁。
⑤ 按照《大竹縣志》記載順序，吳爲楫前一任爲董鵬："順天寧河人，監生，嘉慶二十年任，二十五年復任。"但具體卸任時間不詳。其後一任爲葉樹鏊，也僅記其"任職近二十年"，無上任時間。然參民國《四川省大竹縣志》的前志道光《大竹縣志》（蔡以修等撰），修志時間在道光二年（1822），其《職官·縣丞》載録的官員到董鵬、吳紱詔爲止，吳爲楫不在其列。可知吳爲楫任大竹縣丞時間在道光二年之後。
⑥ 清文人王培荀與吳爲楫有交往和唱和，《懷吳嘯雲》一詩自注稱："吳嘯雲爲楫，浙江錢塘人，需次在川，詩筆娟秀。"見王培荀《寓蜀草》卷一，刻本，清道光二十七年（1847）。
⑦ 丁立中《八千卷樓書目》卷十四，北京：北京圖書館出版社，2009 年，中册，第 228 頁。

大竹縣丞錢塘吳爲楫嘯雲撰。"① 對於丁仁《八千卷樓書目》爲何載此書
"不著編輯者名氏"，起初頗覺可疑，因爲丁仁爲丁丙之子，與吳爲楫相距
時代不遠，且丁、吳兩家是同鄉又是世交，按理應當知道《宋人小説類
編》爲吳爲楫所編。之所以連丁仁也不知道此書編者爲誰，推測可能有以
下幾方面原因：其一，原書未題編者名氏，序中所題"餘叟"，亦非吳爲
楫常用字號；其二，如前所説，吳爲楫久寓蜀，在杭州時少，且此書成書
在丁仁之前（《宋人小説類編》成書時間當在同治八年［1869］左右，而
丁仁生卒年爲1879—1949年），丁仁不熟悉此書也情有可原；其三，此書
在當時流傳不廣，知曉度並不高，如《杭郡詩三輯》《兩浙輶軒續録》關
於此書的稱述也是轉述吳慶坻所説，且此書爲改編舊作，是吳爲楫爲了便
於檢閲和記憶而選取《宋人百家小説》部分内容按類編纂成書，并附以自
己的考訂，非爲借此揚名。

　　此書前有同治八年自序，當是該書的成書時間。現存版本有：清刻本
（北京中國書店1985年據此影印）；廣益書局民國9年（1920）石印本，
題"秘本宋人小説類編"；大達圖書供應社1935年出版陶覺先新式標點
本，封面書名改作"（類分）宋人小説"。

　　上述三個版本内容基本一致，差別不大。但中國書店影印所據清刻本
與廣益書局石印本二者之間有個別文字不同，且有很多刻本挖去的字而石
印本不闕，如卷二詩詞類"游春黃胖"條"賦曰：兩脚□空欲弄春，一人
頭人又安人"句，刻本"兩脚"後挖去一字，而石印本不闕，作"懸"
字；後半句第二個"人"字訛，石印本改作"上"字是正確的。可知廣益
書局本不是照印刻本。另外廣益書局石印本未收《補鈔》卷，且把卷首所
附《宋人百家小説目録》"偏録家"寫作了"編録家"②。大達本則是據廣

────────

① 李楁、吳慶坻等纂《杭州府志》，影印本，《中國方志叢書》"華中地方"第199號，臺
北：成文出版社，1974年，第1742頁。
② 按，所謂"偏録家"當是源自劉知幾《史通》"偏記小録"的説法。《史通》卷十《雜
述》篇將正史之外雜著稱爲"偏記小説"，分偏記、小録、逸事、瑣言等十類。《五朝小説》沿用
了《史通》的説法，將《魏晉百家小説》分爲傳奇家、志怪家、偏録家、雜傳家等十類，唐、宋
《百家小説》則分偏録家、瑣記家、傳奇家三類。"偏録家"當取偏記小録之意，廣益書局本作
"編録家"，其意不符。詳參羅寧《論唐代文言小説分類》，《西南師範大學學報（人文社會科學
版）》2003年第3期。

益書局本重新標點編排的①，其内容全同石印本，亦未録《補鈔》卷。

二、内容與體例

《宋人小説類編》全書共四卷，按内容分爲天文、地理、帝王、官職、殃慶、科名、詩詞、文學、議論、辯證、考據、婦女、仙釋、服飾、飲食等三十二個類目。

卷一之一："天文"，爲天文和氣候現象、節期、時令相關。如"紫蓋黃旗"爲天子氣；"德星見"乃國家太平之兆；紹興間下大冰雹稱爲"硬雨"等。

一之二："地理"，記各地奇觀、名勝。如夷陵"陰陽石"，及"西湖三賢堂""春明宅子"等。

一之三："帝王"，記宋朝帝王的逸聞和傳奇故事，太祖、仁宗事迹较多，末附李煜、周世宗兩則。如太祖"擲笑得聖"，仁宗"獨用紙扇"，"宣仁快活條貫"等。

一之四："官職"，記官曹制度及官場軼事。如"漢時太守"所轄郡縣極大，非後世比；"范堯夫杖僧熁窗詩"等。

一之五："殃慶"，多記因仁義、孝行免患得福之事。如"王庭玉不嫌女跛"而門庭興旺、蕭寺丞"惜牛延壽"等。

一之六："科名"，記科場登第之事。如"神作狀元賦""登科不須過喜"等。

卷二之一："詩詞"，記有關詩詞故事，類似詩話、詞話。如"康與之題御扇"、"紅葉詩"、"白紙詩"、歐陽修"償釵詞"等。

二之二："文學"，記有關藝文之事，多是有關四六文、對句等。如汪藻"高宗嗣統告"、"化遺骸疏"、"俗語對句"。

二之三："議論"，有關政策、義理的議論。如文豹、姚希得、范鎮關

---

① 廣益書局與大達圖書供應社實爲同一家。廣益書局 1900 年創辦于上海，最初出版科舉考試用書和童蒙讀物，科舉取消後轉爲出版普通古籍、醫用書和村塾用書。20 世紀 30 年代，在出版業低價暢銷書熱潮的刺激下，廣益書局以大達圖書供應社的名義，大量排印出版加標點的通俗小説，翻印了數百種古舊書，此書即爲其中一種。參見左建《廣益書局與"大達版"圖書》，《蘭台世界》2012 年第 33 期。

於"親兵"的議論,"歐陽論琴帖"等。

二之四:"辯證",有關古書文字、音義的辨證。

二之五:"考據",考證事物的事實、古制、起源等。如歷代朝廷"行香"制度、"科頭"稱呼的緣由等。

二之六:"書畫",記歷代名畫以及與書畫相關的技法、器物、故事。如"明皇幸蜀圖""端硯""對膠法"等。

二之七:"醫卜",記醫藥秘方、占卜、相面等。如"紅花活血"、"治冷痢法"、蔡京視日"視久不瞬"、"謝石相字"等。

卷三之一:"婦女",記歷代女子相關之事。有烈女節婦,亦有妒婦、悍婦、才女、女婢等。如"花蕊夫人""中興以來烈女""河東獅子"等。

三之二:"仙釋",記神仙異能及釋家事。如韓生"杓取月光"、"華山毛女"、"佛學初行"等。

三之三:"鬼神",記鬼神之事。如"何兼資遇張巡""碧蘭堂女鬼詩"等。

三之四:"隱語",記讖語、諧語、字謎等。如"召主收贖""二勝環""兩挂酒令"等。

三之五:"笑談",記詼諧幽默之語。如"如來是婦人"條李可及以誤解經書作滑稽諧戲語,"莫氏春秋"以《春秋》語調笑輕薄者,東坡簡帖戲爲"換羊書"。

三之六:"諱名",記姓名避諱之事。如"忠字謂之誠"條,載魏徵撰《隋書》避隋文帝父親名諱改"忠"爲"誠","萬里昨日到"條載官姬歌"萬里雲帆何日到"恰犯楊萬里名諱。

三之七:"稱呼",記"御前""娘娘""鄉里""丈人"等稱謂的由來以及詩文、史書記載。

三之八:"喪祭",記有關喪葬、祭祀之事,如"攢宮""治喪不用浮屠"等。

三之九:"養生",記養生之法,如"行氣""食杏仁法""辟穀"等。

卷四之一:"服飾",有關衣帽、飾物,如"幞頭""魚袋"等。

四之二:"珍寶",記珍寶、奇物,如"金膏水碧""黿寶"等。

四之三:"飲食",記飲食,如"燒豬""嚼酒"等。

四之四:"器用",記器物用具相關之事,如文彥博獻"金縷燈籠",

稱棋枰爲"木野狐"等。

四之五："花木"，記花木相關之事，如"紅梔子花""奇竹"等。

四之六："禽魚"，記禽、獸、魚相關之事。如"牛冤"記牛救主人而被冤殺之事；"雞寒上樹，鴨寒下水"爲"雞寒上距，鴨寒下嘴"之誤。

四之七："物感"，記物類相克相感之事，如"翡翠屑金，人氣粉犀"；以"皂角藏鹽"，鹽可經歲不壞。

四之八："雜記"，雜收前面分類未收錄者。

四之九："傳奇"，選取書中情節奇異、篇目較長的故事。值得注意的是，此處編者所選"傳奇"無一篇是從《宋人百家小說》"傳奇家"中選取，皆是從《摭青雜記》《清尊錄》等"偏錄家"錄出。

四之十："闕疑"，對編者未能認同，或認爲有疑問的書中條目作闕疑，下面多附有批注。如"白氏六帖"條批曰："其以六紀者，六德，知仁聖義中和；六行，孝友睦婣任恤……茲之六帖，吾未考也。"

後附《宋人小說類編補鈔》一卷，補充收錄《宋人小說類編》未收者，也是按類編排，但只補錄了其中十八類，共五十七條。

對於爲何要將小說進行分類編排，編者吳爲楫在序中叙述其編纂動因，曰：

> 秋暑初退，梧竹蕭然，借得《宋人百家小說》，晴窗批覽，藉以消遣流光。有時憶及一故事，討尋原委，杳不知其在何。因仿華亭《類腋》之法，作《類編》，凡三十有二，亦取其便於檢閱耳。

可知其編類的初衷就是感於《宋人百家小說》的卷帙浩大不便檢閱，因而借鑒類書的編排方法對這一大部頭的叢書進行了改編，選取其中有價值和自己感興趣的內容進行分類整合，以"便於檢閱"。我國傳統小說大都是叢殘小語的形式，如果彙集成大的書籍就很不便於尋檢，對小說進行分門的做法由來已久。而類書更是具有分門別類，使"覽者易爲功，作者資其用"的優點。其所說華亭《類腋》就是清代華亭人姚培謙、張卿雲所輯的一部類書，書中大都撮采前人類書內容，擇其可據者，依門分類，分爲天、地、人、物四部[1]。

---

[1] 趙含坤《中國類書》，石家莊：河北人民出版社，2005年，第406頁。

　　另外此書卷首附有引書目錄，除標明書名、作者外，還以十帙爲單位標出卷帙次第；然後每卷之前又設置章節目錄，在每個小標題下注明出處——"第某某帙，某某書"；雖然在正文條目下不再一一標注出處，但讀者可以按圖索驥先根據標題從章節目錄中找到出處書目，再根據卷帙次第在前面引用書目中查出該書作者，查檢很是方便。

　　至於爲何如此分目，編者在目錄後面的"《小説類編》次第"中解釋了分目緣由，曰：

　　　　天地、君臣冠首者，類書之通義也。事理，則殃慶賅之矣。慶莫美於科名，求科名莫如勤學詩文六藝，皆宜究心也。有陰必有陽，有男即有女，故婦女次之。由婦女而仙釋，而鬼神，幽明之類盡矣。隱語、笑談、諢名、稱呼，餘波綺麗。爲者事孰爲大？事親爲大，喪祭是也。守孰爲大？守身爲大，養生是也。服飾至物感，亦不遺微小之道。雜記即是補遺，傳奇真是小説。終以闕疑，蓋言慎也。

從大者天地、君臣，次以科名、詩文六藝，次以婦女、仙釋、喪祭、養生、飲食，終以雜記、傳奇、闕疑，其分類借鑒了傳統綜合性類書的分類方法和觀念，但又有自己的思考。這種綜合類書的分類系統體現了古代人们的倫理觀念和知識體系，就知識收錄來説可以包羅萬象，擴大收錄範圍。但小説類選本采用這種分類系統的不是很多，畢竟天、地、人、物的框架套在小説身上并不完全適用，有些歸類難免削足適履，也使很多内容無法囊括進來或數量受到限制——比如，鬼神、玄怪本是小説的大宗，而綜合性的分類必然會使這些門類的收入量受到限制。

　　《宋人小説類編》也存在一些歸類不當的條文。如卷一之二"解凍水"條："正月解凍水，二月白蘋水，三月桃花水……十二月蹙凌水。元祐春初，部管人夫到滑州大河上聞如此。"應屬於"天文類"的却歸入"地理類"。卷三之一"呂蒙周義僕"講述呂蒙周把得熱病的僕人推入江中，僕人大難不死，而呂家却在江心沉船，僕人不計前嫌爲其處理後事；卷三之一"榻前香燭"講群生戲弄熟睡者，擺設香燭在其睡榻前，致其醒時誤以爲自己已死而果真喪命之事：二則不知緣何歸入"婦女類"。卷一之五"蔡魯公酬酢不倦"條，講蔡魯公兄弟二人一喜接客，一懼會客，歸入"殃慶類"亦不知何意。還有一些可能是爲了歸類和檢閱方便而不免削足適履的，如卷三之二"仙釋"類有以下兩條：

> 李章奉使北庭，虜館伴發一語云："東坡作文多用佛書中語。"李答云："曾記《赤壁詞》云：'談笑間，狂虜灰飛煙滅。'所謂'灰飛煙滅'四字，乃《圓覺經》語，云'火出木燼，灰飛煙滅'。"北使默無語。（"圓覺經語"條）

> 《長恨歌》："上窮碧落下黃泉，兩處茫茫都不見。"人謂是"目連救母"；孟浩然詩："春眠不覺曉，處處聞啼鳥。夜來風雨聲，花落知多少。"人謂是盲子；荊公宅乃謝安所居地，有謝公墩，公賦詩曰："我坊名字偶相同，我宅公墩在眼中。公去我來墩屬我，不應墩姓尚隨公。"人謂與死人爭地界。（"目連救母"條）

以上兩條雖有"圓覺經""目連救母"字眼，然從內容看純是詩詞、笑談，與"仙釋"無涉。

在內容編選上，由於目前無法核對《宋人百家小說》原書，只是將之與掃葉山房本《五朝小說大觀·宋人百家小說》比照，發現《宋人小說類編》大多未對原書內容加以刪節，有些地方編者爲了簡省文字和適應編書體制做出了一些改動的，也都加以說明。如卷二之四"旅是工名"條，由於原書內容較繁複，編者對其做了簡化，并加注解："原說較及大小，非辨正之意。今爲申說明白，書之於左。""借書一癡"條"原說再見，意是而語有未的，今爲別引申以說之"，因原文辨證不夠清楚，而略去原文，用《說文》等加以引申。另外也有些條目將多個書中性質相類似的條目合併起來，如卷二之三"將無同"條，前面引《玉澗雜書》內容，後面接着又引《嬾真子》所載論述。

《宋人小說類編》體現出清人重視實學的態度，除分類系統表現正統的學術觀念外，其內容選擇也側重於實學，重視知識和考證，而對一些軼事、志怪的內容選取不多。雖然編者沒有對原書的舛訛一一校勘而多被後人詬病，但其對所引事實的考證卻很重視，在很多的條目下都加有自己的注解，甚至不厭其煩。其中於"辨證""考據""闕疑"三類編者批注尤多，尤其"辨證"一卷，幾乎每條下都有注解。另外還專門設置"雜記""闕疑"門，分別收錄無法歸類和自己存疑、未能辨明的內容，也體現出嚴謹的態度。如卷一之二"承霤"條："古之承霤以木爲之，用行水，即今之承落也。"原文僅此一句,而編者後面附注了大段内容,廣徵博采《禮記》《説文》等書相關内容以及自己的見聞,詳加解説。卷二之六"絲瓜洗硯"條:"謝景魚名倫,滌硯法,用蜀中貢餘之紙先去墨,徐以絲瓜磨洗餘漬。故都時定器不入禁中,惟用汝器,以定器有芒也。"其下注曰:"定器、汝器與硯不類,或另是一條。"對此條内容的混雜提出了疑惑。經查考《老學庵筆記》原文,此條前句爲《老學庵筆記》卷一的内容,後句爲卷二的内容,當是《宋人百家小説》編纂有誤。吳爲楫的懷疑是對的。

三、《宋人小説類編》所依據的《宋人百家小説》版本

《宋人小説類編》據《宋人百家小説》改編而成,其所依據的《宋人百家小説》版本通過書前引用目録可知爲152 帙本。

《宋人百家小説》是明代大型小説叢書《五朝小説》的一個部分,亦有單行本,其版本在明末清初時就已經很複雜,有不同的版本流傳。《五朝小説》國内現所能見流傳較廣的是民國時上海掃葉山房據《五朝小説》重印的《五朝小説大觀》[①],但對比發現,《五朝小説大觀》中的《宋人百家小説》與《宋人小説類編》所據《宋人百家小説》有較大差别,卷數、同卷帙書名都不相同。國内還有其他版本,但很難見到。程毅中先生《〈五朝小説〉與〈説郛〉》一文中提及一單行本《宋人百家小説》共195帙,"偏録家""瑣記家"和《宋人小説類編》所引大致相同,但"傳奇家"比《宋人小説類編》本多出許多[②]。經檢索"日本所藏中文古籍數據庫",看到日本所藏《五朝小説》亦有多種版本,其中的《宋人百家小説》有138 帙本、142 帙本、148 帙本、153 帙本、197 帙本等不同版本。與《宋人小説類編》所用《宋人百家小説》書目進行比較,最爲近似者是編

① 1926 年上海掃葉山房據《五朝小説》稍加抽換,石印出版,改題《五朝小説大觀》,與《五朝小説》不完全相同。參《中國文言小説總目提要》第 288 頁。

② "偏緑家""瑣記家"二者基本相同,其中有出入的:《宋人小説類編》本將第四十三帙江休復《鄰幾雜志》換成了王惲《彭蠡記》,第一百十三帙張禮《游城南注》換成了謝翱《西臺慟哭記》。程毅中先生認爲大概是原有缺卷,把後面傳奇家的篇目拿來替補。其實並非《宋人小説類編》所據本出現了缺卷,編者做了替補,而是本來就有一個這樣的版本。具體考證見下文。參程毅中《〈五朝小説〉與〈説郛〉》,載《陶宗儀研究論文集》,杭州:浙江人民出版社,2006 年,第 442 頁。

號 "京大人文研－東方－叢－I－2－32" 的 153 帙本，其記錄版本信息爲
"明闕名輯，用説郛、説郛續刊版重編本"①。此本只比《宋人小説類編》
本多出一帙，其他卷帙篇名及排列順序均相同，只個別書名、作者略有差
異，是目前所見與《宋人小説類編》所用的 152 帙本《宋人百家小説》最
爲近似的版本，但無法查閱内容進行比對。

現將《宋人小説類編》所用 152 帙本、日藏 153 帙本、《五朝小説大
觀》本三種《宋人百家小説》篇目有差異者作一簡單比較：

《宋人小説類編》本	日藏 153 帙本	《五朝小説大觀》本/《五朝小説》本②（據《中國叢書綜録》）
第六帙石茂良《避戎嘉話》	同《類編》本	令狐澄《大中遺事》（《五朝小説大觀》） 魯應龍《括異志》（《五朝小説》）
第八帙趙彦衞《御塞行程》	同《類編》本	趙彦衞《御塞行程》
第十五帙許復《幸張府節略》	周密《高宗幸張府節次略》	周密《高宗幸張府節次略》
第十八帙王明清《避亂録》	同《類編》本	歐陽玄《睽車志》
第二十八帙無名氏《儒林公議》	同《類編》本	田況《儒林公議》
第三十四帙蔡絛《鐵圍山譚叢》	蔡絛《鐵圍山叢譚》	龍袞《江南野録》（《五朝小説大觀》） 蔡絛《鐵圍山叢譚》（《五朝小説》）
第三十七帙張端義《貴耳録》	同《類編》本	蘇舜欽《聞見雜録》（《五朝小説大觀》） 張端義《貴耳録》（《五朝小説》）
第四十七帙李畋《該聞録》	同《類編》本	李畋《該聞録》

---

① http://kanji. zinbun. kyoto-u. ac. jp/kanseki? record = data/FA019705/tagged/0771005.
dat&back=1。

② 《中國叢書綜録》將《五朝小説大觀》與《五朝小説》書目合收，所録《五朝小説大觀》
爲掃葉山房本，《五朝小説》爲 "清據《説郛》、《説郛續》刊版重編印本"，同一帙中二者有出入
的則分别列出。見上海圖書館編《中國叢書綜録》，上海古籍出版社，1982 年，第 1 册，第 761
頁。

《宋人小説類編》本	日藏 153 帙本	《五朝小説大觀》本/ 《五朝小説》本 （據《中國叢書綜録》）
第五十七帙康駢《劇譚録》	同《類編》本	謝良《中山狼傳》
第五十八帙廉宣《清尊録》	同《類編》本	廉布《清尊録》（廉宣字仲布）
第六十帙邢居實《拊掌録》	同《類編》本	元懷《拊掌録》
第六十二帙何充遠《鑑戒録》	同《類編》本	郭彖《睽車志》
第六十九帙陸游《避暑雜鈔》	陸游《避暑漫鈔》	陸游《避暑漫鈔》
第七十六帙亡名氏《讀書偶見》	闕名《讀書隅見》	鄭震《讀書隅見》
第七十九帙姚亮《西溪叢語》	同《類編》本	姚寬《西溪叢語》
第八十一帙王暐《道山清話》	同《類編》本	王口《道山清話》
第八十九帙陸游《老學庵筆記》	《老學庵筆記》同，然其後多《老學庵續筆記》一帙	陸游《老學庵筆記》
第九十六帙陳賓《桃源手聽》	同《類編》本	孫穆《雞林類事》
無	無	何光遠《鑑戒録》
第一百帙無名氏《釋常談》	同《類編》本	劉孝孫《事原》（《五朝小説大觀》） 無名氏《釋常談》（《五朝小説》）
第一百零二帙洪皓《松漠紀聞》	同《類編》本	無
第一百零三帙孫穆《雞林類事》	同《類編》本	見上
第一百零四帙文惟簡《虜廷事實》	同《類編》本	無
第一百零五帙王易《燕北録》	同《類編》本	無
第一百零六帙程大昌《北邊備封》	同《類編》本	無
第一百零七帙孟珙《蒙韃備録》	同《類編》本	無

《宋人小説類編》本	日藏 153 帙本	《五朝小説大觀》本/《五朝小説》本（據《中國叢書綜録》）
第一百零八帙郭彖《暌車志》	同《類編》本	見上
第一百零九帙歐陽元《暌車志》	同《類編》本	見上
第一百一十帙魯龍《括異志》	同《類編》本	見上
第一百一十五帙張端義《六朝事迹》	同《類編》本	張敦頤《六朝事迹》
第一百二十二帙張邦基《侍兒小名録》	張邦幾《侍兒小名録》	張邦幾《侍兒小名録》
第一百二十七帙亡名氏《北苑別録》	同《類編》本	趙汝礪《北苑別録》
第一百三十二帙沈括《藥譜》	同《類編》本	張君房《麗情集》（《五朝小説大觀》）沈括《藥譜》（《五朝小説》）
第一百五十二帙謝艮《中山狼傳》	同《類編》本	見上
共 152 帙	共 153 帙	共 143 帙

以上可以看出，《宋人小説類編》本所收卷帙比《五朝小説大觀》本多出《避戎嘉話》《避亂録》《劇譚録》《桃源手聽》《松漠紀聞》《虜廷事實》《燕北録》《北邊備封》《蒙韃備録》九帙，且各卷書名、作者、排列次序都有所不同，二者不是同一版本顯而易見。相對來説，《五朝小説》本與《宋人小説類編》所引目録一致性要大些，《中國叢書綜録》記載此《五朝小説》版本爲"明□□輯，清據《説郛》《説郛續》刊版重編印本"，但由於《綜録》將其與《大觀》合録，其原貌如何不得而知，不知與日藏153帙本是否是一種①。

《宋人小説類編》所據《宋人百家小説》與日藏 153 帙本基本一致，二者唯一出入較大的是日藏本多出的《老學庵續筆記》一帙。《老學庵續

---

① 檢索所見日藏《五朝小説》中標注爲"據説郛説郛續刊版重編印本"的也有多個不同版本，卷帙數、篇目、次序也不相同。

筆記》題陸游撰，學界多懷疑其爲僞書①，但涵芬樓《説郛》（即明抄本《説郛》）卷四即有此書，後來重編《説郛》卷四十一也據之收入，放在《老學庵筆記》之後。既然涵芬樓《説郛》已有其書，説明它並不是晚明重編《説郛》等書的編者僞冒的。考慮到《五朝小説》和重編《説郛》的版片互用關係，日藏 153 帙《宋人百家小説》本《老學庵續筆記》，應與重編《説郛》本一致②，也並非新出僞書。考其內容，實則《宋人小説類編》所用的《宋人百家小説》將《老學庵筆記》與《續筆記》合併了。《宋人小説類編》卷一之四官職類"白打使"一條："余在蜀，見東坡先生手書一軸曰：'黃幡綽告明皇，求作白打使，此官亦快人意哉！'味東坡語，似以白打是博戲耳。"此條正是《老學庵續筆記》內容，見於重編《説郛》本。而《宋人小説類編》在章節目錄中將此條出處書目標爲《老學庵筆記》，可知是將二書合錄了。這樣看來，《宋人小説類編》本與日藏 153 帙本就完全一致了，很有可能就是吳爲楫編纂《宋人百家小説》時采用的同一版本。另韓國奎章閣亦有 152 帙本《宋人百家小説》，所收書目、書目排序皆與《宋人小説類編》本、日藏 153 帙本一致，而《老學庵筆記》與《續筆記》也合爲一帙。可見 152 帙本《宋人百家小説》在清代也是比較通行的一種版本。

　　歷來人們對《宋人小説類編》的關注不多，主要原因是認爲其舛訛較多，文獻價值有限。從保存宋代文獻價值的角度來説，《宋人小説類編》顯然無足稱道，因爲它不過是《宋人百家小説》的選編本而已。但也正因爲如此，書中存在的一些舛訛原本是沿襲《宋人百家小説》而來，不能以此責備其書。編者在書中也有"此書確是舊版，然字句亦多訛舛，間與改之，其難可意者，仍之以俟校勘""字句訛舛特甚，以意會之可也"等語，對《宋人百家》中存在的舛訛有清楚的認識。但説"編選者又不加考辨"③卻是有失公允的，如前所述，編者其實對所編選的許多條目進行了考辨和評注，提出很多留待繼續考證的問題，應該注意和肯定吳爲楫在糾

---

① 劉亮《對〈老學庵續筆記〉真偽的質疑》，《上海大學學報（社會科學版）》2009 年第 5 期。

② 關於重編《説郛》作偽及其與《五朝小説》的關係，參見羅寧《重編〈説郛〉辨偽——以所收四種小説爲例》，《中華文史論叢》2014 年第 3 期。

③ 王立言等主編《中國文學通典：小説通典》，北京：解放軍文藝出版社，1999 年，第 228 頁。

正原書錯誤方面所做的工作。

　　《宋人小説類編》的文獻研究價值，還體現在《五朝小説》的研究方面。《五朝小説》版本情况複雜，其刊刻、翻印和版本流傳問題，和重編《説郛》、《水邊林下》等叢書間的關係問題①，均未得到解決。《宋人小説類編》不但提供了《五朝小説·宋人百家小説》一種重要的版本（和日藏153帙相同），而且在目前《五朝小説》版本不易見到的情况下，對於《五朝小説》以及重編《説郛》的考證也有一定的價值。另外值得一提的是，吳爲楫作爲古代社會晚期的一位學者，當他面對豐富的宋代小説時，採取了怎樣的選擇眼光和分類標準，表現了對宋代小説怎樣的態度和觀念，也是值得挖掘的題目。這些也許就留待將來的研究了。

---

　　① 《五朝小説》和重編《説郛》、《水邊林下》等叢書有部分版片相同，但它們相互間的關係爲何尚不清楚。

宋人編蘇軾年譜佚文鈎沉[①]
——以《精刊補注東坡和陶詩話》爲中心

楊　焄

華東師範大學中文系

摘　要： 宋末元初蔡正孫編纂的《精刊補注東坡和陶詩話》，現僅在韓國收藏有三種不同的殘本，其中徵引過不少後世已經散佚的文獻資料。本文從中輯録出《東坡年譜》與《東坡紀年録》兩種宋人所編蘇軾年譜佚文，並與存世的幾種宋編蘇軾年譜加以比較，以凸顯其文獻研究價值。

關鍵詞： 蔡正孫；《精刊補注東坡和陶詩話》；蘇軾；年譜

　　隨着史學研究風氣的繁盛，宋代出現了大量爲本朝文士編撰的年譜。雖然多屬草創，不免疏漏，但因編撰者與譜主時代接近，其中也保存了大量可貴的文獻資料，誠如清人章學誠所言，"頗覺有補於知人論世之學，不僅區區考一人文集已也"[②]，對於考察譜主的生平始末乃至推究整個時代的風氣遞嬗均大有裨益。

　　宋人所撰蘇軾年譜數量頗多，現能考知其編者、書名的約有十種左右，但流傳至今的僅有四種，即何掄《眉陽三蘇先生年譜》、王宗稷《東坡先生年譜》、施宿《東坡先生年譜》和傅藻《東坡紀年録》（以下分別簡

————————————

　　① 本文係國家社會科學基金 2011 年度青年項目"域外漢籍傳播與中韓詞學交流"（11CZW045）階段成果。
　　② 章學誠《韓柳二先生年譜書後》，載《章學誠遺書》卷八，北京：文物出版社，1985 年，第 70 頁下欄。

稱爲何譜、王譜、施譜和傅譜）①。除此之外，宋末元初蔡正孫編纂的
《精刊補注東坡和陶詩話》也曾引録過一些由宋人編纂的蘇軾年譜片段，
其内容與現存的幾種宋人所編蘇軾年譜並不相同，具有較高的文獻價值。
《精刊補注東坡和陶詩話》一書在中國本土久已散佚，且長期以來未經書
目題跋著録，因而未能受到應有的重視。現知僅在韓國存有三種殘本，其
大小形制雖不盡相同，但行款、題署則完全一致，應該是源出於同一祖
本。其中兩種目前見藏於韓國高麗大學的華山文庫及晚松文庫，近年來國
内學者金程宇、卞東波曾先後撰文對其主要内容進行過介紹和考述②；另
一種殘本現由韓國學者私人收藏，尚未公之於世，筆者曾撰文對其文獻價
值略作查考和分析③。鑒於目前國内能够親眼目睹這三種殘本的學者尚爲
數寥寥，兹將其中所引的兩種蘇軾年譜佚文分别輯録如下，並酌加按語，
略作考辨，以就教於方家。

一、《東坡年譜》

（1）蘇軾和《時運》"我卜我居"注：

　　愚按《年譜》：紹聖三年丙子，先生年六十一，在惠州古白鶴基
始營新居，至明年乃成。

　　按：何譜本年譜文缺失無存。施譜本年譜文云："先生在惠州。四月，
始營白鶴新居。又遷於嘉祐寺。"又下一年譜文云："二月，白鶴新居成，
始自嘉祐寺遷入。"④　王譜本年譜文云："先生年六十一，在惠州。……營
白鶴新居，始於是矣。……按先生《和淵明時運》詩，丁丑二月十四日，

---

　　①　參見王水照編《宋人所撰三蘇年譜彙刊》，上海：上海古籍出版社，1989 年；吳洪澤編
《宋人年譜集目·宋編宋人年譜選刊》，成都：巴蜀書社，1995 年。按："傅藻"，當作"傅藻"，
參見《宋人所撰三蘇年譜彙刊》前言第 10～11 頁。
　　②　金程宇《高麗大學所藏〈精刊補注東坡和陶詩話〉及其價值》，《文學遺產》2008 年第 5
期，修訂稿收入作者《稀見唐宋文獻叢考》，北京：中華書局，2009 年；卞東波《韓國所藏孤本
詩話〈精刊補注東坡和陶詩話〉考論》，載張伯偉主編《域外漢籍研究集刊》第 5 輯，北京：中
華書局，2009 年。按：卞先生在其文中雖曾提及高麗大學藏本中所引的《東坡年譜》，唯所舉譜
文僅有一則，未能盡愜人意。
　　③　楊焄《新見〈精刊補注東坡和陶詩話〉殘本文獻價值初探》，《文學遺產》2012 年第 3
期。
　　④　施宿編撰《東坡先生年譜》，《宋人所撰三蘇年譜彙刊》第 91～92 頁。

白鶴峰新居成，計其營新居之棟宇，必在丙子秋冬之交。"① 兩譜所云均與《詩話》所引《年譜》内容相近。

（2）蘇軾和《始作鎮軍參軍經曲阿》"北郊有大賚"注：

按《年譜》：元符三年庚辰，先生在儋耳，年六十五歲。是年徽宗即位，行郊祀禮，大赦天下。十一月，被命復朝奉郎，提舉成都府玉局觀，在外州軍任便居住。

（3）蘇轍和《雜詩十一首》其一注：

愚按《東坡年譜》云：元符三年庚辰，公在儋耳，時年六十五。是歲徽宗即位，行郊祀禮，大赦天下。十一月，被命復朝奉郎，提舉成都府玉局觀，在外軍州②任便居住。

按：以上兩條譜文内容基本相同，當源出於同一書。何譜本年譜文云："先生在儋州。五月，會徽宗登極。"③ 施譜本年譜文云："二月，先生以登極恩移廉州安置。……十一月，詔復朝奉郎提舉成都府玉局觀，在外州軍任便居住。"④ 王譜本年譜文云："五月大赦，量移廉州安置。……按先生《謝提舉成都府玉局觀表》云：‘先自昌化貶所移廉州，又自廉州移舒州節度副使，永州居住。行至英州，復朝奉郎，提舉成都府玉局觀，任便居住。’"⑤ 三譜均可與《詩話》所引譜文參讀。

（4）蘇軾和《咏貧士七首》其一注：

按《年譜》：紹聖二年乙亥，先生年六十歲，在惠州。九月，和淵明《貧士詩》七首。

按：何譜本年與蘇軾相關的内容已散佚無存。施譜本年譜文僅云："先生在惠州。"⑥ 王譜本年譜文亦僅云："先生年六十，在惠州。"⑦ 均未提及和陶淵明《貧士詩》一事。而蘇軾《和陶貧士七首引》云："余遷惠

① 王宗稷編《東坡先生年譜》，載四川大學中文系唐宋文學研究室編《蘇軾資料彙編》下編，北京：中華書局，1994年，第1735頁。
② "軍州"疑當作"州軍"。
③ 何掄編、王水照輯録《眉陽三蘇先生年譜》，《宋人所撰三蘇年譜彙刊》第18頁。
④ 施宿編撰《東坡先生年譜》，《宋人所撰三蘇年譜彙刊》第95～97頁。
⑤ 王宗稷編《東坡先生年譜》，《蘇軾資料彙編》下編，第1738～1739頁。
⑥ 施宿編撰《東坡先生年譜》，《宋人所撰三蘇年譜彙刊》第90頁。
⑦ 王宗稷編《東坡先生年譜》，《蘇軾資料彙編》下編，第1734頁。

州一年，衣食漸窘，重九伊邇，樽俎蕭然。乃和淵明《貧士》七篇。"①可證《詩話》所引譜文繫年有據，可補其餘各譜之闕。

（5）陶淵明《歸去來辭》注：

《東坡年譜》云：紹聖三年丙子，先生年六十一，時在惠州。三月二日，卓契順至惠州，以諸子書來，投書徑還。公問其所求，答曰："契順無所求而後來，若有所求，當走都下矣。"苦問不已，乃曰："昔蔡明遠，鄱陽一校耳。顏魯公絕糧江淮之間，明遠載米以賙之。魯公憐其意，遺以尺書，天下至今知有明遠也。今契順雖無米與公，然區區萬里之勤，倘可以援明遠之例，得數字乎？"公爲書淵明《歸去來辭》以遺之。

按：何譜本年譜文缺失無存。施譜僅云："先生在惠州。"②王譜本年譜文亦僅云："先生年六十一，在惠州。"③均未提及卓契順來訪之事。惟有傅譜本年譜文有一段内容與此相仿，但也有個別字詞略有出入，如此處"投書徑還"，傅譜作"得書徑還"④。詳繹文意，似作"投"爲宜。又今人孔凡禮《三蘇年譜》繫此事於紹聖二年，後雖提及"《紀年録》謂卓契順紹聖三年三月二日來"⑤，但未作任何考辨説明。按：蘇軾《書歸去來詞贈契順》已明言："紹聖三年三月二日，契順涉江度嶺，徒行露宿，僵仆瘴霧，黧面繭足以至惠州。"⑥可見宋人所編蘇軾年譜繫年無誤。

二、《東坡紀年録》

（1）蘇軾和《時運》注：

按《東坡紀年録》：紹聖四年丁丑，時先生六十二歲。三月十四日，白鶴新居成，自嘉祐寺遷。和淵明《時運》詩。

---

① 王文誥輯注，孔凡禮點校《蘇軾詩集》卷三十九，北京：中華書局，1982年，第2136頁。
② 施宿編撰《東坡先生年譜》，《宋人所撰三蘇年譜彙刊》，第91頁。
③ 王宗稷編《東坡先生年譜》，《蘇軾資料彙編》下編，第1735頁。
④ 傅藻編纂《東坡紀年録》，《蘇軾資料彙編》下編，第1765頁。
⑤ 孔凡禮《三蘇年譜》，北京：北京古籍出版社，2004年，第2642頁。
⑥ 孔凡禮點校《蘇軾文集》卷六十九，北京：中華書局，1986年，第2201頁。

按：傅譜本年譜文內容與此相同①。據蘇軾《和陶時運四首引》云"丁丑二月十四日，白鶴峰新居成，自嘉祐寺遷入"②。可知兩譜文均誤"二月"爲"三月"。

（2）蘇軾和《雜詩十一首》其九注：

> 按《東坡紀年録》云：公謫齊安日，因先官師之學，作《易傳》九卷，行於世。

按：傅譜前曾有引言提及此事云："責齊安日，因官師之學，作《易傳》九卷。"③ 與此處所言略同。

（3）蘇轍和《雜詩十一首》其十注：

> 愚按《東坡紀年》云：嘉祐二年唱第，錫宴瓊林，與蔣魏公接席情話，約卜居陽羨。初，倅錢塘，委親黨單君貺問田。及移臨汝，自言有田陽羨。後居雪堂，遂成求田之計。而文登謝表云："買田陽羨，誓畢此生。"建中靖國初，奉祠玉局，留毗陵。居無何，請老而終，乃卒如其言。夫豈偶然者！

按：傅譜嘉祐二年譜文內並無此內容，但譜前引言曾云：

> 嘉祐二年唱第，錫宴瓊林，與韓魏公接席情話，約卜居陽羨。初，倅錢塘，諉親黨單君貺問田。及移臨汝，自言有田陽羨。建中靖國初，奉祠玉局，留毗陵。居無何，請老而終。公生岷峨，負當世大名，道德、文學、政事，輝映今昔。自居雪堂，遂成求田之計。而文登謝表云："買田陽羨，誓畢此生。"乃卒如其言。夫豈偶然者！④

兩者相較，有三點值得注意。其一，《詩話》所引譜文謂"與蔣魏公接席情話"，而傅譜則作"韓魏公"，兩者必有一誤。與蘇軾同科登第者中有蔣之奇，字穎叔。蘇軾《次韻蔣穎叔》自注云："蔣詩記及第時瓊林苑宴坐中所言，且約同卜居陽羨。"⑤ 又洪邁《容齋四筆》卷九"蔣魏公逸史"

---

① 《東坡紀年録》，《蘇軾資料彙編》下編，第 1765 頁。
② 《蘇軾詩集》卷四十，第 2218 頁。
③ 《東坡紀年録》，《蘇軾資料彙編》下編，第 1742 頁。
④ 《東坡紀年録》，《蘇軾資料彙編》下編，第 1742 頁。
⑤ 《蘇軾詩集》卷二十四，第 1266 頁。

條云："蔣魏公《逸史》二十卷，穎叔所著也。"① 可證蔣魏公亦即蔣之奇。傅譜有誤，當據此改正。其二，傅譜將"建中靖國初，奉祠玉局"一事提前至"移臨汝"與"居雪堂"之間敘述，就行文脉絡而言，似不如《詩話》所引譜文順暢。傅氏在譜文末曾云：

> 汴陽段仲謀編爲行紀，清源黄德粹撰爲系譜，一則擇焉而不精，一則語焉而不詳。予於暇日，因二家之述，遍訪公之文集，采其標題與其歲月，芟夷繁亂，翦截浮辭，而質諸名士大夫，以求其當，足以觀公宦游窮達之節，吟咏著作之時，名之曰《東坡紀年録》。②

可知其在撰録過程中參考過其他同類著作。《詩話》所引譜文是否就是傅氏提到過的段仲謀所編行紀，尚待進一步考察，但兩者之間顯然存在着極爲密切的關聯。其三，傅譜内容較《詩話》所引譜文多出"公生岷峨"數句，簡括蘇軾畢生成就，而不能歸入某一年譜文之中。蓋因其文冠諸全譜之首，故需另增此等評論。

南宋魏了翁《程氏東坡詩譜序》云："詩譜之作，殆非易事也。文忠蘇公之詩，其世雖近而易考，其詩則博而難究。公之里人程子益以謙既爲之譜，又舉其一時之唱和，與公之追和前人、後人之追和於公者，皆參列而互陳之。"③ 可知在宋人所編蘇軾年譜中，除了記載生平仕履之外，本有附載詩文唱和内容的風氣。故上述兩種譜文之中均有關於蘇軾和陶詩的内容，也正因此而被蔡正孫徵引來爲《東坡和陶詩》作注。以上《東坡年譜》《東坡紀年録》的作者歸屬雖然尚待進一步詳考，但無疑保存了部分有關蘇軾生平的原始資料，與存世的幾種宋人所編年譜相較，頗有補苴隙漏、互相參證的價值，值得進一步深入研究。

---

① 洪邁《容齋隨筆》，上海：上海古籍出版社，1978 年，第 713 頁。
② 《東坡紀年録》，《蘇軾資料彙編》下編，第 1769 頁。
③ 魏了翁《鶴山全集》卷五十一，《景印文淵閣四庫全書》，臺北：商務印書館，1986 年，第 1172 册，第 577 頁。

談《蒙川遺稿》十卷、四卷之關係

祝尚書　范金晶

四川大學文學與新聞學院

摘　要：宋末劉黻的詩文作品，入元後由其弟劉應奎輯爲《蒙川先生遺稿》十卷傳世。此書現存十卷本和四卷本兩種。目前學界普遍認爲，十卷本方爲完書，四卷本乃其殘帙。通過查核南京圖書館所藏明鈔大德十卷本，知現存十卷本並非元大德本之舊，而是明人阮存據殘闕元本重編而成，四卷本則是重編十卷本的合併，兩本所收詩文基本相同。重編十卷本保存了原本卷五至十的目録，尚可略窺大德本原貌。認爲十卷本爲完帙，乃是未見原書的誤會。

關鍵詞：劉黻；《蒙川先生遺稿》；阮存；孫詒讓

《蒙川先生遺稿》（以下簡稱《蒙川遺稿》），是宋末作家劉黻留下來的一部詩文集。劉黻（1217—1275），字聲伯，號蒙川，樂清（今屬浙江）人。嘗以太學生上書，忤執政，送南安軍安置。後登景定三年（1262）進士第，仕至吏部尚書。臨安淪陷，二王泛海，陳宜中迎與共政，行至羅浮，以疾卒，諡忠肅。《四庫提要》評其人與文道："黻危言勁氣，屢觸權奸。當宋室板蕩之時，瑣尾流離，抱節以死，忠義已足不朽。其詩亦淳古淡泊，雖限於風會，格律未純，而人品既高，神思自別，下視方回諸人，如鳳凰之翔千仞矣。"① 劉黻的人格、詩品皆足以留名史册，但遺憾的是，他的詩文在流傳過程中一再散亡，今傳十卷、四卷兩本，十卷本被人誤以

---

① 永瑢等《四庫全書總目》卷一六四，北京：中華書局，1965 年，第 1405 頁。

爲是鈔元刻本，而四卷本又常以爲卷帙不全。今傳十卷本與元刻本、四卷本是什麼關係？很有釐清的必要。

一、《蒙川遺稿》十卷本

劉黼詩文稿，入元後多已散佚，由其弟應奎（字成伯）重輯爲《蒙川遺稿》，並序之曰：

> （劉黻）生無他嗜好，惟殫精畢思於文字間。凡所著述，與《諫坡奏牘》《薇垣制稿》《經帷納獻》若干卷，悉以自隨，今皆散落，不復見矣，可哀也！……乃於鉛槧散失之餘，或得之斷簡殘篇，或得之朋友記識，若詩若文，裒聚僅十卷，爲《蒙川先生遺稿》。以應奎年之既衰，朝露行晞，何能廣索冥搜，姑鋟諸梓，以示若子若孫。而《朝陽閣記》雖已刻於閣之楣矣，今併入十卷之首。①

時在大德辛丑（五年，1301）。《宋史》卷四〇五《劉黻傳》稱“黻有《蒙川集》十卷行於世”②，當即指此本。

元大德所刊十卷原本久已失傳，但後人書目却著録有明鈔（或明影鈔）元大德本。

明鈔大德本今存兩部。一部藏南京圖書館，乃丁氏書，《善本書室藏書志》卷三一著録，爲清怡府舊物，題“弟山中劉應奎成伯校正，後學阮存存眲編次”，“從大德本傳鈔，分卷爲十，末葉亦有斷爛。有‘明善堂覽書畫印記’、‘安樂堂藏書記’、‘檇李曹溶’諸印”③。該本在《賈鎔境墓志銘》題下注曰：“天台林主簿南材録至。”另起一行曰：“以下蠹蝕不能録，俟有他本，以待後日。”又另起一行曰：“一字齋記。”另一部藏日本大倉文化財團，著録爲影寫大德本十卷，卷中有“一字齋主人”朱筆校改並手識，有“白堤萃古齋”“新安汪氏”“啓淑”等印記。④ 此本未見，但與上述南京圖書館藏本既同出於一字齋，蓋差別不大，唯不詳孰先孰後。

---

① 劉應奎《蒙川遺稿序》，載祝尚書編《宋集序跋彙編》，北京：中華書局，2010 年，第 5 册，第 2133 頁。

② 脱脱等《宋史》卷四〇五，北京，中華書局，1977 年，第 35 册，第 12249 頁。

③ 丁丙《善本書室藏書志》卷三一，揚州：廣陵古籍刻印社，1986 年。

④ 嚴紹璗《日藏漢籍善本書録》，北京：中華書局，2007 年，下册，第 1591 頁。

考雍正《浙江通志》卷一三〇：阮存，永樂十年（1411）進士，"永嘉人，廣東布政"①。又雍正《廣東通志》卷二七"右布政使"：阮存，"正統十三年（1448）任"②。則阮氏整理劉黻文集，應當在正統末景泰初任廣東左布政使時。

二、明鈔十卷本非鈔大德本辨

學界根據前人書目著録，一般認爲明鈔十卷本是鈔大德本，乃是完書，因爲它與元刻本卷數相同。當年編《全宋文》時，編委會曾托人複印南京圖書館所藏十卷本，但因索價太昂，無力承受，只好用四卷本（四卷本詳後）入編，並在版本介紹中予以説明，意謂此次所收不全，將來再補。其後如拙著《宋人別集叙録》（初版本），甚至南京方面的相關學者等，在論著中皆持此説。筆者近因修訂《別集叙録》，對十卷多於四卷之説頗有懷疑，遂托請在南京大學讀博的范金晶同志赴南京圖書館查核並記録該書版本資料，方弄明白該書十卷的真面目，於此公之於世，既糾正先前的錯誤，也希望後學者不再踵訛承謬。

南京圖書館所藏鈔元本十卷，卷一至七爲詩，卷八至十爲文，卷目爲：卷一，古詩上；卷二，古詩下；卷三，行、吟；卷四，五言律詩上；卷五，五言律詩下；卷六，七言律詩；卷七，絕句；卷八，賦、操；卷九，贊、銘、墓銘；卷一〇，記序、奏疏書啓。卷一〇記、序各一篇：《雲門福地記》《集古文腴序》；奏疏、書啓凡二篇：《上鄭納齋丞相書》《奏明正學息異端書》，皆有目無文。

明鈔十卷本有一點極重要，即在阮編十卷目録之後，又有六卷目録，六卷爲卷五至卷十，而此目録當爲元大德本所有，頗具文獻價值，録之於次：

卷五：

奏疏：《論内降恩澤》《論經界自實法》《上進故事》《上進故事》

① 沈翼機等編《浙江通志》，《中國地方志集成·浙江輯》，南京：鳳凰出版社，2010年，第5冊，第2306頁。

② 郝玉麟撰，魯曾煜等修《廣東通志》，《景印文淵閣四庫全書》，臺北：商務印書館，1986年，第563冊，第89頁。

《上進故事》《外制》。

卷六：

書：《論陳垓蔡榮奏罷程公許黄之純事》《諫游幸事》《上程納齋丞相書》《答何視履書》《答解性存書》。

卷七：

記：《龍門山記》《游西湖記》《戴顯墓記》《望雲寮記》《思立倉記》《雲門福地記》。

雜文：《龜泉志》《紀寶界事迹》《安豐董生》《番易饒娥》《建濟民莊》《書解察判贍》《薦胡子實□□》《請建楊慈湖書院申狀》《請給王梅溪祠堂田土劄子》。

卷八：

序：《命義録序》《濂溪論語序》《集古文腴序》《送蔡九軒序》《楊菊集序》《送王維道序》《贈翁承之序》。

跋：《跋何謂畫賢像》《跋林石室詩卷》。

青詞：《禳崗寇青詞》。

疏文：《建忠義庵疏》《建梓潼祠疏》。

祝文：《龜泉文》《奉安了齋陳忠肅公祝文》《奉安慈湖楊文元公祝文》《奉安攻媿先生樓公祝文》《奉安蒙齋袁公祝文》《慈湖書院謁祠祝文》。

祭文：《祭二忠文》《祭黄丞簿文》《祭胡史君文》《代祭趙求仁史君文》《祭母昌元郡太夫人文》。

卷九：

論：《禹論》《傅說論》《科舉論》《風俗論》《穀論》。

説：《胚腪圖説》《五倫説》《改過説》《蒙川説》《傳道説》《格物説》《中庸説》《大學説》《太極説》《中易》。

卷一〇：

策：《召試館職策》。

鈔者之所以録存以上六卷目録，蓋元刻本此六卷雖已殘闕，但目録仍在，故鈔附於後，而我們據此得以知道元刊十卷本的大致面貌。《永嘉叢書》本（此本詳後）《蒙川遺稿》孫詒讓跋謂朱彝尊《經義考》"載忠肅集有《太極説》《中庸》《大學説》，又云目録有《濂洛論語叙》，……今本並無其文"① 云云，觀此目録，知竹垞所舉文章皆在殘脱卷帙之中。由此尚可進一步推測：阮存僅録卷五至十之目録，説明當時大德本卷一至卷三尚基本完好。從今存鈔本看，前三卷蓋主要爲詩歌部分，較完整。宋元人編書，若賦類存量較少時，往往將賦置於詩之前以傳。屬文類之賦四篇，疑原在古詩之前，故被保存下來，而同屬文類之贊、銘、墓志銘，一般皆編於文集之末。鈔本墓志銘四篇之前三篇，疑原本并不在元刻本卷四，而是在"蠹蝕不能録"之殘卷中，只是殘卷中仍有某些篇章可讀，故録之爲重編本卷九；而列於最後的《賈鎔境墓志銘》題下注"天台林主簿南材録至"，則表明該篇由集外補入。要之，阮存所見元刻本已殘缺不堪，實際上只存三卷，重編本第四卷乃是由其他殘卷尚可讀之文及集外文拼湊而成，而阮氏欲以殘闕本强分十卷以足劉應奎"衰聚僅十卷"之數，然末卷（卷十）只能鈔録幾條篇目，難以成卷，且無文可録。以上推測若大體合乎實際，則劉應奎所謂"遺稿"，至此時又散佚太半矣。

三、四卷本乃明鈔十卷本之合併

《蒙川遺稿》的版本之所以成爲"問題"，除傳世之明鈔十卷本外，還有四卷本之來歷亦需討論。四卷本今存明末鈔本，亦題《蒙川先生遺稿》，亦爲丁氏書，亦藏南京圖書館。《善本書室藏書志》卷三一著録爲王晚聞（宗炎）舊物，同題"弟山中劉應奎成伯校正，後學阮存存畊編次"。又曰：

> 書刊於元大德間，歲久版敝。末有記云："此書爲毛子晋借去，不覺十換星霜。今忽予歸，相對故人，喜何如哉！"有"馮本氏藏"一印，又有"擁萬堂"、"謙牧堂書畫記"朱文二印，"謙牧堂藏書記"白文印。後又云："嘉慶辛未（十六年，1811）三月，端履試禮部，買之琉璃廠東書肆，歸以奉予。末有題字，辨其圖記，是馮蒼舒故物也。中秋後二日，晚聞居士記。"

則此本迭經明馮知十，清揆叙、王宗炎等遞藏，後歸善本書室。

---

① 孫詒讓《刊蒙川遺稿跋》，《宋集序跋彙編》第 5 册，第 2134 頁。

《四庫總目》著錄鮑士恭家藏本四卷，《提要》稱劉黻集"傳鈔既久，文多訛脫，更無別本可校"① 云云，知鮑氏本乃鈔帙。四卷本前三卷爲詩，卷四爲賦、墓志、贊等。其後嘉慶刻本（今僅國家圖書館著錄）、咸豐七年（1857）木活字本（乃裔孫劉永沛刊，詳下），以及光緒初瑞安孫氏所刊《永嘉叢書》本，皆爲四卷。光緒元年（1875）孫詒讓跋《永嘉叢書》本道：

> 今所傳《遺稿》四卷，乃明廣東左布政使永嘉阮存存畊所輯刊，非足本也。十卷本國初時猶有傳帙，故黃俞邰、倪闇公並據以著錄，而朱竹垞《經義考》載忠肅集有《太極説》《中庸》《大學説》，又云目錄有《濂洛論語叙》，……今本並無其文，是其驗也。然阮槧本世亦罕覯（引者按：未見阮存刊本著錄，不詳曾否付梓），弃藏家展轉移寫，奪誤甚多。乾隆間收入《四庫全書》，館臣任讎勘者不守蓋闕古義，或以意爲屬綴，乃至改成伯序"十卷"之文以合今本卷數，而於書末《貫鎔鏡墓志》殘缺不可讀者則徑削之。咸豐間，忠肅裔孫永沛等得傳鈔閣本，以活字板印行，又輯佚文六篇爲《補遺》一卷，校核不審，復有刪易。於是忠肅遺集，不獨元本不可復見，而阮編本亦點竄無完膚矣。
>
> 同治戊辰（七年，1868），詒讓應禮部試，報罷南歸，道出甬東，購得寫本，尚爲阮編之舊，乃得盡刊今本之謬。家大人（按：指孫衣言）遂命校刊，以廣其傳。大致悉依舊寫本，其有奪誤顯然者，乃依閣本、活字本略爲補正；稍涉疑似者，則區蓋以俟續勘。②

孫氏校跋本，今藏浙江大學圖書館。《永嘉叢書》本有《蒙川先生文稿補遺》一卷，補文八篇，其中《論經界自實疏》《諫游幸疏》《望雲寮記》三篇見於上述十卷本殘卷目錄中。

明鈔十卷本與四卷本到底是何關係？今以四卷本與丁氏明鈔十卷本對校，其真相便昭然若揭：兩本所收詩文編排順序基本相同，數量大體同而有所增減，如四卷本卷二《賦林氏集雲庵》之下，十卷本多《遇雨》一首；《思西弟》下多《聽松》一首；《閑步》下多《酬李子元》等。要之，

十卷本較四卷本少詩三首（均在卷七），但多八首（分別見卷一、卷四、卷五、卷七）。兩本最大差異是分卷。阮氏重編十卷本前七卷，即四卷本前三卷；十卷本卷八、卷九，即四卷本卷四。再詳之，即重編十卷本古詩上、下二卷，四卷本合爲一卷，爲卷一；十卷本行、吟及五律上、下各一卷，四卷本合爲一卷，爲卷二；十卷本七律、絕句各一卷，四卷本合爲一卷，爲卷三；十卷本文類爲二卷，四卷本合爲一卷，爲卷四。簡言之，明鈔十卷本並非劉應奎所編十卷之舊，而是據前者殘帙重編，其"十卷"不及原編之半；四卷本則是據重編本合併而成，雖亦題阮存編，恐出後人之手，其人不詳。

《全宋詩》以影印文淵閣《四庫全書》四卷本爲底本，校以南京圖書館藏丁丙明鈔本。所校蓋明鈔四卷本，而不是重編十卷本，因爲重編十卷本較四卷本多詩五首（參上文），而《全宋詩》闕。《全宋文》底本同，校以《永嘉叢書》本，補入孫氏《補遺》一卷，校點者稱十卷本"暫無力獲致"，意謂收文不全，其實正好相反，它與《永嘉叢書》本同是目前收文最全的本子。

綜上所述，今南京圖書館、日本大倉文化財團收藏的所謂鈔元大德十卷本《蒙川先生遺稿》，其實并非元刻十卷本之舊，而是據殘闕元刊本重編之本，實際不足原本之半，而四卷本則是由重編十卷本合併而成，兩本所收詩文基本相同（十卷本僅多詩五首）。認爲明鈔十卷本爲鈔（或影鈔）元大德所刊十卷本，乃是完帙，而四卷本不及明鈔十卷本之半，皆爲未見原書的誤會。

翁方綱年譜補遺

——以美國柏克萊加州大學藏《翁方綱經學手稿五種》爲依據

趙寶靖

四川大學文學與新聞學院

摘　要：翁氏年譜之屬，其生前自撰《翁氏家事略記》一卷。今人臺灣學者李豐楙撰《翁方綱及其詩論》，據云該作亦"撰寫了當代第一個翁方綱年譜"。之後，又有臺灣陳純適先生的《清儒翁方綱年譜》，又有沈津先生的《翁方綱年譜》。嗣後，陳鴻森先生作《〈翁方綱年譜〉補正》，吳銘能先生作《沈津著〈翁方綱年譜〉暨輯〈翁方綱題跋手札集錄〉補遺》，補正沈譜未載或不確之翁氏行事。然而即便宏博如上述諸位先生，亦難免有未及之處。美國柏克萊加州大學東亞圖書館即收藏《翁方綱經學手稿五種》，其中頗多可以補遺翁氏年譜之材料，筆者特爲輯出，補遺翁氏年譜六十餘條。

關鍵詞：翁方綱；年譜；柏克萊加州大學；《翁方綱經學手稿五種》

翁方綱（1733—1818），字正三，號覃溪，因景仰蘇軾，又自號蘇齋，清代直隸省順天府大興縣人。翁覃溪年二十成進士，列第二甲二十三名，爾後提督廣東、江西、山東學政有年，造士頗衆。又翁氏學問瞻富，精通經學、金石、目錄、書法、詞章諸學，一生未輟著述。

翁氏年譜之屬，其生前自撰《翁氏家事略記》一卷，叙其生平大略，該《略記》見收於各類叢書①。今人則有臺灣學者李豐楙撰《翁方綱及其詩論》②，但因眾所周知之緣故，筆者雖經各種嘗試，終未得見此作，據云是作"應當是當代研究翁氏層面最廣的研究成果。翁方綱的生平、交游、著作，這些前人較少研究的範疇，李氏都下了功夫，甚至撰寫了當代第一個翁方綱年譜"③。之後，乃有臺灣陳純適先生撰《清儒翁方綱年譜》④，因電子資源不易獲取，筆者致電郵於陳先生，幸獲陳先生郵寄紙本一冊，於是得觀其詳。是作雖只是一篇碩士學位論文，然而文獻詳實，體例精審，堪稱年譜之力作。而翁氏年譜的集大成之作乃是沈津先生積學四十年鈎沉稽古、探驪得珠編撰而成的《翁方綱年譜》⑤。沈先生是作的一大特點就是整理並充分利用了翁方綱大量的題跋、手札的手稿，因此年譜之外，沈先生又輯有《翁方綱題跋手札集錄》⑥ 一書。嗣後陳鴻森先生作《〈翁方綱年譜〉補正》⑦，吳銘能先生作《沈津著〈翁方綱年譜〉暨輯〈翁方綱題跋手札集錄〉補遺》⑧，二文意在補正沈譜未載或不確之翁氏行事，是皆索隱發微，考據翔實，亦是嘉惠學林之快事也。

然年譜補正亦如掃落葉，隨掃隨落，即便宏博如上述諸位先生，亦難免有未及之處。美國柏克萊加州大學東亞圖書館即收藏翁方綱手稿多種，經該館編輯，由上海古籍出版社於 2006 年影印出版，即《翁方綱經學手稿五種》，其中頗多可以補遺翁氏年譜之材料。

翁氏於經學，附記群經，"專心將數十年來溫肄諸經所記，條件分卷寫稿，共得《易附記》十六卷、《書附記》十四卷、《詩附記》十卷、《春秋附記》十五卷、《禮記附記》十卷、《大戴禮附記》一卷、《儀禮附記》

---

① 翁方綱《翁氏家事略記》一卷，一見《蘇齋叢書》，清乾嘉間刻本，《中國叢書綜錄》著錄；一見《乾嘉名儒年譜》第 8 冊（北京圖書館出版社 2006 年版）；一見四川大學古籍整理研究所編《儒藏》史部第 91 冊（四川大學出版社 2007 年版）。筆者所用即是《儒藏》所收《翁氏家事略記》，以下簡稱川大古籍所《儒藏》本。

② 李豐楙《翁方綱及其詩論》，臺灣政治大學碩士學位論文，1974 年。又有臺灣嘉新水泥公司文化基金會 1978 年版。

③ 葉倬瑋《翁方綱詩學研究》，北京：中國社會科學出版社，2013 年，第 6 頁。

④ 陳純適《清儒翁方綱年譜》，臺灣東海大學碩士學位論文，1996 年。

⑤ 沈津《翁方綱年譜》，臺北："中央研究院"中國文哲研究所，2002 年。

⑥ 翁方綱撰、沈津輯《翁方綱題跋手札集錄》，桂林：廣西師範大學出版社，2002 年。

⑦ 陳鴻森《〈翁方綱年譜〉補正》，《中國文哲研究集刊》第 25 期，2004 年。

⑧ 吳銘能《沈津著〈翁方綱年譜〉暨輯〈翁方綱題跋手札集錄〉補遺》，《中國文哲研究通訊》2006 年第 1 期。

一卷、《周官禮附記》一卷、《論語附記》二卷、《孟子附記》二卷、《孝經附記》一卷、《爾雅附記》一卷"①。今所見《翁方綱經學手稿五種》收《易附記》十六卷（存卷一至卷十一）、《書附記》十四卷、《詩附記》十卷（存卷一至卷七）、《禮記附記》十卷（存卷四至卷六）、《春秋附記》十五卷（存卷一至卷六、卷八、卷十至卷十五）。此手稿五種每種卷首多有覆核日期款識，因據以撰是文，以期對翁氏生平認知更趨完備。每條依例稱先生，淵雅君子或願一顧焉。

嘉慶元年丙辰（1796），六十四歲

二月朔，先生爲《詩附記》作短序，曰："乾隆癸丑秋，方綱自山東還京師，始得整比舊時劄記件，係可與前人諸書互相校訂者，先自三百篇始，日寫二三條，至乙卯秋積成十卷。豈敢論次疑義歟？姑存於篋以自驗所知爾。"②

二月六日，先生於《詩附記》卷首記："此應再細核一遍，即可謄寫矣。"③

二月七日，先生覆核《詩附記》第一卷至第四卷《小雅·鹿鳴之什》④。

嘉慶二年丁巳（1797），六十五歲

二月八日，先生寫成《書附記》第四卷⑤。

三月十二日，先生寫成《書附記》第五卷⑥。

四月十日，先生寫成《書附記》第六卷⑦。

四月二十九日，先生寫成《書附記》第七卷⑧。

---

① 翁方綱《翁氏家事略記》，川大古籍所編《儒藏》史部第 91 冊，成都：四川大學出版社，2007 年，第 377 頁。

② 翁方綱《詩附記》，《翁方綱經學手稿五種》第 3 種，上海：上海古籍出版社，2006 年，第 5 頁。

③ 《詩附記》第 1 頁。

④ 《詩附記》第 1 頁。

⑤ 翁方綱《書附記》，《翁方綱經學手稿五種》第 2 種，第 2 頁。

⑥ 《書附記》第 2 頁。

⑦ 《書附記》第 2 頁。

⑧ 《書附記》第 2 頁。

五月十四日，先生寫成《書附記》第八卷①。

五月二十三日，先生寫成《書附記》第九卷②。

六月五日，先生寫成《書附記》第十卷③。

六月十六日，先生寫成《書附記》第十一卷④。

六月二十二日，先生寫成《書附記》第十二卷⑤。

閏六月二日，先生寫成《書附記》第十三卷⑥。

閏六月二十二日，先生寫成《書附記》第十四卷⑦。

閏六月二十八日，先生於《書附記》前作小序云："讀《尚書》舊積諸條，通加次第排訂之，成一十四卷。愚於古文之真否概不置辯。於前儒所謂錯簡脱亂者，則不敢以爲然，是以寧多闕焉。"⑧

嘉慶五年庚申（1800），六十八歲

閏四月四日，先生覆核《易附記》第一卷、第二卷⑨。

閏四月六日，先生覆核《易附記》第三卷、第四卷⑩。

閏四月八日，先生覆核《易附記》第五卷、第六卷⑪。

閏四月九日，先生覆核《易附記》第七卷⑫。

閏四月十日，先生覆核《易附記》第八卷、第九卷⑬。

嘉慶六年辛酉（1801），六十九歲

六月十四日，先生覆核《春秋附記》第一卷⑭。

---

① 《書附記》第 2 頁。
② 《書附記》第 2 頁。
③ 《書附記》第 2 頁。
④ 《書附記》第 2 頁。
⑤ 《書附記》第 2 頁。
⑥ 《書附記》第 2 頁。
⑦ 《書附記》第 2 頁。
⑧ 《書附記》第 3 頁。
⑨ 翁方綱《易附記》，《翁方綱經學手稿五種》第 1 種，第 1 頁。
⑩ 《易附記》第 173 頁。
⑪ 《易附記》第 386 頁。
⑫ 《易附記》第 599 頁。
⑬ 《易附記》第 729 頁。
⑭ 翁方綱《春秋附記》，《翁方綱經學手稿五種》第 5 種，第 3 頁。

是日，先生覆核《春秋附記》第二卷①。

六月十五日，先生覆核《春秋附記》第三卷②。

是日，先生覆核《春秋附記》第四卷③。

七月四日，先生粗排《春秋附記》十五卷④。

九月六日，先生覆核《春秋附記》十五卷⑤。

嘉慶八年癸亥（1803），七十一歲

五月，先生覆核《詩附記》第一卷至第四卷《小雅·鹿鳴之什》⑥。

五月七日，先生覆核《禮記附記》第四至第六卷⑦。

六月朔，先生又題《詩附記》，曰："《詩附記》始自癸丑秋，至今嘉慶癸亥夏，溫肆十四經，凡得附記粗具草稿七十二卷，更當日日虛衷研覈，無怠無怠。"⑧

六月三日，先生覆核《易附記》第一卷、第二卷⑨。

六月五日，先生覆核《易附記》第三卷、第四卷⑩。

六月六日，先生覆核《易附記》第五卷、第六卷⑪。

六月七日，先生覆核《易附記》第七卷⑫。

六月八日，先生覆核《易附記》第八卷、第九卷⑬。

六月十四日，先生覆核《春秋附記》第一卷⑭。

六月十五日，先生覆核《春秋附記》第二卷⑮。

---

① 《春秋附記》第 81 頁。
② 《春秋附記》第 143 頁。
③ 《春秋附記》第 219 頁。
④ 《春秋附記》第 1 頁。
⑤ 《春秋附記》第 1 頁。
⑥ 《詩附記》第 1 頁。
⑦ 翁方綱《禮記附記》，《翁方綱經學手稿五種》第 4 種，第 1 頁。
⑧ 《詩附記》第 5 頁。
⑨ 《易附記》第 1 頁。
⑩ 《易附記》第 173 頁。
⑪ 《易附記》第 386 頁。
⑫ 《易附記》第 599 頁。
⑬ 《易附記》第 729 頁。
⑭ 《春秋附記》第 3 頁。
⑮ 《春秋附記》第 81 頁。

六月十六日，先生覆核《春秋附記》第三卷①。

是日，先生覆核《春秋附記》第四卷②。

十月二十日，先生覆核《詩附記》第一卷至第四卷《小雅·鹿鳴之什》③。

嘉慶十一年丙寅（1806），七十四歲

六月五日，先生覆核《春秋附記》第一卷④。

六月六日，先生覆核《春秋附記》第二卷⑤。

六月七日，先生覆核《春秋附記》第三卷⑥。

六月八日，先生覆核《春秋附記》第四卷⑦。

是日，先生於第四卷卷首記云："又私記分寫之概於昭廿七年條下，此條最要，能有稍暇即辨此爲至要。"⑧

六月十五日，先生核對《春秋附記》第五卷⑨。

六月十八日，先生覆核《春秋附記》第十卷⑩。

七月五日，先生覆核《禮記附記》第四至第六卷⑪。

嘉慶十四年己巳（1809），七十七歲

五月二十一日，先生覆核《春秋附記》第一卷⑫。

是日，先生覆核《春秋附記》第二卷⑬。

五月二十三日，先生覆核《春秋附記》第三卷⑭。

---

① 《春秋附記》第 143 頁。
② 《春秋附記》第 219 頁。
③ 《詩附記》第 1 頁。
④ 《春秋附記》第 3 頁。
⑤ 《春秋附記》第 81 頁。
⑥ 《春秋附記》第 143 頁。
⑦ 《春秋附記》第 219 頁。
⑧ 《春秋附記》第 219 頁。
⑨ 《春秋附記》第 307 頁。
⑩ 《春秋附記》第 547 頁。
⑪ 《禮記附記》第 1 頁。
⑫ 《春秋附記》第 3 頁。
⑬ 《春秋附記》第 81 頁。
⑭ 《春秋附記》第 143 頁。

是日，先生覆核《春秋附記》第四卷①。

嘉慶十六年辛未（1811），七十九歲

七月十日，先生覆核《春秋附記》第四卷②。

七月十一日，先生覆核《春秋附記》十五卷③。

七月十九日，先生覆核《春秋附記》第十卷④。

嘉慶十七年壬申（1812），八十歲

六月十九日，先生覆核《易附記》第一卷、第二卷⑤。

嘉慶二十年乙亥（1815），八十三歲

六月三日，先生覆核《易附記》第一卷、第二卷⑥。

六月四日，先生覆核《易附記》第三卷、第四卷⑦。

六月六日，先生覆核《易附記》第五卷、第六卷⑧。

是日，先生覆核《易附記》第七卷⑨。

六月七日，先生覆核《易附記》第八卷、第九卷⑩。

六月二十三日，先生覆核《詩附記》第一卷至第四卷《小雅·鹿鳴之什》⑪。

七月一日，先生覆核《春秋附記》第一卷⑫。

七月二日，先生覆核《春秋附記》第二卷⑬。

---

① 《春秋附記》第 219 頁。
② 《春秋附記》第 219 頁。
③ 《春秋附記》第 1 頁。
④ 《春秋附記》第 547 頁。
⑤ 《易附記》第 1 頁。
⑥ 《易附記》第 1 頁。
⑦ 《易附記》第 173 頁。
⑧ 《易附記》第 386 頁。
⑨ 《易附記》第 599 頁。
⑩ 《易附記》第 729 頁。
⑪ 《詩附記》第 1 頁。
⑫ 《春秋附記》第 3 頁。
⑬ 《春秋附記》第 81 頁。

七月三日，先生覆核《春秋附記》第三卷①。

七月四日，先生覆核《春秋附記》第四卷②。

七月五日，先生覆核《春秋附記》十五卷③。

---

① 《春秋附記》第 143 頁。
② 《春秋附記》第 219 頁。
③ 《春秋附記》第 1 頁。

稿　約

一、《新國學》是刊布當代學者運用現代科學精神研究中國古典文獻的最新成果的專業學術集刊，由教育部人文社會科學重點研究基地四川大學中國俗文化研究所主辦。

二、本集刊熱忱歡迎海內外同行專家學者惠賜尊稿。本集刊登載有關中國傳統文化研究的論文，內容包括以中國古典文獻爲載體的以下學科：文學、史學、哲學、宗教學、倫理學、美學、藝術學、考古學、文字學、音韻學、訓詁學、目錄學、版本學、校勘學、敦煌吐魯番學、政治學、軍事學、經濟學、博物學、科技史、民俗學、闡釋學以及古代中外文化交流比較研究。

三、本集刊采用匿名審稿制。來稿均由編輯委員會送呈校內外至少兩位同行專家審閱，再由編輯委員會決定是否采用。

四、編輯委員會對來稿可提出修改意見，但除了技術性的處理之外，不代爲作者修改。文責自負。

五、來稿請用中文繁體字書寫或電腦打印。電腦打印者，除寄打印稿之外，請附以 Microsoft Word 文檔或純文本方式儲存的軟盤，或者將電子文檔發至編輯委員會電子信箱。無論手寫或是打印，皆要求：

1. 論文的標題之下，附以 300 字左右的"摘要"、3 至 5 個"關鍵詞"。並請同時提交論文題目、作者姓名之英譯。

2. 國標 7000 字以外的字或符號，另紙書寫。

3. 來稿若爲基金項目，請於第一頁脚注詳細列出基金項目名稱、批准時間及編號。

4. 於另頁上，按順序寫上：論文題目、作者姓名、出生年月、性別、籍貫、工作單位、職稱或職務、通訊地址、郵政編碼、電子信箱（E—

mail）、電話號碼。

5. 如需要圖片，除在文檔中插入之外，請再提交供印刷的 JPEG 或 TIFF 文件。

六、來稿中，古代紀年、古籍卷數，一般用中文數字，而古代紀年首次出現時尚須加注公元紀年。如：元和十三年（818）；《山海經》卷一。其他的數字，一般用阿拉伯數字。凡是第一次提及外國人名，在漢譯之外，須附外文原名，如：柏拉圖（Plato）。

七、注釋要求：

1. 一律采用當頁頁下注。

2. 注釋碼，請用①②③之類表示，並標注在正文相應內容的上方，如：——①，——②，——③。每頁重新編號。

3. 引用中文文獻的參考格式如下。

（1）引用專著，如：胡適《中國哲學史大綱》卷上，上海：商務印書館，1919 年，第 99 頁。

（2）引用文集之文，如：陳寅恪《清華大學王觀堂先生紀念碑銘》，載《金明館叢稿二編》，上海：上海古籍出版社，1980 年，第 218 頁。

（3）所引專著或文集若有多個版次，宜將版次標出。例如：李贄《焚書 續焚書》，北京：中華書局，2009 年第 2 版，第 82 頁。

（4）引用學位論文，應標注學校、學位及提交時間。例如：張曉敏《日本江户時代〈詩經〉學研究》，山西大學博士學位論文，2013 年，第 169 頁。

（5）引用期刊文章，如：楊明照《四川治水神話中的夏禹》，《四川大學學報（哲學社會科學版）》1959 年第 4 期，第××～××頁。

（6）相同書籍的第二次引用，可省略出版信息。如：《中國哲學史大綱》卷上，第 100 頁。

八、本集刊只發表原創性成果，請勿一稿兩投。來稿敬請自留底稿，編輯委員會將在收到稿件三個月之內答復，若未得答復，作者可另行處理。來稿刊出後，贈送樣書貳册。

九、來稿請寄：中國四川省成都市九眼橋，四川大學望江校區中國俗文化研究所《新國學》編輯委員會。郵政編碼：610064。

電子信箱：scuxinguoxue@163.com。

《新國學》希望得到海內外各界的關心和支持！